Urban Kohlhammer Taschenbücher

Der Autor

Dr. Heinz-Jürgen Voß hat die Professur für Sexualwissenschaft und Sexuelle Bildung am Fachbereich Soziale Arbeit.Medien.Kultur der Hochschule Merseburg inne.

Heinz-Jürgen Voß

Einführung in die Sexualpädagogik und Sexuelle Bildung

Basisbuch für Studium und Weiterbildung

Verlag W. Kohlhammer

1. Auflage 2023

Alle Rechte vorbehalten
© W. Kohlhammer GmbH, Stuttgart
Gesamtherstellung: W. Kohlhammer GmbH, Heßbrühlstr. 69, 70565 Stuttgart
produktsicherheit@kohlhammer.de

Print:
ISBN 978-3-17-034717-5

E-Book-Formate:
pdf: ISBN 978-3-17-034718-2
epub: ISBN 978-3-17-034719-9

Inhaltsverzeichnis

1 Einleitung

Wie in kaum einem anderen Bildungsbereich zeigen sich in *Sexualpädagogik* und *Sexueller Bildung* seit Mitte der 1990er Jahre und verstärkt noch seit den 2010er Jahren weitreichende Veränderungen, die eine grundlegende inhaltliche Neubestimmung, also eine zeitgemäße *Einführung in die Sexualpädagogik und die Sexuelle Bildung* erforderlich machen. »Sexualpädagogik muss ihre historisch konkreten Bedingungen permanent reflektieren und damit ihre sich wandelnde Funktion. Wer heutzutage in Bezug auf Sexualität zum Beispiel schlechterdings ›mehr davon‹ fordert, mehr Aufklärung, mehr darüber reden, mehr Offenheit, mehr Unverklemmtheit etc., der ist tatsächlich von gestern« (Weller 2020: 466). Wesentliche Veränderungen, die den Rahmen des vorliegenden Bandes abstecken, sind:

Grenzverletzungen und sexualisierte Gewalt

Die Aufdeckungen von sexualisierter Gewalt an Internaten und anderen pädagogischen Einrichtungen seit dem Jahr 2010 haben weitreichende Reflexionen in der Gesellschaft über strukturelle Bedingungen, die diese sexualisierte Gewalt ermöglicht haben, angefacht (vgl. Retkowski et al. 2018; Urban 2019; Wazlawik et al. 2019; Böhm et al. 2020; Krolzik-Matthei et al. 2020). Dabei sind sowohl besonders hierarchisch geführte Einrichtungen als problematisch in den Blick gerückt, aber auch solche, die eher Laissez-faire-strukturiert waren, mitunter von einem reformpädagogischen Ausgangspunkt kommend (vgl. Enders 2012). Aus sexualpädagogischer Sicht ist etwa das Wirken von Helmut Kentler kritisch zu reflektieren, ebenso wie die aus fachlicher Sicht kaum nachvollziehbaren deutlichen Bezüge auf ihn (vgl. Nentwig 2021). Im Zuge der aktuellen gesellschaftlichen und fachwissenschaftlichen Diskussionen finden Überlegungen statt, Fragen der Prävention von sexualisierter Gewalt stärker als ein Themenfeld der *Sexualpädagogik* und *Sexuellen Bildung* zu sehen; Sexualpädagogik und Sexuelle Bildung sollen einerseits zu sexueller Selbstbestimmung befähigen, andererseits Grenzverletzungen und sexuelle Übergriffe thematisieren und ihnen vorbeugen.

Diese Veränderungen tragen auch einer allgemein in der deutschen Gesellschaft anwachsenden Sensibilität in Bezug auf Grenzverletzungen und Übergriffe Rechnung. 1997 wurde Vergewaltigung in der Ehe zum Straftatbestand; liest man heute vorherige Gerichtsurteile, ist man oft sprachlos, ob der Selbstverständlichkeit, mit der Gerichte den Geschlechtsverkehr innerhalb der Ehe auch gegen den erklärten Willen einer* Beteiligten zur Pflicht erklärten. Debatten in den Sozialen Medien wie beispielsweise *#aufschrei* und *#metoo* haben auf Männerdominanz, Sexismus und Gewalt in der deutschen Gesellschaft aufmerksam gemacht.

Geschlechtliche und sexuelle Vielfalt

Seit Beginn der 1990er Jahre sind gesellschaftliche Veränderungen im Gang, bisherige gesellschaftliche sexuelle Normsetzungen kritisch zu reflektieren und stattdessen geschlechtliche und sexuelle Selbstbestimmung zu ermöglichen (vgl. Katzer & Voß 2016). So wertet die *Internationale Klassifikation der Krankheiten* (*International Classification of Diseases, ICD*) Homosexualität seit 1992 nicht mehr als pathologisch. 1994 wurde auch in den alten Bundesländern der Bundesrepublik der § 175 des Strafgesetzbuchs abgeschafft. Er richtete sich gegen mann-männliche sexuelle Handlungen und sah zuletzt noch unterschiedliche Schutzaltergrenzen für heterosexuellen und für homosexuellen Sex vor (ebd.). Seit Beginn der 2000er Jahre betreffen die gesellschaftlichen Veränderungen auch geschlechtliche Vielfalt: Auch trans* und inter* Personen werden nun zunehmend nicht mehr als »medizinisches Problem« betrachtet, sondern als Teil einer Vielfalt menschlichen Daseins, dem mit Toleranz und Akzeptanz begegnet werden soll (vgl. u. a. Tuider et al. 2012 [2008]; Spahn & Wedl 2019a und 2019b; Böhm & Timmermanns 2020; Groß & Niedenthal 2021).

Mit diesen gesellschaftlichen Veränderungen ist verbunden, dass geschlechtliche und sexuelle Vielfalt in Lehrmaterialien nicht mehr als »Störung« oder »Abweichung« vorgestellt werden soll. Stattdessen sollen Bildungsprogramme und -materialien Toleranz und Akzeptanz und letztlich geschlechtliche und sexuelle Selbstbestimmung fördern (vgl. Tuider et al. 2012 [2008]; Spahn & Wedl 2019a und 2019b; Böhm & Timmermanns 2020). Wie in Bezug auf die gesellschaftliche Reflexion von Grenzverletzungen und sexualisierter Gewalt finden auch hinsichtlich der Förderung von geschlechtlicher und sexueller Selbstbestimmung intensive gesellschaftliche Aushandlungen statt, da Veränderungen Vermittlungsprozesse benötigen. So haben Personen, die bis 1994 zur Schule gingen (und viele selbst danach noch), in Bezug auf Homosexualität gelernt, dass es sich um eine »Störung« oder »Krankheit« handele. Damit ergeben sich selbstverständlich kritische Nachfragen, wenn die vormalige pathologisierende Gewissheit nicht mehr gelten soll und nun stattdessen die Selbstbestimmung von Menschen gefördert wird.

Die gesellschaftliche »Banalisierung« und Pädagogisierung des Sexuellen

Führende Sexualwissenschaftler*innen, namentlich Volkmar Sigusch und Rüdiger Lautmann, sehen mit der stärkeren offenen Thematisierung des Sexuellen und seiner Verwertung im Kontext der kapitalistischen Produktpalette eine »Banalisierung« dieses intimen Bereichs verbunden. Das Sexuelle werde zur »Freizeitaktivität gleich anderen« (Lautmann 2020: 43). Sigusch (2020) führt aus:

»Denn unser Alltag ist von sexuellen Reizen ebenso gesättigt wie entleert. Volle Leere, leere Fülle. Das ist eine der zentralen Paradoxien der neosexuellen Revolution [...]. Offenbar wird das Begehren durch die übertriebene ökonomische und kulturelle Inszenierung der sexuellen Reize, durch deren Dauerpräsenz, beinahe lückenlose Kommerzialisierung und elektronische Zerstreuung wirksamer gedrosselt bis ausgetrieben, als es die alte Unterdrückung durch Verbote vermocht hat« (Sigusch 2020: 21).

Diese Einschätzung verbindet Sigusch bereits früh (etwa Sigusch 1984; Sigusch 2005) mit einer kapitalismuskritischen Reflexion:

»Die Freiräume waren noch nie so groß und vielgestaltig. Das Paradoxe daran ist: Je brutaler der Kapitalismus ökonomische Sicherheit und soziale Gerechtigkeit beseitigt, also Unfreiheiten produziert, desto größer werden die sexuellen und geschlechtlichen Freiräume. Offensichtlich bleibt den Mechanismen der Profit- und Rentenwirtschaft vollkommen äußerlich, was die Individuen tun, solange sie nur ihre sexuellen Orientierungen, ihre geschlechtlichen Verhaltensweisen, überhaupt ihre kleinen Lebenswelten pluralisieren. Vor allem Personen, die selbst nach den sexuellen Revolutionen des 20. Jahrhunderts als abnorm, krank, pervers und moralisch verkommen angesehen worden sind, profitieren von dieser Freistellung« (Sigusch 2005: 7).

Die Förderung des Sprechens über Sexuelles und die Aufhebung von Verboten, die der sexuellen Selbstbestimmung im Weg stehen, sind – eingebunden in Aktualisierungen der kapitalistischen gesellschaftlichen Verhältnisse (vgl. Sigusch 1984; Sigusch 2005; Voß & Wolter 2013) – mit einer Wandlung des Sexuellen verbunden. Grenzachtung, »Verhandlungsmoral«, »Ja heißt ja« – in dem Sinne, dass auch im Verlauf sexueller Handlungen der Konsens von allen Beteiligten stetig zu überwachen und zu prüfen sei – verändern grundlegend das, was gesellschaftlich als »sexuell« gilt (vgl. Torenz 2019). *Sexualpädagogik* und *Sexuelle Bildung* tragen zu diesen Veränderungen bei, nehmen sie auf und tragen ihnen Rechnung.

Reflexion stereotyper Vorstellungen – Intersektionalität

In der Vergangenheit wurden, ausgehend von Deutschland und Europa, sowohl die »Arbeitersexualität« als auch sexuelle Handlungen in verschiedenen Regionen der Welt mit teils mystischen Zuschreibungen belegt. Sie bildeten zumindest punktuell eine Gegenfolie zu den bürgerlichen Bemühungen um die »Pädagogisierung des Sexes«. Bei Arbeiter*innen und Personen of Color würden sich in größerem Maß Unvoreingenommenheiten im sexuellen Tun zeigen (vgl. Voß & Wolter 2013). Fortsetzungen solcher Überlegungen waren zuletzt Zuschreibungen an Geflüchtete, sich wenig »im Griff« zu haben und besonders sexuell übergriffig zu sein (vgl. Hark & Villa 2017). Auch Sexualwissenschaft und *Sexualpädagogik* benötigten einige Zeit, um festzustellen, »dass zwischen Kindern und Jugendlichen mit und ohne Flucht- und Migrationserfahrung kaum bzw. keine Unterschiede in den Themen und Anlässen Sexueller Bildung bestehen« (Haase 2017: 340; vgl. Voß 2020). An solche Einschätzungen schließen sich mittlerweile Reflexionen an, die individuell spezifische Bedarfe, die mit Flucht und Erfahrungen auf der Flucht verbunden sein können, in den Blick rücken.

Gleichwohl lassen sich Thematisierungen von Sexualität, auch in der Sexualpädagogik und der Sexuellen Bildung, erst nach und nach von stereotypen Zuschreibungen bereinigen. Aktuell findet der Prozess statt: Aktivist*innen of Color – Women und Queers of Color – kritisieren das produzierte Wissen und seine Entstehung (Çetin & Taş 2014; Saadat-Lendle & Çetin 2014; vgl. Yılmaz-Günay & Wolter 2010; Voß 2020). Meist tun sie das aufgrund struktureller Ausschlüsse – insbesondere der Wirkungen von Rassismus und von Klassenverhältnissen im Bildungssystem – von außerhalb der Disziplinen (vgl. Kilomba 2009; Heitzmann & Houda 2020). Auf diese Weise werden bisherige Gewissheiten der Sexualwissenschaft und der Sexualpädagogik in Frage gestellt (Voß 2020), gleichzeitig werden die Wissensbestände marginalisierter Gruppen auch hinsichtlich des Geschlechtlichen und Sexuellen für die »Allgemeinheit« erschlossen. Ganz im Sinne von Konrad Weller (2020: 466) wird es damit erforderlich, auch rückblickend die »historisch konkreten Bedingungen« und die »wandelnde Funktion« der Sexualpädagogik zu reflektieren, um das Aktuelle zu verstehen und gut vorankommen zu können. Die intersektionale Reflexion von Sexualpädagogik eröffnet damit eine andere Geschichte dieser Wissenschaft.

Eine zeitgemäße *Einführung in Sexualpädagogik und Sexuelle Bildung* ist sich der eigenen historisch konkreten Bedingungen bewusst und verortet sich in ihnen. Sie weiß um die Ausgangspunkte und setzt sich mit den aktuellen gesellschaftlichen Bedingungen auseinander. Das ist die Basis des vorliegenden Bandes.

2

Einstieg: Prämissen aktueller Sexualpädagogik und Sexueller Bildung

Im Folgenden wird ein grober Rahmen mit wichtigen Basisinformationen über das Sexuelle abgesteckt, um im weiteren Verlauf schon die explizit sexualpädagogischen Inhalte darauf gründen zu können. Reflektiert werden Fragen zu Sexualität und sexueller Gesundheit an sich, um anschließend Aspekte gesellschaftlicher Veränderungen, gerade im Hinblick auf die Anerkennung von geschlechtlicher und sexueller Vielfalt, zu skizzieren.

Sexualität ist ein Grundbedürfnis für einen Teil der Menschen

Eine verbreitete Definition von Sexualität

»Sexualität ist ein existenzielles Grundbedürfnis des Menschen und ein zentraler Bestandteil seiner Identität und Persönlichkeitsentwicklung. Sexualität umfasst sowohl biologische als auch psychosoziale und emotionale Dimensionen. Die Ausgestaltung von Sexualität deckt ein breites Spektrum von positiven Aspekten ab, wie beispielsweise Zärtlichkeit, Geborgenheit, Lustempfinden und Befriedigung. Menschen leben und erleben Sexualität unterschiedlich, je nach Lebensalter und Umständen« (BZgA 2016 [1994]: 5).

»Sexualität ist ein existenzielles Grundbedürfnis des Menschen« – heißt es oft. Gemeint ist damit dann in der Regel der sexuelle Umgang mit anderen Menschen. Sexualität muss sich aber nicht auf eine*n Partner*in beziehen. Es gibt auch Menschen, die kein Bedürfnis nach sexuellem Kontakt zu anderen Menschen oder nach partnerschaftlicher Sexualität empfinden, ggf. aber Solosex (Masturbation, Selbstbefriedigung, Autosexualität) haben, und es gibt Menschen, die, trotz des nicht vorhandenen Bedürfnisses, Sex mit anderen praktizieren. Wieder andere Menschen mögen zwar Sex, verspüren aber kein Bedürfnis nach Zärtlichkeit und Nähe (vgl. Profus 2016; Schlag 2016; DeWinter 2021; Baumgart & Kroschel 2022). Das Spektrum sexueller Bedürfnisse ist also weit gespannt, und es ist wichtig, dass sich jeder Mensch so entwickeln kann, wie er möchte, sofern er nicht die Grenzen anderer verletzt: Es geht um *sexuelle Selbstbestimmung.*

Sexualität ist vielschichtig. Sie umfasst emotionale, psychosoziale und biologische Dimensionen. Darüber hinaus kommen ihr identitätsstiftende und persönlichkeitsbildende Funktionen zu:

- Intimität
- Kommunikation
- Lustempfinden
- Zärtlichkeit
- Geborgenheit
- Fortpflanzung
- Befriedigung.

Menschen leben und erleben ihre Sexualität unterschiedlich, abhängig von ihrem Lebensalter und individuellen Lebensumständen. Sexualität ist in diesem Sinn transkulturell und ein sinnstiftendes Phänomen. Asexualität ist eine Variante des Sexuellen. Asexuelle Personen verspüren meist kein Bedürfnis nach sexuellem Kontakt zu anderen Menschen. Aromantische Menschen verspüren zudem oder hingegen kein Bedürfnis nach intimer Geborgenheit. Auch in Bezug auf asexuelle und aromantische Menschen gilt, dass sie ihre (A)Sexualität unterschiedlich und abhängig vom Lebensalter und ihren individuellen Lebensumständen praktizieren (vgl. Profus 2016; Schlag 2016; DeWinter 2021; Baumgart & Kroschel 2022).

Definition der Weltgesundheitsorganisation zu Sexueller Gesundheit

»Sexuelle Gesundheit ist untrennbar mit Gesundheit insgesamt, mit Wohlbefinden und Lebensqualität verbunden. Sie ist ein Zustand des *körperlichen, emotionalen, mentalen und sozialen Wohlbefindens* in Bezug auf die Sexualität und *nicht nur das Fehlen von Krankheit, Funktionsstörungen oder Gebrechen.* Sexuelle Gesundheit setzt eine positive und respektvolle Haltung zu Sexualität und sexuellen Beziehungen voraus sowie die *Möglichkeit, angenehme und sichere sexuelle Erfahrungen zu machen, und zwar frei von Zwang, Diskriminierung und Gewalt.* Sexuelle Gesundheit lässt sich nur erlangen und erhalten, wenn die sexuellen Rechte aller

17

Menschen geachtet, geschützt und erfüllt werden. Es bleibt noch viel zu tun, um sicherzustellen, dass Gesundheitspolitik und -praxis dies anerkennen und widerspiegeln« (WHO 2006; Hervorhebungen HV).

Sexuelle und reproduktive Rechte

Aus dem *fundamentalen Menschenrecht auf Gesundheit*, festgelegt von der *Weltgesundheitsorganisation (WHO)* 1946, ergibt sich:

* Jeder Mensch hat das Recht, frei von Diskriminierung, Gewalt und Zwang die eigene Sexualität zu leben.
* Jeder Mensch hat das Recht, den bestmöglichen Stand sexueller Gesundheit zu erreichen.
* Das schließt einen Zugang zu sexueller und reproduktiver Gesundheitsversorgung und Sexueller Bildung ein.

Sexuelle und reproduktive Rechte sind *das Recht*

* auf körperliche Unversehrtheit,
* auf ein lustvolles, sicheres und befriedigendes Sexualleben,
* auf sexuelle Aufklärung und Bildung,
* auf freie Partnerwahl,
* auf freie Wahl des sexuellen Aktivseins,
* auf freie Wahl der Familienplanung und von deren Methoden (inklusive das Recht auf Abbruch einer Schwangerschaft),
* auf eine Einvernehmlichkeit bezüglich sexueller Beziehungen und Eheschließungen,
* auf die Möglichkeit, Zugang zu Informationen über Sexualität zu erhalten.

»Freie Wahl« heißt auch, nicht sexuell aktiv sein zu müssen. Gerade die sexuellen und reproduktiven Rechte sichern die Wahlmöglichkeiten von Menschen in hohem Maß ab. Nach und nach kommen auch gesellschaftliche Normen ins Wanken, die nahelegen, dass Menschen sexuell aktiv sein sollen oder nur auf eine bestimmte Art – z. B. heterosexuell, reproduktiv – aktiv sein sollen (vgl. Böhm & Timmermanns 2020; entwicklungspsychologisch: Watzlawik 2020).

Das *Recht auf sexuelle Selbstbestimmung* leitet sich aus dem 1. Artikel des Grundgesetzes (GG) ab und basiert auf dem Menschenrecht der freien Entfaltung der Persönlichkeit (Art. 2 Abs. 1 GG) und dem Recht auf körperliche Unversehrtheit (Art. 2 Abs. 2 GG).

Es garantiert das Recht auf eine ungestörte sexuelle Entwicklung und den Schutz vor sexueller Fremdbestimmung. Um dieses Recht selbst nutzen zu können, muss man wissen, dass man es hat. Auch dazu braucht es Sexualpädagogik und Sexuelle Bildung.

Die historische Entwicklung sexueller und reproduktiver Rechte

Sexuelle und reproduktive Gesundheit und Rechte basieren auf dem Gesundheitsbegriff der *WHO* aus dem Jahr *1946*: »Die Gesundheit ist ein Zustand des vollständigen körperlichen, geistigen und sozialen Wohlergehens und nicht nur das Fehlen von Krankheit oder Gebrechen« (WHO 1946). Hierauf aufbauend wurde *1975* der Begriff der »Sexuellen Gesundheit« erarbeitet. Sie bedeute »die Integration der somatischen, emotionalen, intellektuellen und sozialen Aspekte sexuellen Seins auf eine Weise, die positiv bereichert und Persönlichkeit, Kommunikation und Liebe stärkt« (WHO 1975).

In Bezug auf reproduktive Rechte ist die UN-Konferenz über Bevölkerung und Entwicklung 1994 in *Kairo* das initiale Ereignis. In Kairo wurden weitreichende Festlegungen getroffen und Forderungen formuliert, die das Recht auf Verhütung, die Entscheidung sich fortzupflanzen und die Gesundheitsversorgung auf reproduktivem Gebiet betreffen. Nach Wichterich (2015: 12) wurden in Kairo die Grundlagen gelegt, sexuelle und reproduktive Rechte *als Menschenrechte* zu betrachten. Die Menschenrechte bilden seitdem den internationalen Rechtsrahmen (WHO 2010). *1995* wurden die Kairoer Festlegungen von der 4. *Weltfrauenkonferenz* in *Peking* bestätigt. Damit waren die UN-Mitgliedstaaten verpflichtet, die sexuellen und reproduktiven Rechte im Rahmen der Menschenrechte zu respektieren, zu schützen und umzusetzen (vgl. Wichterich 2015: 14).

Bedeutsam für die europäischen Länder war die im Jahr *2001* in *Kopenhagen* beschlossene *WHO-Regionalstrategie für sexuelle und reproduktive Gesundheit* (WHO 2001). Sie ist die zentrale strategische Grundlage für die Umsetzung sexueller und reproduktiver Rechte in Europa. 2008 wurde in der Europäischen Union das Kairoer Programm erneut bestätigt. Die Entkriminalisierung des Schwangerschaftsabbruchs, die Akzeptanz der Entscheidung der Frau und die Sicherung des Rechts auf Sexualaufklärung und auf unbeschränkten Zugang zu Kontrazeptiva wurden damals als Ziele formuliert (vgl. Busch 2020: 133). Die oben angeführte Definition sexueller Gesundheit der WHO (2006) schließt hieran an, ebenso die *Yogyakarta Principles* (2007).

Abschließend soll auf die *International Planned Parenthood Federation (IPPF)* hingewiesen werden. Sie wurde 1950 in Bombay gegründet und umfasst inzwischen 189 Länder und 149 Mitgliedsorganisationen. Deutschland ist durch den Fachverband pro familia vertreten. Die zuerst in den Jahren 2006 und 2010 herausgegebene Erklärung zu sexueller Selbstbestimmung ist seit 2013 auch in deutscher Sprache verfügbar: *Eine Welt voller Möglichkeiten durch Selbstbestimmung: Rahmenkonzept für umfassende Sexualaufklärung* (pro familia 2013).

Sexuelle Bildung ist ein Prozess der Selbstaneignung, der unterstützt werden kann

»Bildung generell ist ein aktiver, sozialer und vor allem ein sinnlicher und manchmal auch lustvoller Prozess der Aneignung von Welt« (Wanzeck-Sielert 2009)

Sexuelle Bildung kann so als »Selbsttätigkeit« vom Säuglingsalter an begriffen werden. Durch das Lernen erleben Kinder »ihren Körper als kraftvoll, üben sinnlichen Umgang mit sich selbst und anderen, der das Selbstwertgefühl stärkt, sie erfahren und setzen dabei zugleich Grenzen, bilden Resilienz, also Widerstandsfähigkeit aus« (Ebd.).

Sexuelle Bildung, die im Säuglingsalter beginnt, setzt sich zeitlebens fort. Sie »befähigt Menschen, eigene Entscheidungen treffen zu können, und Verantwortung für sich und andere Menschen zu übernehmen. Sexuelle Bildung leistet einen wichtigen Beitrag zu selbstbestimmter Lebens- und Liebesgestaltung und zum Schutz vor (sexueller) Gewalt« (pro familia 2020).

Zwischen Kindern und Jugendlichen mit und ohne Flucht- und Migrationserfahrung bestehen dabei kaum bzw. keine Unterschiede in den Themen und Anlässen Sexueller Bildung (Haase 2017: 340). Geflüchtete junge Menschen beschäftigen sich genauso

- mit ihrem Körper und seinen Veränderungen,
- mit Gefühlen wie Liebe und Verliebtsein,
- Fragen sexuellen Verlangens,
- sexueller Orientierung,
- eigener persönlicher Identität,
- ersten Malen,
- dem äußeren Erscheinungsbild und
- der eigenen psychosexuellen Entwicklung

wie ihre Altersgenossen ohne Migrationserfahrung (vgl. Schmidt & Sielert 2012: 33f.).

21

Angebote der Sexualpädagogik und Sexuellen Bildung behandeln diese Inhalte. Sie tragen einem positiven Verständnis von Sexualität Rechnung und unterstützen, dass Kinder und Jugendliche lernen, sich selbst – mit ihrem Körper und seinen physiologischen Prozessen – anzunehmen, eine eigene Identität auszubilden und zu einem selbstbestimmten Umgang mit Sexualität zu finden und dabei eigene Grenzen wahrzunehmen und zu artikulieren und die Grenzen anderer zu achten.

Sexualpädagogik und Materialien zur Sexuellen Bildung berücksichtigen auch negative Aspekte des Sexuellen: Bei der Thematisierung sexualisierter Gewalt geht es darum, wie Kinder und Jugendliche sich vor Übergriffen schützen können und wo sie bei Vorfällen Hilfe bekommen. In Bezug auf sexuell übertragbare Krankheiten ist es für Jugendliche bedeutsam, dass sie Übertragungswege kennen und ein bewusstes, verantwortliches Sexualverhalten entwickeln. »Bewusst« und »verantwortlich« bedeutet dabei nicht, jedem Risiko auszuweichen – mitunter kann »ein beherzter Sprung über eine eigene Grenze« wichtig für die Persönlichkeitsbildung sein, auch im Sexuellen.

Hilfe bei sexuellen Übergriffen/sexualisierter Gewalt

Hilfeportal Sexueller Missbrauch, www.hilfeportal-missbrauch.de

* Hilfetelefon Gewalt gegen Frauen, 0800/0116016, www.hilfetelefon.de
* Kinder- und Jugendtelefon, Tel. 0800/1110333
* Elterntelefon, Tel. 0800/1110550, www.elterntelefon.de

Veränderungen im Sexuellen und Geschlechtlichen finden statt

Veränderungen im Sexuellen lassen sich unter anderem durch Reihenuntersuchungen im zeitlichen Vergleich feststellen. Im deutschsprachigen Raum sind dafür insbesondere die Studien der Hamburger Sexualforschung um Gunter Schmidt und Silja Matthiesen zur *Studierendensexualität* sowie die Leipziger/Merseburger Untersuchungen um Kurt Starke und Konrad Weller zur *Jugendsexualität (PARTNER-Studien)* erhellend.

Mit Gunter Schmidt lässt sich dabei festhalten, dass sich *wesentliche Veränderungen im Zusammenhang mit der »Sexuellen Revolution«* ergaben. Hatten von den vor 1950 Geborenen lediglich 20 % ihren ersten andersgeschlechtlichen Sex vor dem 18. Lebensjahr erlebt, waren es in den Folgeuntersuchungen jeweils um die 60 % (Schmidt et al. 2006; Schmidt 2008; Klein und Sager 2010: 104f.). Die Studien der Bundeszentrale für gesundheitliche Aufklärung (BZgA) zur Jugendsexualität stärken diese Perspektive (vgl. BZgA 2015: 113).

Die Orientierung an Liebe und Treue ist im zeitlichen Verlauf deutlich angewachsen. Bezeichneten 1970 40 % der Jungen und 47 % der Mädchen, die in einer Partnerschaft lebten, ihr Gefühl zum*zur Partner*in als »Liebe«, so waren es Anfang der 1990er Jahre jeweils über 70 %. In nahezu gleichem Maß stieg der Anteil der Jungen, die Liebe als Voraussetzung für sexuellen Verkehr betrachteten, ebenfalls auf über 70 %; bei den Mädchen, bei denen dieser Zusammenhang auch 1970 schon von 80 % bejaht wurde, stieg der Wert auf etwa 90 % an (Schmidt 1993; Klein und Sager 2010: 111; vgl. auch Weller 2013). »Sex ohne Liebe« wird als möglich betrachtet, sofern er nicht als Nebenkontakt einer Beziehung stattfindet.

Veränderungen betreffen darüber hinaus die *Offenheit für sexuelle Praktiken:* Gleichgeschlechtliche Fantasien und Kontakte werden bei den Jungen in konstantem Maß – um die zehn Prozent – als möglich beschrieben, bei den Mädchen hingegen in deutlich höherem Maß – im Jahr 2013 hatten 24 % der befragten Mädchen der

23

PARTNER-Studie gleichgeschlechtliche sexuelle Kontakte schon selbst erlebt, ein deutlicher Anstieg zu den 1980 und 1990 jeweils ermittelten sieben Prozent (Weller 2013). In Bezug auf Erfahrungen mit Analverkehr ergaben sich starke Veränderungen: Von 1990 bis 2013 stieg der Anteil der Mädchen, die solche Erfahrungen angaben, von sieben auf 25 %, bei den Jungen von drei auf 16 % (ebd.).

Einige weitere bedeutsame empirische Daten

- *Weitere gesellschaftliche Veränderungen:* Weller et al. (2013) ermitteln *mehr Patchwork:* 2013 gaben 68 % der Jugendlichen an, bei »beiden leiblichen Eltern« aufgewachsen zu sein, 1990 betrug dieser Anteil noch 81 %. *Mehr Zärtlichkeit:* 2013 erlebten 42 % den Vater und 65 % die Mutter als »uneingeschränkt liebevoll«, 1990 waren es 30 % (Vater) und 53 % (Mutter). *Angewachsene Masturbationserfahrung:* Lagen die Zahlen bei den 17/18-jährigen Jungen schon länger bei deutlich über 90%, geben heute mehr Mädchen Erfahrung mit Selbstbefriedigung an – 2013: 66 %; 1990: 41 %; 1980: 17 %; 2020/21 stieg diese Zahl weiter, auf nun 80 % (Bathke et al. 2021).
- *Sexualerziehung in der Schule:* Nahezu alle Kinder und Jugendlichen haben einmal oder mehrmals Angebote zur Sexualaufklärung an Schulen (BZgA 2015: 34). Bei Jungen war im Jahr 2015 zum ersten Mal die Lehrkraft die wichtigste Person in Bezug auf »klassische Themen« der Sexualaufklärung (43 %), gefolgt von dem besten Freund (36 %) und den Eltern (Vater: 34 %, Mutter: 34 %). Bei den Mädchen kam die Lehrkraft immerhin an dritter Stelle (37 %), nach der Mutter (59 %) und der besten Freundin (52 %) (ebd.:14).
- *Betroffenheit von sexualisierter Gewalt:* Man geht davon aus, dass in jeder Schulklasse ein bis zwei Mädchen und ein Junge sitzen, die von sexualisierter Gewalt betroffen waren oder sind. Auch bei Diversgeschlechtlichen liegt eine hohe Betrof-

fenheit vor. Von sexualisierter Gewalt mit Körperkontakt sind 10 bis 20 % der Mädchen, sogar noch mehr der Diversgeschlechtlichen und 5 bis 8 % der Jungen in ihrer Kindheit und Jugend betroffen.

Männerzentrierte Sichtweisen reflektieren

Stereotype Sichtweisen prägen Angebote der Sexualpädagogik und Materialien zur Sexuellen Bildung nach wie vor, auch wenn sich durch intensive Debatten und neue Materialien langsam Änderungen ergeben. Dabei zeigen sich Öffnungen in Bezug auf Geschlecht und vielfältige sexuelle Orientierung schon deutlicher, es werden Möglichkeitsräume für Kinder, Jugendliche sowie für Erwachsene beschrieben (vgl. Spahn & Wedl 2019a und 2019b; Böhm & Timmermanns 2020), hingegen sind rassistische und antisemitische Stereotype vielfach noch präsent (Çetin & Taş 2014; Saadat-Lendle & Çetin 2014; vgl. Yılmaz-Günay & Wolter 2010; Voß 2020).

Aber auch zu »Geschlecht« zeigen sich noch deutliche Bedarfe, selbst binärgeschlechtlich gedacht. So werden etwa im Sexualaufklärungsunterricht an Schulen in Bezug auf cisgeschlechtliche[1] Jungen explizit sexuelle Themen der Erregung und Lust – mit den Punkten Erektion, Ejakulation – behandelt (vgl. Bittner 2011). Als Pendant werden für Mädchen Fragen zur Menstruation erörtert (ebd.). Dass Menstruation nichts mit sexueller Erregung und Lust zu tun hat, sondern mit einem davon losgelösten physiologischen

---

1 Das Präfix »cis« ist vielen bereits aus der Chemie in Bezug auf die Stellung der funktionellen Gruppe bekannt. Auch hinsichtlich des Geschlechts steht das Präfix cis für »diesseits«; Gegenstück ist der Begriff trans für »jenseits«. Cisgeschlechtlich meint damit Personen, die sich mit dem Geschlecht identifizieren, das ihnen bei Geburt zugewiesen wurde.

Vorgang, gerät oft nicht in den Blick. Gewiss sollte sie im Kontext der Pubertät thematisiert werden, aber um einen wertschätzenden und selbstbestimmten Umgang mit der eigenen Sexualität bei cisgeschlechtlichen Mädchen zu befördern, ist es wichtig, auf klitorale und vaginale Erregung einzugehen – und dabei die Vulva und ihre Bestandteile in ihrer Individualität und im Hinblick auf Lustgewinn zu behandeln (vgl. Stefan 1975; Méritt 2012).

Biologie-Lehrbücher vermitteln oft noch einen funktionalisierten Blick auf cisgeschlechtliche Mädchen

»»Beim Geschlechtsverkehr wird das Glied durch Aufnahme von Blut in die Schwellkörper versteift und dann in die Scheide einer Frau eingeführt.‹ ›Geschlechtsverkehr: Sex, Liebe machen. Der steife Penis gleitet in die Scheide. Beim Geschlechtsverkehr gelangen Spermien des Mannes in die Scheide der Frau.‹ ›Beim Geschlechtsverkehr gleitet der Penis in die Scheide.‹

Diese Definitionen sind nicht nur heteronormativ, sie schreiben außerdem Männern beim Geschlechtsverkehr grundsätzlich eine aktive Rolle zu und Frauen eine passive Rolle. Zum Teil wird die Vagina bzw. weibliche Erregung geradezu funktionalisiert, so dass sie nur der Penetration durch einen Penis zu dienen scheint« (Bittner 2011).

Belastungsfaktoren für trans*-, intergeschlechtliche und geschlechtlich nicht-binäre Personen, mehr noch als für cisgeschlechtliche Lesben und Schwule

In Deutschland wurden in den letzten Jahrzehnten einige Gesetze erlassen, die sexuelle und geschlechtliche Vielfalt legalisieren und darauf abzielen, dass Akzeptanz und Selbstbestimmung gestärkt werden. Seit Homosexualität nicht mehr als Straftatbestand (1994) und Krankheit (1992) gilt, setzen auch Materialien der Sexualpädagogik und Sexuellen Bildung mehr auf Offenheit und Akzeptanz (vgl. Katzer & Voß 2016). Aktivistisches Streiten ging dem Voraus.

2011 erklärte das Bundesverfassungsgericht wesentliche Teile des Transsexuellengesetzes – so den Passus zur Sterilisation – für verfassungswidrig und veränderte damit die Stellung Trans*geschlechtlicher deutlich. Positive gesetzliche Veränderungen gab es auch für intergeschlechtliche Minderjährige: Geschlechtszuweisende und -vereindeutigende Eingriffe an ihnen sind seit 2021 (weitgehend) verboten; ob das Verbot trägt, muss sich allerdings noch zeigen. 2017 wurde, wiederum auf Entscheid des Bundesverfassungsgerichts, der »würdigende« und »wertschätzende« dritte Geschlechtseintrag »divers« eingeführt (vgl. u. a. Spahn & Wedl 2019a und 2019b; Böhm & Timmermanns 2020; Groß & Niedenthal 2021).

Mit dem *Bundesgesetz zur Stärkung von Kindern und Jugendlichen (KJSG)* wurde nun der Auftrag zum Schutz von transidenten, intergeschlechtlichen und geschlechtlich nicht-binären (kurz: tin) Kindern und Jugendlichen den Kitas, der Schulsozialarbeit, der Kinder- und Jugendhilfe und den Angeboten zur Förderung behinderter Menschen als Aufgabe zugewiesen.

Die Grundlage für an Vielfalt orientierter geschlechtlicher und sexueller Selbstbestimmung ist damit gelegt. Volkmar Sigusch bezeichnet diese Entwicklung hin zu Akzeptanz gegenüber geschlechtlichen und sexuellen Minderheiten als *»neosexuelle Revolution«* (vgl. Sigusch 2005). Dass daraus ein Möglichkeitsraum für alle Kinder und Jugendlichen entsteht, sich frei von Druck und von Schablonen selbstbestimmt sexuell und geschlechtlich zu verorten und zu erproben, ist Aufgabe und Ziel gegenwärtiger und künftiger gesellschaftlicher Aushandlungen und der entsprechenden pädagogischen Angebote.

Noch zeigen sich erhebliche *Belastungsfaktoren* bei cisgeschlechtlichen lesbischen, schwulen und bisexuellen, aber noch deutlicher bei trans*- und intergeschlechtlichen sowie geschlechtlich nichtbinären (Kindern und) Jugendlichen (gleich welcher sexuellen Orientierung): Zwei Drittel der jungen cisgeschlechtlichen Lesben und Schwulen geben an, schon von physischer oder psychischer Gewalt betroffen gewesen zu sein; die Hälfte von ihnen nutzt problematische Strategien, um mit solchen Gewalterfahrungen fertig zu werden – u. a. erhöhten Substanzkonsum; etwa 10–20 % der Lesben und Schwulen und 20–40 % der Transgender-Personen haben im Alter von 18 Jahren schon mindestens einen Suizidversuch unternommen (Council of Europe Publishing 2011; Plöderl 2020; Kleiner 2020; Timmermanns et al. 2021). In Bezug auf Beratung und Unterstützung sind hier die Arbeiten von Udo Rauchfleisch besonders relevant (Rauchfleisch 2019a, 2019b; 2020).

Diskriminierungs- und Gewalterfahrungen konkret

Intergeschlechtliche: Eine vom Deutschen Ethikrat initiierte Online-Umfrage ergab, dass von den 199 teilnehmenden Intergeschlechtlichen 27 % Diskriminierung und Ausgrenzung, 16 % Tabuisierung des Themas Intergeschlechtlichkeit und 10 % körperliche Gewalt wiederkehrend erlebt hatten (Deutscher Ethikrat 2012). 42 % gaben an, sich gesamtgesellschaftlich schlecht bis sehr schlecht integriert zu fühlen (ebd.). Für den internationalen europäischen Kontext liegen mit der Untersuchung Fundamental Rights Agency (2020) erstmals umfassende Ergebnisse zu den Diskriminierungserfahrungen von Intergeschlechtlichen vor: Nahezu zwei Drittel der befragten Intergeschlechtlichen haben in den letzten zwölf Monaten Diskriminierungen erlebt (Fundamental Rights Agency 2020). Suizidgedanken gaben etwa 45 % im Lebensverlauf an (vgl. Plöderl 2020).

*Trans*geschlechtliche:* Laut Fundamental Rights Agency (2014) hatten 58 % der befragten deutschen Trans* in den letzten zwölf Monaten Diskriminierungen oder Gewalt erlebt. In der EU-weiten Erhebung gaben 37 % der Befragten an, sich bei der Arbeitssuche diskriminiert gefühlt zu haben; 27 % fühlten sich am Arbeitsplatz, 24 % in Schule oder Hochschule diskriminiert. Die Nachfolge-Studie Fundamental Rights Agency (2020) weist keine nennenswerten Verbesserungen aus (vgl. auch Kleiner 2020; Plöderl 2020; Timmermanns et al. 2021). Die Antigewalt-Studie von LesMigras (2012) – die erste umfassende intersektionale Studie in Deutschland – ermittelte trans* Personen als am meisten diskriminierte Gruppe. Von den befragten Trans* hatten 82 % Verachtung und Demütigungen erlebt, 75 % sexualisierte Gewalt, 50 % Diskriminierung in der Ausbildung bzw. am Arbeitsplatz, 44 % Diskriminierung im Gesundheitsbereich. 63 % der befragten trans* Personen empfanden die medizinische Pathologisierung als belastend, 52 % die juristischen Verfahren zur Veränderung von Vornamen und Personenstandsänderung. Suizidversuche berichteten in den Studien ca. 30 bis 40 % der Befragten.

3

Definitionen: Sexualerziehung, Sexualpädagogik, Sexuelle Bildung?

Sexualpädagogik

Sexualpädagogik bezeichnet die Theorie und Praxis, die sich mit der Bildung und Erziehung insbesondere von Kindern und Jugendlichen im Themenfeld des Sexuellen befasst.[2] Historisch sind sexualpädagogische Hinweise, wie der Begriff der Pädagogik selbst,[3] bis

---

2 Für die Begriffsdefinitionen vgl. den Originalartikel Voß (2022).

3 Der Begriff »Pädagoge« ist abgeleitete und zusammengesetzt aus den griechischen Begriffen pãis (Genitiv paidós: παῖς, παιδός) für »Kind, Knabe, Sohn« und agōgós (ἀγωγός) für »leitend, führend; Leiter, Führer«, auch

in die griechische Antike zurückzuverfolgen; die moderne Sexual-pädagogik hat mit der modernen Pädagogik im 18. Jahrhundert ih-ren Ausgangspunkt. Mehr als bei anderen Fachrichtungen der Päd-agogik ist bei der modernen Sexualpädagogik festzustellen, dass sie medizinischen Betrachtungen zum Sexuellen und Vorstellun-gen einer »gesunden Erziehung« entwächst. Neben der Bildung und Erziehung von Kindern und Jugendlichen wendet sich die Se-xualpädagogik, wie die gesamte Pädagogik, seit dem ausgehenden 20. Jahrhundert auch Erwachsenen zu.

Die Sexualpädagogik kann bisher nur bedingt als »wissenschaftli-che Disziplin der Theorie und Praxis von Bildung und Erziehung im Sexuellen« (DWDS o. J.) bezeichnet werden, da sie in der Erzie-hungswissenschaft bislang noch kaum etabliert ist: Professuren, die sich in Denomination oder Teildenomination mit Sexualpädagogik befassen, sind noch die Ausnahme. Dasselbe gilt für Studiengänge oder Module in Studiengängen der Erziehungswissenschaft. Am ehesten findet man Auseinandersetzungen mit dem Sexuellen als Themenfeld in den erziehungswissenschaftlichen Subdisziplinen Sozialpädagogik, Schulpädagogik, Sonderpädagogik und Vorschul-pädagogik. Es handelt sich bei Sexualpädagogik also nicht um eine etablierte Subdisziplin der Pädagogik, sondern sie kann, davon ab-gestuft, einerseits als *Fachrichtung der Pädagogik* eingeordnet werden (neben beispielsweise: Freizeitpädagogik, Kulturpädagogik, Medien-pädagogik, Museumspädagogik, Verkehrspädagogik, Umweltpäd-agogik, Friedenspädagogik), andererseits ist sie interdisziplinär *Be-standteil der Sexualwissenschaft* (vgl. Böhm 2019; Weller 2020).

ágein (ἄγειν) für »treiben, führen, geleiten« (DWDS o. J.). Ursprünglich steht der Begriff für einen versklavten Menschen, der einen Jungen einer freien Familie zur Schule oder zum Sportplatz begleiten sollte, später ent-wickelte sich der Begriff in Richtung »Aufseher«, »Betreuer«, »Lehrer« weiter, zunächst im Sinne eines Privatlehrers, ab dem 16. Jahrhundert auch eines öffentlich angestellten Lehrers; seit dem 18. Jahrhundert wird hiervon der Begriff der Pädagogik abgeleitet, für »Wissenschaft von der Erziehung und Bildung« (ebd.).

Die von Uwe Sielert etablierte Definition von Sexualpädagogik muss entsprechend verbessert werden. Er hatte sie als »Aspektdisziplin der Pädagogik« bezeichnet, die die »Einflussnahme auf die Sexualität von Menschen erforscht und wissenschaftlich reflektiert« (Sielert 2005: 15; Schmidt & Sielert 2012: 12; Sielert 2015: 12). Dem kann so nicht gefolgt werden, weil einerseits der Begriff der »Aspektdisziplin« für die strukturelle Gliederung der Disziplin Erziehungswissenschaft ungebräuchlich ist und bislang – außer in diesem Definitionsvorschlag für die Sexualpädagogik – keine Anwendung findet. Andererseits stellt dieser Definitionsvorschlag eher einen »Wunsch« nach einer grundlegenden wissenschaftlichen Verortung der Sexualpädagogik in der Erziehungswissenschaft dar als den sich tatsächlich darstellenden historischen und aktuellen Sachstand. Die Sexualpädagogik ist derzeit in der Erziehungswissenschaft viel zu marginalisiert, um sie als etabliert zu betrachten. Wir definieren:

Sexualpädagogik

Sexualpädagogik bezeichnet die Theorie und Praxis, die sich mit der Bildung und Erziehung insbesondere von Kindern und Jugendlichen im Themenfeld des Sexuellen befasst. Sie kann als eine Fachrichtung der Pädagogik und als ein Bereich der Sexualwissenschaft angesehen werden. Die Sexualpädagogik befindet sich auf dem Weg der wissenschaftlichen Verankerung.

Eine stärkere Verankerung der Sexualpädagogik in Erziehungswissenschaft und Sexualwissenschaft ist zu wünschen und im Hinblick auf eine Qualitätssicherung unumgänglich. Bislang leistet sich die deutsche Gesellschaft in dem so bedeutsamen Themenfeld der Sexualität eine Situation, in der viele Fachkräfte nicht ausreichend ausgebildet sind, um professionell handeln zu können – für Lehrkräfte zeigt das etwa Urban et al. (2022); für die Soziale Arbeit exemplarisch Altenburg (2015).

Sexualerziehung

Die *Sexualerziehung* ist als Teilbereich der Sexualpädagogik zu betrachten. Mit Sexualerziehung wird die *schulische und darüber hinaus institutionell organisierte Einflussnahme* auf die Umgangs- und Verhaltensweisen von Kindern und Jugendlichen bezeichnet. Erwachsene sind explizit nicht Ziel der Sexualerziehung. Die Sexualerziehung bildet sich parallel zur Sexualpädagogik heraus. Seit 1900 differenzieren sich beide Begriffe voneinander: Sexualerziehung fokussiert insbesondere auf den schulischen und institutionellen Bereich, Sexualpädagogik hingegen berücksichtigt auch die elterlichen Erziehungs- und Bildungsanstrengungen für den Nachwuchs und die außerschulischen und nicht formalisierten Bildungsangebote im Themenfeld des Sexuellen.

Allerdings bleiben die Definitionen in den verschiedenen Arbeiten unscharf, einige der Akteur*innen verstehen Sexualerziehung im weiten Sinne eines kontinuierlichen Erziehungsprozesses mit elterlich-familiärem und schulisch-institutionellem Anteil – und unterscheiden sie von der *Sexualaufklärung*, die lediglich als ein- oder mehrmalige Information über biologische Vorgänge, über die rechtliche und geschichtliche Einordnung der Sexualität und über ethische Fragen verstanden werden könnte.

»Sexualerziehung[.] ist viel mehr [als Sexualaufklärung]: dazu gehört eben ganz entscheidend das Einüben einer bestimmten Haltung mit ihren Verhaltensweisen und Spielregeln. Das aber muß beginnen, lange ehe der junge Mensch sich selbst für eine bestimmte Haltung entscheiden kann« (WDR & Baumhauer 1968: 5f.).

In der neueren Literatur wiederum werden Sexualerziehung und Sexualaufklärung oft synonym verwendet, besonders bedeutsam ist hier das *Rahmenkonzept zur Sexualaufklärung der Bundeszentrale für gesundheitliche Aufklärung* (BZgA 2016 [1994]). Es legt mit bundesweiter Reichweite den Rahmen für institutionell organisierte Konzepte, Bildungsveranstaltungen und Materialien zur Sexualaufklärung/ Sexualerziehung fest.

Sexualerziehung (und heute oft synonym: Sexualaufklärung)

Gemeint ist damit die schulische und darüber hinaus institutionell organisierte prozesshafte Einflussnahme auf die Umgangs- und Verhaltensweisen von Kindern und Jugendlichen im sexuellen Bereich.

Sexuelle Bildung

In Abgrenzung zur Sexualpädagogik bezeichnet der Begriff *Sexuelle Bildung* die *Selbstaneignung von Wissen und Kompetenzen durch jeden einzelnen Menschen im sexuellen Bereich.* Es handelt sich bei der Sexuellen Bildung um einen lebenslangen Prozess. Die Pädagogik kann diesen Prozess durch spezifische Angebote für Kinder, Jugendliche und Erwachsene begleiten (vgl. Valtl 2005; Valtl 2013: 125; Schmidt & Sielert 2012: 12; vgl. mit derselben Intention: Bohm & Hirschfeld 1930; Grassel 1978a: 51; 1978b: 61f.).

Karlheinz Valtl schlägt vor, unter Sexueller Bildung ein »neues Paradigma einer Sexualpädagogik für alle Lebensalter« zu begreifen (vgl. etwa Valtl 2013: 125). Er ordnet den Begriff in eine »Emanzipationsgeschichte« ein, ausgehend von eher restriktiven Formen einer Sexualerziehung oder Sexualaufklärung, die er für die 1960er und 1970er Jahre sieht, über offenere, partizipativere Bildungsformen einer Sexualpädagogik der 1980er und 1990er Jahre und schließlich hin zu der Sexuellen Bildung seit den 2000er Jahren (vgl. ebd.: 127). Eine solche Perspektive sich ablösender Phasen, wobei die eine Form der Bildung als »höherwertiger« oder »emanzipatorischer« erscheint, ist vor dem Hintergrund sehr reflektierter historischer Arbeiten (etwa Bohm & Hirschfeld 1930) fraglich und fachlich noch nicht hinreichend diskutiert (vgl. Mantey 2022; Henningsen 2022).

Jeder Begriff, den wir hier diskutieren und definieren – Sexualpädagogik, Sexualerziehung/Sexualaufklärung, Sexuelle Bildung – trägt zu einer Trennschärfe bei. So sind in einem institutionell organisierten Rahmen der Sexualerziehung sowie bei den elterlichen Maßnahmen der Sexualpädagogik Grenzziehungen erforderlich, die so für die Formen Sexueller Bildung im Sinne einer Selbstaneignung, die Kinder, Jugendliche, aber auch Erwachsene betrifft, nicht gelten. So können etwa spezifische Formen der Thematisierung von Selbstbefriedigung im Rahmen der Sexualerziehung und Sexualpädagogik unangemessen sein, Scham auslösen, Hierarchien befördern und die Möglichkeit eröffnen, diese auszunutzen (vgl. Raue [Canisius-Kolleg] 2010). Hingegen kann »Selbstbefriedigung« in viel freierem Maße ein wichtiges Themenfeld der selbstbestimmten Sexuellen Bildung sein – auch unterstützt durch Materialien und Bildungsveranstaltungen –, um das eigene sexuelle Wohlergehen zu befördern und Sexualprobleme zu lösen. Es ist also sinnvoll, in der *Sexualpädagogik und in der Sexuellen Bildung unterschiedliche Ansätze der Bildung im Themenfeld des Sexuellen* zu sehen. Beide haben einen Wert an sich, der in diesem Buch reflektiert wird. Veränderungen der Erziehungs-, Bildungs- und Partizipationsformen im Kontext der Sexualpädagogik sollten – zumindest so lange, bis die Begriffe wissenschaftlich und gesellschaftlich diskutiert und geklärt sind – auf andere Weise reflektiert werden.

Sexuelle Bildung

Damit wird der lebenslange Prozess der Selbstaneignung von Wissen und Kompetenzen durch jeden einzelnen Menschen im sexuellen Bereich bezeichnet. Dieser Prozess kann durch pädagogische Bildungsangebote begleitet werden.

Fachlich-qualitative Einordnung von Konzepten der Sexualpädagogik

Sexualität ist ein gesellschaftlich vieldiskutiertes Thema, das zugleich Ziel politischer und staatlicher Einflussnahme ist. So gab – und gibt – es intensive gesellschaftliche Aushandlungen etwa zum Umgang mit Onanie/Masturbation, vorehelichem Sex, Empfängnisverhütung und Schwangerschaftsabbruch, wie auch zur Akzeptanz von gleichgeschlechtlichem Sex, sexueller und geschlechtlicher Selbstbestimmung allgemein und zum Thema sexualisierte Gewalt (vgl. Henningsen et al. 2016; Heyn 2022). Das wird sich im nachfolgenden kurzen historischen Überblick zeigen. Sexualpädagogik ist bei den Debatten und bei der staatlichen Einflussnahme nicht außen vor, sondern direkt in sie eingebunden. So wurde um 1900 allgemein und dann wieder in den 1960er Jahren in der Bundesrepublik und Westberlin darum gerungen, ob überhaupt eine institutionell organisierte Sexualpädagogik – insbesondere in der Schule – überhaupt nötig sei oder ob die sexualpädagogische Intervention allein den Eltern und ggf. Erzieher*innen in Hilfekontexten obliege. Die weiteren, inhaltlichen Aushandlungen bezogen sich auf die Themen: Onanie/Masturbation, vorehelicher Sex, Empfängnisverhütung und Schwangerschaftsabbruch, Akzeptanz von gleichgeschlechtlichem Sex und von sexueller und geschlechtlicher Selbstbestimmung, sexualisierte Gewalt.

Onanie wird seit Ende des 18. Jahrhunderts und bis ins frühe 20. Jahrhundert hinein in einer großen Anzahl von Schriften zunächst abgelehnt. So sollte es erzieherische Aufgabe sein, Jugendliche darüber zu informieren, dass Onanie schädliche, den Körper »auszehrende« Wirkung habe. Was den vorehelichen Sex betraf, sollten Jugendliche darauf orientiert werden, sexuell enthaltsam zu bleiben, um mit Vorerwartung und »Beglückung« in die Ehe gehen zu können. Zeitgenössisch wurden solche Fragen intensiv diskutiert und es erschienen Streitschriften dazu, eben weil die Realität zum Teil eine ganz andere war: Onanie und vorehelichen Sex gab es so häufig, dass die publizistische Auseinandersetzung darüber nötig war. Besonders Mediziner, Pädagogen und Theologen (später auch Mediziner*innen und Pädagog*innen) wollten hier mit Schriften und Lehrinhalten erzieherisch einwirken. Die Debatten, ob überhaupt institutionell organisiert Sexualpädagogik stattfinden solle, wurden in Deutschland 1933 mit dem *Runderlass zur Sexualpädagogik* des preußischen Innenministers (zugleich Reichsminister), der später »verreichlicht« wurde, zunächst beendet. Sexualpädagogik wurde in die auf Gemeinschaft zielende Schul- und Erziehungspolitik der Nazis eingebunden (und damit in ihre mörderische Rassenideologie). Nach der Befreiung vom Nationalsozialismus wurde Sexualpädagogik in der DDR von Anfang an, in der BRD und Westberlin zunächst in einzelnen Bundesländern, von 1968 an dann mit Bundesbeschluss als Thema in der Schule bindend festgelegt.

In den verschiedenen Staaten und im zeitlichen Verlauf zeigten sich dabei unterschiedliche Prämissen in der Sexualpädagogik. Dabei gilt gerade für die BRD und für Westberlin, dass, bevor Regelungen institutionell umgesetzt wurden, intensive Aushandlungen verschiedener gesellschaftlicher Akteur*innen um den guten und richtigen Weg geführt wurden. In der DDR verliefen Aushandlungen oft anders – nicht weniger intensiv und abhängig von dem Einsatz einzelner Akteur*innen, aber in Gremien, ggf. vermittelt über Eingaben. Lässt sich – allgemein und für die genannten Staaten übergreifend gefasst – zeigen, dass zunächst nur eine Information über physiologische Vorgänge (im Sinne einer Sexualaufklärung) erfolgen sollte, bei Orientierung der Kinder und Jugendlichen auf Ehe und Fortpflanzung, so hat sich das Bild bis heute gewandelt: Seit den 1990er Jahren zielen die sexualpädagogischen Materialien und Lehrinhalte auf sexuelle Selbstbestimmung und mittlerweile zunehmend auch auf geschlechtliche Selbstbestimmung, zudem ist das Thema Grenzachtung deutlicher geworden. Eine »emanzipatorische« Entwicklung!

Nun von einer »emanzipatorischen Sexualpädagogik« zu sprechen und diese von vorherigen Strömungen abzugrenzen, wäre aber ungenau und würde Belastungen des Begriffs »emanzipatorisch« im sexualpädagogischen Bereich ausblenden. Ungenau wäre die Begriffswahl, weil es auch als emanzipatorisch zu bezeichnende Ansätze eines Differenzfeminismus gibt, der zahlreiche Positionen sexueller und geschlechtlicher Vielfalt und Selbstbestimmung nicht mittragen würde; auch weitere gesellschaftliche Bewegungen haben sich als »emanzipatorisch« bezeichnet. Insofern bedarf der Begriff der »Emanzipation« stetig einer inhaltlichen Füllung.

Bedeutsamer ist aber, dass die Bezeichnung »emanzipatorische Sexualpädagogik« stark mit der Bagatellisierung von Machtverhältnissen beim sexuellen Kontakt zwischen Erwachsenen und Kindern (z. B. Kerscher 1973: 25–27) und explizit mit Helmut Kentler (1928–2008) verwoben ist; Kentler ist insofern Missbrauchstäter, als er in Zusammenarbeit mit der Berliner Senatsverwaltung Jugendliche pädosexuellen Straftätern zur Pflegschaft zugeführt hat (vgl. ausführlich Göttinger Institut für Demokratieforschung 2016). Dabei zeigt sich auch das menschenverachtende Menschenbild, das Kentler vertrat, wenn er meint: »Diese Leute haben diese schwachsinnigen Jungen nur deswegen ausgehalten, weil sie eben in sie verliebt, verknallt und vernarrt waren« (Kentler, nach: Göttinger Institut für Demokratieforschung 2016: 7f.). Zugleich hat Kentler sexuelle Handlungen zwischen Erwachsenen und Kindern unkritisch gesehen und propagiert, wie unter anderem aus der Einleitung von dem verbreiteten Aufklärungsbuch »Zeig Mal!« deutlich wird (McBride & Fleischauer-Hardt 1974: u. a. 6–8; vgl. für eine ausführliche Auseinandersetzung: Nentwig 2021). Eine Passage aus der Einleitung des Buches soll hier zitiert werden, da noch immer punktuell angenommen wird, dass Kentler mit seinen Thesen »lediglich Jugendliche«, nicht aber Kinder gemeint habe (vgl. gsp 2017). Kentler schreibt:

> »Die ›antiautoritäre Bewegung‹ setzte sich mit Reich nicht nur theoretisch auseinander, sie versuchte, seine Lehre zu praktizieren. In Kommunen wurde experimentiert mit Formen einer ›allgemeinen Zärtlichkeit‹, die das Eingeengtsein auf Geschlechterrollen und Zweierbeziehungen auf-

sprengen sollten. In Kinder- und Schülerläden bemühte man sich, unautoritäre, den Bedürfnissen der Kinder besser gerecht werdende Beziehungen zwischen Erwachsenen und Kindern und unter den Kindern selbst herzustellen. Den ersten Erfahrungsberichten ist die Unsicherheit der Erwachsenen noch deutlich anzumerken: Die Sexualität der Kinder, die sie in ihrer Arbeit kennen lernten, war für sie eine fremde Welt – sich ihr zu nähern, hieß, den eigenen sexuellen Schwierigkeiten konfrontiert zu werden. So berichtet der 24jährige Eberhard, Mitglied der ›Kommune 2‹ in Berlin, über das Verhalten der 3jährigen Grischa: ›Nach dem Ausziehen am Abend kommt Grischa zu Eberhard und will bei ihm schlafen. Nach einigem Hin und Her legt sie sich in sein Bett und verlangt, er solle sich in Unterhose und Hemd zu ihr legen. Dann spielt sich die folgende Szene ab: ›Grischa sagt, sie braucht keine Decke zum Einschlafen. Außerdem soll ich nicht die Augen zumachen. Dann will sie mich streicheln, Hände und Gesicht. Ich darf sie erst streicheln, wenn sie gestreichelt hat, dann auch nur kurz. Zum Bauchstreicheln muß ich mein Hemd hochziehen. Ich liege auf dem Rücken. Grischa streichelt meinen Bauch, wobei sie meine rausstehenden Rippen als Brüste versteht. Ich erkläre ihr, daß das Rippen sind, ich nur eine flache Brust und Brustwarzen habe. Sie streichelt meine und zeigt mir ihre Brustwarzen. Wir unterhalten uns über die Brust von Mädchen, wenn sie älter sind. Dann will sie meinen »Popo« streicheln. Ich muß mich umdrehen. Sie zieht mir die Unterhose runter und streichelt meinen Popo. Als ich mich wieder umdrehe, um den ihren wie gewünscht zu streicheln, konzentriert sich ihr Interesse sofort auf »Penis«. Sie streichelt ihn und will ihn »zumachen« (Vorhaut über die Eichel ziehen), bis ich ganz erregt bin und mein Pimmel steif wird. [...] Ich versuche ein paarmal, sie zaghaft auf ihre Vagina anzusprechen, sage, daß ich sie auch gern streicheln würde [...].‹ Gewiß ist für beide die Situation ungewohnt – während das kleine Mädchen aber immer sicherer und damit entdeckungsfreudiger wird, fühlt sich der junge Mann immer gehemmter, und noch in seinem Bericht versucht er [...] die sexuelle Attacke, der er ausgesetzt war, vor sich selbst zu verharmlosen« (Kentler, in: McBride & Fleischauer-Hardt 1974: 6f.).

Die Ausführungen von Kentler lassen sich nicht anders lesen, als dass er deutlich sexuelle Kontakte zwischen Erwachsenen und Kindern und damit sexualisierte Gewalt sowohl gegen Kinder als auch gegen Jugendliche legitimiert hat. Auch wenn die enge Kopplung der Bezeichnung »emanzipatorische Sexualpädagogik«

fälschlich so stark an Kentler erfolgt,[4] scheint mir diese Begrifflichkeit unpräzise und durch die Verstrickung in sexualisierte Gewalt gegen Jugendliche und Kinder unbrauchbar geworden. Zugleich intendiert »emanzipatorische Sexualpädagogik« die Höherbewertung einiger Ausarbeitungen – nämlich »emanzipatorischer« –, wogegen andere Perspektiven, die schon seit den 1960er Jahren sachlich und informierend auf sexuelle und geschlechtliche Selbstbestimmung abzielten, aber dabei die Thematik der Prävention von sexualisierter Gewalt zeitgemäß berücksichtigten, als »scheinaffirmative Sexualpädagogik« oder »pragmatisch-aufklärende Sexualpädagogik« (Schmidt & Sielert 2012: 25f.; Sielert 2015: 14–16) zurückgesetzt werden.

Institutionelle pädagogische Angebote in Bezug auf Sexualität haben gerade den Auftrag, sachlich, wahrhaftig und altersgemäß zu sein – das gilt auch für »emanzipatorische«. Um eine klarere inhaltliche Füllung zu erreichen, schlage ich statt der bisherigen Gliederungsversuche in »skeptisch-gefahrenorientierte Sexualpädagogik«, »scheinaffirmative bzw. pragmatisch-aufklärende Sexualpädagogik« und »emanzipatorische« bzw. »neo-emanzipatorische Sexualpädagogik« mit intendierter evolutionärer Entwicklung hin zur »(neo-)emanzipatorischen Sexualpädagogik« (Schmidt & Sie-

---

4 Zuletzt etwa Koch (2013) und Schmidt & Sielert (2012). Selbst Nentwig (2021), die sich einer kritischen Aufarbeitung Kentlers zuwendet, mystifiziert ihn, indem sie in Bezug auf den schulischen Kontext seine Bedeutung überhöht und sogar andeutet, dass sich die Schüler*innenbewegung für ihr Tun bei ihm »Absolution« geholt habe. Gerade für diese Darstellungen stützt sich Nentwig in ihrer sonst hervorragenden Arbeit ausschließlich auf die Selbstbeschreibungen Kentlers (Nentwig 2021: 121). Damit verkennt sie die Autonomie der Schüler*innenbewegung und etwa die Bedeutung der Schülerinnenzeitung *Bienenkorb-Gazette* seit Anfang Februar 1967, während der Band *Für eine Revision der Sexualpädagogik* (Faltermaier [Hg.] 1969 [EA 1967]), an dem auch Kentler beteiligt war und auf dem seine hohe Würdigung beruht, erst zur Frankfurter Buchmesse im Herbst 1967 erschien (Scarbath 1978: 19). Vgl. hierzu später ausführlich im historischen Teil.

lert 2012: 25f.; Sielert 2015: 14–16) die folgende qualitative Einteilung sexualpädagogischer Ansätze vor und lege sie diesem Einführungsband zugrunde:

Tab. 1: Qualitative Einteilung sexualpädagogischer Ansätze

Negative bzw. voprehelicher Sexualität vorbeugende Sexualpädagogik	Positive bzw. Sexualität bejahende Sexualpädagogik	
	Heteronormativ-fortpflanzungsorientierte Sexualpädagogik	Vielfaltsbewusste, Selbstbestimmung fördernde Sexualpädagogik

Diese Aufteilung hat den Vorteil, dass sie sich durchgehend an Inhalten orientiert und nicht zwischen den Ebenen »Inhalt« und »Methode« wechselt. Sie greift dabei die zentralen Differenzmarker sexualpädagogischer Ansätze und Aushandlungen auf. Zugleich wählt die Untergliederung klare und wissenschaftlich gefüllte Begriffe und nimmt nicht bereits voreilig mit der Begriffswahl Wertungen vor. Damit wird die sachliche Diskussion über sexualpädagogische Ansätze möglich, und es können auch unterschiedliche Perspektiven innerhalb einer Richtung gut diskutiert werden. Innerhalb des Ansatzes der »heteronormativ-fortpflanzungsorientierten Sexualpädagogik« können von Autor*innen etwa inhaltliche Fragen zu vorehelichem Sex und zur Prävention von sexualisierter Gewalt sowie methodische Vorgehensweisen verschieden gesehen werden. Die jeweiligen Ansätze sollen wie folgt definiert werden:

Tab. 2: Definition der sexualpädagogischen Ansätze

Negative bzw. vorehelicher Sexualität vorbeugende Sexualpädagogik:	Positive bzw. Sexualität bejahende Sexualpädagogik:
Warnungen vor sexuellen Handlungen und vor Erkrankungen stehen im Vordergrund der Sexualinformation. Junge Menschen sollen von früher sexueller Betätigung abgehalten werden. Drohungen und Bestrafungen (darunter auch körperliche) zur Sanktionierung frühen sexuellen Tuns finden statt bzw. werden als möglich erachtet.	Sexualität wird prinzipiell als positive Kraft bejaht. Kinder und Jugendliche werden gemäß gesellschaftlicher Normen und Werte über positive Aspekte von Sexualität informiert, in einem verantwortungsbewussten Umgang befördert und über Gefahren (Erkrankungen, sexualisierte Gewalt) aufgeklärt. Warnungen stehen nicht im Zentrum der Sexualinformation, Drohungen und Bestrafungen finden nicht bzw. nur ausnahmsweise – bei deutlichen sexuellen Grenzüberschreitungen – statt.
	Heteronormativfortpflanzungsorientierte Sexualpädagogik: **Vielfaltsbewusste, Selbstbestimmung fördernde Sexualpädagogik:**

Heteronormativfortpflanzungsorientierte Sexualpädagogik:	Vielfaltsbewusste, Selbstbestimmung fördernde Sexualpädagogik:
Kinder und Jugendliche werden auf Ehe und Familie orientiert. Andere sexuelle Orientierungen und Formen des Zusammenlebens werden nur randständig und oft abwertend thematisiert.	Prämisse ist Selbstbestimmung, im Sinne angenehme und sichere sexuelle Erfahrungen zu machen oder auch selbstbestimmt nicht zu machen, frei von Zwang, Diskriminierung und Gewalt (vgl. auch: WHO 2006). Sexuelle (und geschlechtliche) Vielfalt werden bejaht, Akzeptanz für Vielfalt und verschiedene Lebensentwürfe werden befördert.

4

Kurze Geschichte des Sexuellen und seiner »Erziehung«

Um genau vor Augen zu haben, was im modernen Verständnis mit Sexualität bezeichnet wird und wie pädagogische Maßnahmen mit gesellschaftlichen Ordnungsbemühungen verbunden sind, ist ein kursorischer historischer Zugang bedeutsam. Im Folgenden wird, ausgehend von knappen Betrachtungen zu Antike und Christentum, auf Veränderungen, die mit der Moderne verbunden sind, fokussiert, und es werden die Auswirkungen für den sexuellen Bereich skizziert.

Ordnungsbemühungen um das sexuelle Tun in der Antike

Die gesellschaftlichen Ordnungsbemühungen für den sexuellen Bereich beziehen sich zunächst ausschließlich oder zumindest vornehmlich auf Privilegierte.

Blickt man auf »*die Antike*«, zunächst die griechische und dann die römische, so zeigt sich, dass die Ordnungsbemühungen auch das sexuelle Tun der Menschen betreffen. Relevant sind sie hier gerade bei Fragen legitimen Nachwuchses, des Erbens und Vererbens. Aber auch zur Absicherung der gesellschaftlichen Stellung insbesondere von (männlichen) Bürgern, aber auch allgemein von »freien Männern« und »freien Frauen«, spielen sie eine Rolle. Konkrete soziale Regelungen, die auch das Geschlechtliche (und Sexuelle) betreffen, sind für die griechische Antike lediglich für drei der insgesamt 700 unterschiedlichen Stadtstaaten (Poleis) bekannt, die meisten Hinweise gibt es für die Polis Athen. Für die spätere römische Antike gibt es mehr Überlieferungen (vgl. Voß 2010).

Als die bedeutsamsten Anforderungen an »freie Männer« in Athen lassen sich das »Beherrschen« des eigenen Haushalts und der eigenen Familie (also von Frauen, Kindern und Sklav*innen) sowie die »Selbstbeherrschung« eigener Bedürfnisse und Leidenschaften festhalten. Von einem geordneten Haushalt ausgehend, war es für Männer möglich, eine »herrschende« Position im öffentlichen, politischen Leben einzunehmen. Die »Selbstbeherrschung« betraf Bedürfnisse wie Essen, Trinken, Leidenschaft, Sexualität und Schlaf. Hier war Mäßigung geboten, Exzesse waren nicht statthaft. Im Sexualverhalten durfte nie der Eindruck aufkommen, dass sich der Mann unterordnete. Paul Veyne bringt es auf den Punkt:

> »In dieser Welt wurde nicht nach Geschlechtern – Liebe zu Frauen oder Liebe zu jungen Männern – klassifiziert, sondern nach Aktivität oder Passivität: Aktiv sein hieß Mann sein, gleichgültig, welches Geschlecht der als passiv angesehene Partner besaß« (Veyne 1984 [1982]: 43).

Ausnahme war in der griechischen Antike – das sei erwähnt, weil es heutzutage oft falsch »gewusst« wird – der Sexualverkehr von jungen Männern (ab dem einsetzenden Bartwuchs, Epheben) mit (meist) unwesentlich älteren Männern in den Zwanzigern. Platon beschreibt solche Beziehungen wie folgt: »Denn sie lieben nicht Kinder, sondern solche, die schon anfangen, Geist zu hegen. Das trifft etwa zusammen mit dem Keimen des Bartes« (vgl. Platon 1979: 44; vgl. zur Einordnung: Hildebrandt 1959: 159–162 und 185–208). Der Ephebe konnte in einer solchen Beziehung bis zu einem gewissen Maß eine passive Rolle einnehmen. Aber auch hier galten Konventionen, um den jungen Partner vor dem Stigma der »Effimiertheit« – Verweiblichung – zu schützen (vgl. u. a. Foucault 2007 [1984]: 195–200; Veyne 1984 [1982]: 44/45; Brisson 2002 S. 67).

Ratschläge der Diätetik – einer seinerzeit verbreiteten und über Jahrhunderte wirksamen medizinischen Lehre, die mit der »Humoralbiologie« (der »Lehre von den Säften [im Körper]«) im Zusammenhang steht – richteten sich entsprechend schon in den hippokratischen Schriften und den Arbeiten von Aristoteles und noch deutlicher in den Arbeiten von Gelehrten der römischen Antike auch auf den Sexualverkehr, dessen »auszehrende« und »schwächende« Wirkung reduziert werden sollte. Zwar waren der freie Jüngling und der freie Mann im Fokus, richteten sich doch Hinweise auch auf freie Mädchen und Frauen, wenn sie auch seinerzeit nur ausnahmsweise (Privat-)Unterricht erhielten und ansonsten von Bildung ausgeschlossen waren. Für (privilegierte) Mädchen und Frauen wurde zudem Reproduktion diskutiert – zum einen mit Ratschlägen für Verhütung und Enthaltsamkeit, um die Zahl von Geburten und die mit ihnen verbundenen Risiken zu verringern, zum anderen mit gegenläufigem Interesse, um die Geburtenzahl zu erhöhen (vgl. einführend und für einen Quellenüberblick: Voß 2010).

Kurz gefasst

Soziale Übereinkünfte und Regularien, Reflexionen von Bildungsprozessen sowie Hinweise für die Selbstbeherrschung zeigen sich im Hinblick auf sexuelles Tun deutlich in den Aushandlungen der griechischen und römischen Antike. Sie beziehen sich zentral auf die Privilegierten, hingegen sind Unfreie sowie versklavte Menschen – sie stellten ungefähr 80 bis 90 Prozent der Bevölkerung – kaum im Blick und, zeitlich und räumlich wechselnd, kaum vor ausufernder Gewalt der freien Männer und freien Frauen geschützt. Auffallend ist, dass die das Sexuelle betreffenden Hinweise in größerem Maß naturphilosophischen und medizinischen Arbeiten entspringen und sich davon pädagogische Ratschläge, das Sexuelle betreffend, ableiten.

Auswirkungen des Christentums

Das *Christentum*, dem wir auch heute soviel Gewicht beimessen, dass selbst »unsere Zeitrechnung« einen seiner Marker – Christi Geburt – als Fixpunkt setzt, schließt bezogen auf Sexuelles an die Lehren einiger antiker Gelehrter an. Das wird etwa im Hinblick auf die Diskussion des Sexualverkehrs als »auszehrend« und »schwächend« ersichtlich. Im christlichen Verständnis wird der sexuelle Akt im Kontext einer festgefügten Gesellschaftsordnung betrachtet. In ihr habe alles seinen Platz, sowohl die Geschlechter – die in Komplementarität zueinander wären – als auch der sexuelle Akt. Er war vorgesehen, um den festgefügten Lauf der Natur zu erfüllen und neue Menschen ins Leben zu rufen. Der sexuelle Akt sollte dem Zweck der Fortpflanzung dienen – und nicht auf Lust gerichtet sein. Entsprechend werden nun auch das Zusammenleben von

Mann, Frau und Kindern sowie das sexuelle Tun zwischen Frau und Mann zur Selbstverständlichkeit – in Abkehr von antiken Beschreibungen, in denen die Wirkungen anders- und gleichgeschlechtlichen Sexes nicht grundlegend unterschieden wurden (vgl. Klauda 2008). Die christliche Beichte sicherte diese reproduktive Funktion des sexuellen Tuns ab. Jede »Verfehlung« sollte dem Beichtvater gegenüber geschildert werden, um so von der »Sünde« befreit werden zu können (vgl. Foucault 1983 [1976]). Neben der Beichte waren für die lustvollen »Verfehlungen« Regelungen des Kirchenrechts (Kanonisches Recht) bedeutsam, das mit der zunehmenden Verbreitung des Christentums insbesondere ab dem 13. Jahrhundert relevant wurde und im Anschluss an Thomas von Aquin (1224/25–1274) in besonderem Maß sexuelle Lust problematisierte. Das Kirchenrecht sah Sanktionen für die lustvoll sexuell Handelnden vor: Wegen »Sodomie« konnten so diejenigen betraft werden, die ihre Geschlechtsteile »widernatürlich« gebrauchten. Etwa das Reiben der Genitalien zwischen den Schenkeln (»Schenkelverkehr«) und gleichgeschlechtlicher Sex waren mit Strafe bis hin zum Tod bedroht.

Allerdings fanden die kirchenrechtlichen Regelungen zunächst eher selten Anwendung – die massive Verfolgung von »Sodomiten« (wie auch von »Hexen«) setzt erst mit der Neuzeit (Ende 15., Anfang 16. Jahrhundert) und der beginnenden europäischen Moderne ein (vgl. Klauda 2008: 76ff.; Lau 2009; Heinsohn et al. 1985). Diese »mangelnde Wirksamkeit« hängt damit zusammen, dass die kirchlichen Sodomie-Beschreibungen so zugespitzt und abscheulich erschienen, dass Menschen sie nicht in ihrer Lebensrealität erblickten. Georg Klauda beschreibt mit Bezug zur Nähe zwischen Männern:

»Zugleich fiel die Figur des Sodomiten in der christlichen Rhetorik so monströs aus, dass sie der Lebenswelt der Menschen ähnlich entrückt blieb wie Werwölfe und Hexen. Freunde konnten sich daher küssen, Zärtlichkeiten austauschen und einander zu ›Bettgenossen‹ machen, ohne damit auch nur den leisesten Verdacht auf sich zu lenken« (Klauda 2008: 79).

Und so beichteten zahlreiche Menschen erst auf dem »Sterbebett« ihre »Sünden« (vgl. Klauda 2008: 72). Michel Foucault regte mit *Der Wille zum Wissen – Sexualität und Wahrheit 1* (1983 [1976]) an, *das stete Sprechen über »den Sex« als bedeutsam für seine Einhegung und Befriedung* zu betrachten (vgl. auch: Klauda 2008: 11, 82ff). Die Beichte erscheint damit wegweisend auch für die späteren medizinischen, sexualwissenschaftlichen und pädagogischen Betrachtungen. Zugleich stellen die (gotischen) Kirchengebäude mit ihren bemalten Fenstern sowie der Darstellung – und damit verbundenen Verbannung – »abstoßender« und »sündiger« Dinge an den Außenmauern die ersten »massenmedial dominanten Bildträger« (Reiche 2014: 215) dar, die auch für die analphabetische Bevölkerung verständliche Botschaften vermitteln. Damit konnten die Lehren auch auf die breite Bevölkerung wirken.

Kurz gefasst

Anders als oft gedacht, ist gerade die Kirche – heute: die katholische Kirche – mit ihrer Beichte der zentrale Ausgangspunkt für stetes Sprechen über das sexuelle Tun der Menschen. Dabei wurde das sexuelle Tun nicht als »Identität« gedacht, sondern konkret, im Hinblick auf Fortpflanzung und von der Kirche zunehmend problematisierte Lustbefriedigung. Erst im 13. Jahrhundert erlangt das Kirchenrecht des Christentums relevante Reichweite. Im Zusammenhang mit den Arbeiten Thomas von Aquins richtet es sich auch gegen »lustvolle«, also nicht auf Fortpflanzung zielende, sexuelle Betätigungen der Menschen.

Weitreichende Veränderungen seit 1500

Auch wenn die Kirche mit der Beichte eine der zentralen *Kontroll- und Regierungsweisen* über Menschen etabliert, betrachtet sie sexuelle »Verfehlungen« in ihrer Einmaligkeit und leitet daraus keine Regelmäßigkeit ab. Die *konkrete Handlung* wurde problematisiert und ggf. sanktioniert, es wurde aber nicht daraus abgeleitet, dass es Menschen gebe, die aus »ihrer Natur« heraus kontinuierlich »Verfehlungen« begehen würden oder müssten. Das geschieht erst seit etwa 1500 (Neuzeit) und zunehmend im 18. Jahrhundert (Moderne). Was sind die Ursachen?

Relevante Veränderungen um 1500 sind der europäische Kolonialismus, der zentral mit dem Aufstieg kapitalistischen Wirtschaftens zur globalen Weltordnung in Verbindung steht, und der Protestantismus. Der *Protestantismus* unterscheidet sich bezogen auf das sexuelle Tun der Menschen von den vorherigen Überzeugungen darin, dass es nun nicht mehr ausreicht, die eigenen »Verfehlungen« zu beichten, um von »Sünden« befreit werden zu können. Vielmehr propagiert der Protestantismus, dass nur ein dauerhaft gottgefälliges und »sittsames« Leben zur »Erlösung« führen könne. »Verfehlungen« würden sich im Lebensverlauf »addieren«, eine Entlastung sei nicht oder nur sehr schwer möglich. Mosse (1985) folgert:

> »Diese moralische Strenge hat eine Schlüsselrolle bei der Etablierung der bürgerlichen Moral gespielt und war auch ausschlaggebend hinsichtlich des Unterschiedes in der Intensität der Durchsetzung der bürgerlichen Moral zwischen protestantischen und katholischen Ländern« (Mosse 1985: 38).

Damit liefert der Protestantismus auch die moralische Grundlage für die kapitalistischen Verhältnisse, in denen es bedeutsam ist, dass ein Großteil der Menschen kontinuierlich, ohne »Verfehlungen« und Murren, oft unter schlechtesten Bedingungen, die kaum das Überleben sicherten (und im »globalen Süden« auch heute noch nicht sichern), in Manufakturen und Fabriken sowie auf Plantagen arbeiten. Diese schlechten Lebensverhältnisse gelte es auszuhalten, so protestantische Überzeugungen, um nach dem Tod »Glückseligkeit« zu finden (vgl. Weber 2007 [1905]). Die religiösen Veränderungen um 1500, die mit dem Protestantismus in Verbindung stehen, sind in geschlechtlicher und sexueller Hinsicht bislang wissenschaftlich nur unzureichend untersucht, versprechen aber ertragreiche Erkenntnisse. So zeigt Christof Rolker (2013) in Untersuchungen zu Hermaphroditismus (neuerer Begriff: Intergeschlechtlichkeit), dass Menschen, die weibliche und männliche geschlechtliche Merkmale in sich vereinigten, im Mittelalter kaum verwunderten. Sofern rechtliche Fragen in Bezug auf Eheschließung, Erben und Vererben aufkamen, urteilte die Kirchengerichtsbarkeit »unaufgeregt« und erlegte diesen Menschen auf, sich zu entscheiden und sich nur »zu dem einen« oder »zu dem anderen Geschlecht« sexuell zu verhalten. Etwa um 1530 wandelt sich die Praxis radikal, und die Kirchengerichtsbarkeit ordnet regelmäßig die Verbrennung dieser Personen an. Diese Beobachtung geht zusammen mit den Forschungen zur Neuzeit, die die massive Verfolgung von »Hexen« und »Sodomitern« mit der beginnenden Moderne, der Neuzeit – also ab dem frühen 16. Jahrhundert – sehen (vgl. Rolker 2013).

Neben dem Protestantismus ist der *Kapitalismus, in Verbindung mit dem Kolonialismus*, bedeutsam. Der Kapitalismus stellt den ökonomischen Gewinn in den Mittelpunkt. Im Kapitalismus gilt es, »Waren« zu erzeugen, bei ihrer Veräußerung einen Gewinn zu erzielen, der im Folgenden neu angelegt werden kann, so dass kontinuierlich mehr Gewinn resultiert. Dieser Prozess wird als »Akkumulation« bezeichnet. Um »Waren« zur Verfügung zu haben, ist es unabdingbar, dass menschliche Arbeitskraft zur Verfügung steht und genutzt werden kann. Damit der Gewinn für den Unternehmer möglichst groß wird, erhalten die Arbeitenden einen möglichst geringen Lohn. Der Sozialhistoriker Jürgen Kuczynski beschreibt Auswüchse des aufkommenden Manufakturwesens, fokussiert auf die Situation in den deutschen Ländern:

> »Viele Manufakturen wurden der Zweckmäßigkeit halber gleich als Strafanstalten bevölkert und vor allem mit arretierten und zu Zwangsarbeit verurteilten Bettlern und Bettlerinnen aufgebaut. [...] Im Zuchthaus mußten Irre, Bettler, Schwachsinnige, Diebe, Ehebrecher, Kindesmörderinnen, erziehungsbedürftige Kinder und widerspenstige Dienstboten gemeinsam für die Unternehmer Wolle spinnen, Seide haspeln sowie Färbholz raspeln und schaben« (Kuczynski 1963, 22f.).

Zur »Rechtfertigung« kapitalistischer Ausbeutung wurden auch die »natürliche Veranlagung« der Proletarier*innen »für die ermüdenden, schmutzigen, monotonen Arbeiten (...), die zwar körperliche Kraft, aber weder Intelligenz noch Initiative erfordern« und der »tiefverwurzelte (...) Hang« dieser Menschen »zur ›systematischen Faulenzerei‹« angeführt (Balibar 1992 [1988], 254). Davon ausgehend wurde gefolgert, dass solche Menschen »einen Meister [brauchen], der [sie] dazu anhält, gemäß [ihrer] Natur zu arbeiten« (ebd.; vgl. Voß 2014a). Solchen Argumentationen wurde aus den Reihen der Arbeiterbewegung und der (proletarischen) Frauenbewegung widersprochen (vgl. für einen Zugang: Voß 2010, 165–182; Voß 2011a, 117–120).

In kolonialisierten Regionen ist die Ausbeutung der Arbeitskraft noch extremer: Die Reconquista[5] aus dem Jahr 1492 bildet den zentralen Ausgangspunkt für das »moderne« Konzept »Rasse« (vgl. Çetin 2012: 28ff.; Plümecke 2013: 66–68; Voß & Wolter 2013: 11–14). Es liefert die Begründung dafür, dass in globaler Perspektive Menschen als Arbeitskräfte ausgebeutet und sogar versklavt werden dürften, während andere von deren Arbeit profitierten (vgl. ausführlich: Mamozai 1989 [1982]; Ayim 1997 [1986]). Dabei nahmen seit dem 16. Jahrhundert auch deutsche Fürstentümer und Handelshäuser an dem Kolonialismus teil (vgl. ebd.). Zudem haben an der Etablierung des biologischen Rassismus gerade deutsche Forscher – zum Beispiel Johann Friedrich Blumenbach (1752–1840) – entscheidenden Anteil (vgl. ausführlich: Gould 1983 [1981]; Becker 2005; Hanke 2007). Im deutschen Schulunterricht wird diese Verantwortung zumeist nicht thematisiert, es wird stattdessen auf England, Spanien, Portugal und die Niederlande verwiesen.

Der Kapitalismus hat bedeutende Auswirkungen einerseits auf das Wirtschaften, andererseits auf alle gesellschaftlichen Verhältnisse, inklusive der geschlechtlichen, familiären und sexuellen. Daher spricht man

---

5 Reconquista bezeichnet die Beseitigung des letzten Kalifats auf der iberischen Halbinsel und die sich etablierende christliche Vorherrschaft.

beim Kapitalismus nicht »nur« von einer Wirtschaftsweise, sondern von einer Gesellschaftsordnung. Konkret bedeutete Kapitalismus – das gilt auch heute noch, wenn wir ihn global wahrnehmen –: schwerste Arbeit – oft im Akkord – auf Plantagen, in Manufakturen, in Fabriken, im Haushalt Privilegierter; selbst Toilettengänge waren zunächst restriktiv beschränkt. Sofern die Arbeit entlohnt wurde – andere Möglichkeiten: Sklaverei und Strafanstalten –, waren niedrige Löhne und schlechte Lebensverhältnisse an der Tagesordnung. Auch das gilt im globalen Maßstab weiterhin, und die heutigen höheren Löhne im »globalen Norden« basieren auf der Überausbeutung des »globalen Südens«. Die Funktionalisierung der Menschen als »Arbeitskraft« prägt alle Lebensbereiche: Von der »Erwerbsarbeit« abgekoppelt, besteht nun eine »Sorgearbeit« (»Reproduktionsarbeit«), die in der Regel nicht entlohnt wird und auf die übrige Zeit des Tages, die »Freizeit«, verbannt ist. Im Mittelalter gab es eine solch klare Scheidung von »Erwerb« und »Reproduktion« – »Reproduktion« im Sinne menschlicher Nähe, wie Freundschaft, Sorge um Kinder etc. – noch nicht. Auf dem bäuerlichen Hof mittelalterlicher, feudaler Ordnung waren alle Mitglieder der Familie in alle Arbeiten einbezogen (vgl. u. a. Haug 2002; auch: Opitz [Ayim] 1997 [1986]: 24f). Und selbst der Familienbegriff hat sich gewandelt, da auf den mittelalterlichen Höfen auch Knechte und Mägde als Bestandteile der Familien gesehen wurden. May Ayim fasst zutreffend und plastisch die Veränderungen zusammen, die mit der kapitalistischen Gesellschaftsordnung für die Familien- und Geschlechterverhältnisse verbunden sind:

> »Auch wenn die Familie bereits im Mittelalter patriarchalisch gegliedert war und dem Mann als Hausvorstand rechtliche und soziale Privilegien einräumte, bildeten sich erst mit den veränderten Produktionsbedingungen wirtschaftliche und ideologische Strukturen, die nichterwerbstätige Frauen in die ökonomische und emotionale Abhängigkeit von Männern drängten. Mit der Trennung in Privatsphäre und außerhäusliche Produktion kam der – von der beruflichen und politischen Lebenswelt ausgeschlossenen – Bürgersfrau die Rolle der treusorgenden Gattin, Hausfrau und Mutter zu. Diese Entmachtung wurde verklärt und idealisiert, wobei im 18. Jahrhundert die Mehrzahl der deutschen Frauen dem neuen Frauen-

ideal nicht entsprechen konnte, weil sie in Manufakturen und Fabriken Schwerstarbeit leistete« (Opitz [Ayim] 1997 [1986]: 25).

In diesem Kontext bildet sich auch unser heutiges, »*modernes*« *Verständnis von* »*Sexualität*«, und es zeigt sich, wie das sexuelle Tun der Menschen »dressiert« wird. Lee Wallace führt die Entwicklungen prononciert für gleichgeschlechtliche sexuelle Handlungen in kolonisierten Regionen aus: Das »üblich gewordene Wanderarbeiterwesen und die nach Geschlechtern getrennten Häuser im Gefolge dieser Arbeit« zogen in den kolonialisierten Regionen andere Lebensweisen und auch »neue Formen gleichgeschlechtlicher Beziehungen nach sich« (Wallace 2007 [2006]: 260). In Bergwerken und auf Plantagen wurden die gleichgeschlechtlichen sexuellen Handlungen dabei keineswegs stets vollständig unterbunden, sondern teilweise durch »Regeln« kanalisiert, »um das reibungslose Funktionieren der Arbeitsprozesse zu garantieren« (ebd.).

Schon ab dem beginnenden 16. Jahrhundert ist diese Entwicklung nachgewiesen. Die europäischen Kolonisatoren sanktionierten die gleichgeschlechtlichen sexuellen Handlungen der Kolonisierten als »Sodomie« (Beemyn 2007 [2006]; Wallace 2007 [2006]: 250f). Bestimmungen gegen gleichgeschlechtliche sexuelle Handlungen, die es in den ehemals kolonisierten Ländern zum Teil heute noch gibt, gehen vielfach auf die europäischen Kolonisator*innen und schließlich – nationalstaatlich organisiert – auf die europäischen Kolonialmächte und ihre Erlasse zurück. Wichtiges Motiv war dabei, sich der eigenen vermeintlichen europäischen »Zivilisiertheit« und Überlegenheit zu versichern und sich von den Kolonisierten abzugrenzen (Walther 2008; Schmidt 2008). Zentral war für die Kolonisator*innen, Arbeitskraft auszubeuten: Es ging immer – und noch rücksichtsloser als in Europa – um die »bedingungslose Unterwerfung« der Menschen, um »Disziplin, Arbeitsleistung« und auch um die Anerkennung von »Überlegenheit und Herrschaft« (Mamozai 1989 [1982]: 52). Die historisch gewachsenen Geschlechter- und Familienverhältnisse wurden dabei zerstört und durch die europäischen bürgerlichen ersetzt: Sofern nicht versklavt und unter direktem Zwang ausgebeutet, vertrieb man die Menschen von ihrem

Land und erzeugte so »freie« Lohnarbeitende. Wanderarbeit breitete sich aus. Da Frauen, wenn überhaupt, dann geringere Löhne als Männer erhielten, suchten die Männer in der Ferne Lohnarbeit. Die traditionelle Arbeit auf den Höfen, die man zuvor gemeinsam erledigte, wurde durch die Abwesenheit der Männer zu Frauenarbeit und nicht entlohnt. Die Trennung von Lohn- und Reproduktionsarbeit wurde so durchgesetzt (Mamozai 1989 [1982]: 108, 113ff; Joseph 1993: 78f).

Martha Mamozai, die mit ihren Publikationen zu einem besseren Verständnis dieser Zusammenhänge beigetragen hat, beschäftigt sich zentral mit deutschem Kolonialismus. Sie zeigt, wie die deutschen Kolonisator*innen ein besonderes Augenmerk auf die Fortpflanzung der Kolonisierten richteten, um stets ausreichend Arbeitskräfte zur Verfügung zu haben. Denn die Todesraten waren hoch, auch infolge von Misshandlungen durch die Kolonisator*innen, und Suizide waren nicht selten. Widerstand der Kolonisierten war allgegenwärtig und »Gebärstreiks« der unterdrückten Frauen erwiesen sich als besonders wirkungsvoll: »Mit ihrer Entscheidung, für die Kolonialmacht keine Sklaven zu gebären, trafen die Frauen offensichtlich den zentralen Nerv der Kolonialisten, die doch händeringend ›brauchbares Arbeitsmaterial‹ suchten« – und dafür schließlich sogar Anreize auslobten (Mamozai 1989 [1982]: 52f; vgl. auch: Davis 1982 [1981]: 11f). Während selbst der Bedarf an Arbeitskräften die deutschen Kolonisator*innen nicht dazu verleitete, auf Folterungen und Hinrichtungen der ausgebeuteten Menschen zu verzichten, wurde »Fortpflanzung« zu einem zentralen Interventionsfeld mit Zwang und Anreiz.

Auch in Europa zeigt sich in den bürgerlichen Diskursen eine Problematisierung der Sexualität der Arbeitenden. Im 19. Jahrhundert diskutiert man etwa die »Lasterhaftigkeit« und »Entsittlichung« der Bergarbeiter*innen, weshalb die Geschlechter voneinander getrennt und Frauen nicht untertage tätig sein sollten. Auch diejenigen, die die Lebensbedingungen der Arbeitenden verbessern wollten, verwiesen verschiedentlich auf die »entsittlichende« Wirkung sowohl der Arbeitsbedingungen als auch der gemeinsamen

Arbeit von Frauen und Männern in Manufakturen, Fabriken und Bergwerken (u. a. MEW Bd. 2: 464f; Bebel 1950 [1879]: 188–196; vgl. auch: Kuczynski 1963: 112ff).

Gleichwohl setzten sich die bürgerlichen Vorstellungen in der Arbeiterklasse nicht restlos durch, und es lässt sich auch zu Beginn des 20. Jahrhunderts zeigen, wie die bürgerlichen Sexualvorstellungen – durch Wissenschaft, Recht und Schule »verfeinert« ausgearbeitet – ironisierend publizistisch bearbeitet werden. Markant wird dies beispielhaft mit dem 1908 von Otto Reutter (1870–1931) herausgebrachten *Hirschfeldlied* deutlich.

Kurz gefasst

Um 1500 ergeben sich weitreichende gesellschaftliche Veränderungen, die auch und gerade das geschlechtliche und sexuelle Zusammenleben der Menschen betreffen. Bedeutsam sind hier der sich herausbildende Protestantismus und der sich verbreitende Kapitalismus. Während der Protestantismus nun ein gottgefälliges Leben zeitlebens fordert und keine Möglichkeiten vorsieht, von »Sünden« befreit werden zu können, strukturiert kapitalistische Wirtschaftsordnung die Lebensverhältnisse der Menschen neu – auch die geschlechtlichen und sexuellen.

Das moderne, bürgerliche Sexualitätsverständnis: Vom sexuellen Tun zur Identität

Mit dem Kapitalismus ist die Kategorisierung der Menschen verbunden – nach Klasse, rassistischer Unterscheidung und Geschlecht. Die Kategorien werden mit Argumenten der »Natürlichkeit« befestigt, wobei die aufkommenden modernen Wissenschaften bedeutenden

Anteil haben. Das gilt auch für »Sexualität«: Einerseits spielt sie eine bedeutsame Rolle, um die Kategorien Klasse, rassistische Unterscheidung und Geschlecht zu befestigen – Stichwort: »Zivilisiertheit« –, andererseits, um auch entlang sexueller Handlungen Gruppen von Menschen zu definieren. Doch auch hier der Reihe nach – jetzt im Hinblick auf die bürgerlichen Sexualitätsauffassungen. Dabei gehen wir von Vorstellungen zu gleichgeschlechtlichem Sex aus – von »Homosexualität« –, weil sie, wie sich zeigen wird, konstituierend für Sexualitätsbetrachtungen im Allgemeinen sind und uns die Veränderungen pointiert vor Augen führen, die mit dem *modernen Sexualitätsverständnis* verbunden sind.

Fanden die Sodomie-Paragrafen in der Lebenswelt der Menschen zunächst keine Wirkung, zeigen sich mit dem beginnenden 18. Jahrhundert hier deutliche Veränderungen. Nun entspannen sich heftige Debatten um Masturbation. Die Schriften *Onania* (1716) und *Onanisme* (1760) sind hier landläufig bekannte Eckpfeiler (vgl. Stolberg 2000). In der Zeit gründeten sich – zum Beispiel in London – Gesellschaften, die »dem Laster der Sodomie« den Kampf ansagten. Gezeigte Nähe unter Männern erregte nun Verdacht. Für Frauen galt dies weniger, da ihnen in den zeitgenössischen Diskursen weitgehend die Fähigkeit zu aktivem sexuellem Tun abgesprochen wurde. Mit der stärkeren Problematisierung »sodomitischer Handlungen« kamen seit Ende des 18. Jahrhunderts erste Diskussionen darüber auf, wie man gleichgeschlechtliche sexuelle Handlungen unter Männern denn überhaupt medizinisch nachweisen könnte. Wollte man ihnen vorbeugen oder sie überhaupt erst erkennen, war es bedeutsam, Kennzeichen für sie zu finden. So wurde zunächst über bestimmte Anzeichen für vollzogenen Analverkehr am Anus des Penetrierten diskutiert. Nach und nach bildeten sich wissenschaftliche Zweige aus, verfeinerten die Analyse – und es entwickelte sich Mitte des 19. Jahrhunderts die Vorstellung von Sexuellem als klarer Identität. »Sodomitische« Handlungen – zum Beispiel gleichgeschlechtliche – waren damit nicht mehr einfach Handlungen, die als »unmoralisch« und »widernatürlich« eingeordnet werden konnten, sondern sie machten nun das Wesen eines Menschen aus. Ein Mensch, der einmal so gehandelt habe, werde sein Leben hindurch weiterhin so handeln; in der Zeit, in der Jugendliche auf der Suche nach ihrem Selbstverständnis seien, müssten sie gegebenenfalls vor »Verführungen« durch solche Leute geschützt werden. Aus einfachen gleichgeschlechtlichen Handlungen wird so die klare Identität »Homosexualität« – anfangs noch als »Uranismus« benannt. Und anders als die vorherigen moralischen, theologisch, sozialen und juristischen Betrachtungen »sodomitischer« Handlungen, sind nun biologische und medizinische Argumentationen bestimmend, um »die Natur« »sexueller Identität« zu fassen. Interessanterweise wird damit auch Sexualität insgesamt – und das gilt auch für das gewählte Beispiel »Homosexualität« – in Abgrenzung zu anderen Formen von Nähe und Zuneigung, insbesondere in Abgrenzung zu »Freundschaft« konzipiert. Damit etabliert sich auch die moderne Besonderheit, dass nun Formen intimer, genitalgebundener Nähe und Zuneigung und gleichzeitig Formen genitalgebundener Gewalt (etwa Vergewaltigung) unter demselben Begriff, dem der Sexualität, verhandelt werden können – und nicht wie zuvor Formen von Nähe und Zuneigung auf der einen Seite gedacht und ggf. auf ihre moralische Passförmigkeit geprüft werden, auf der anderen Seite abgetrennt Formen von Gewalt.

Unter dem Begriff »Homosexualität« werden seitdem also nur noch sehr begrenzte und weitgehend auf die Genitalien fokussierte Handlungen verstanden. Sie werden von gleichgeschlechtlichen Nähebekundungen, wie sie sich in Freundschaften zeigen, losgelöst. Georg Klauda führt das prononciert aus:

> »Sichtbar wird [der Wandel] vor allem am Verschwinden romantischer Freundschaftskonzepte und der intimen Gesten, die jene begleiteten – wie etwa der Kuss, die Umarmung oder das Teilen von Tisch und Bett, die in einem männlichen Kontext nunmehr in wachsendem Maße als Ausdruck eines ›sodomitischen‹ Verlangens interpretiert wurden« (Klauda 2008: 10).

Michel Foucault umreißt das kategorial neue Wissen, wie es mit dem Konzept »Homosexualität« verbunden ist, wie folgt:

> »Der Homosexuelle des 19. Jahrhunderts ist zu einer Persönlichkeit geworden, die über eine Vergangenheit und eine Kindheit verfügt, einen Charak-

ter, eine Lebensform, und die schließlich eine Morphologie mit indiskreter Anatomie und möglicherweise rätselhafter Physiologie besitzt. Nichts von alledem, was er ist, entrinnt seiner Sexualität. Sie ist überall in ihm präsent, allen seinen Verhaltensweisen unterliegt sie als hinterhältiges und unbegrenzt wirksames Prinzip; schamlos steht sie ihm ins Gesicht und auf den Körper geschrieben, ein Geheimnis, das sich immerfort verrät. [...] Man darf nicht vergessen, daß die psychologische, psychiatrische und medizinische Kategorie der Homosexualität sich an dem Tage konstituiert hat, wo man sie [...] weniger nach einem Typ von sexuellen Beziehungen als nach einer bestimmten Qualität sexuellen Empfindens, einer bestimmten Weise der innerlichen Verkehrung des Männlichen und des Weiblichen charakterisiert hat. Als eine der Gestalten der Sexualität ist die Homosexualität aufgetaucht, als sie von der Praktik der Sodomie zu einer Art innerer Androgynie, einem Hermaphroditismus der Seele herabgedrückt worden ist. Der Sodomit war ein Gestrauchelter, der Homosexuelle ist eine Spezies« (Foucault 1983 [1976]: 58).

Es geht mit »Homosexualität« also nicht mehr um das konkrete gleichgeschlechtliche Tun der Menschen, sondern dieses Tun gerinnt zur Persönlichkeit. Es sei ein wahrscheinlich schon in der Kindheit vorhandenes oder durch »Abweichungen« von »normalen« Prozessen entstandenes Wesensmerkmal eines Menschen. Schließlich kommt »Homosexualität« in dieser neuen Sicht ganz ohne Handlungen aus.

Das Wissen über dieses »Wesensmerkmal« und seine Entstehung entwickelten insbesondere die medizinischen, psychiatrischen und biologischen Wissenschaften, inklusive der sich etablierenden *Sexualwissenschaft*. Sie bildeten in zunehmendem Maße Typisierungen und Reihungen geschlechtlicher und sexueller »Zwischenstufen«, die sie »wie Insekten aufreihen und auf seltsame Namen taufen« (Foucault 1983 [1976]: 59; vgl. Peters 2009: 178). Das Anschauen, Ordnen und Typisieren verwandelte vormals im Alltag als selbstverständlich wahrgenommene Variationen in sichtbare und statistisch erfassbare Formen. Über die Definition eines »arithmetischen Mittels« etabliert sich die Grenzziehung dessen, was als »normal« angesehen werden kann. Mit der »Zwischenstufenwand« des frühen und renommierten Sexualwissenschaftlers

Magnus Hirschfeld (1868–1935) wird dieses Vorgehen anschaulich auf die Spitze getrieben: »[N]eben den Athleten gestellt, der eben kein ›Durchschnittstypus‹ ist, macht sich ein Körper, den man viel eher als einen ›Durchschnittstypus‹ bezeichnen könnte, natürlich hübsch zwitterhaft« (Peters, 2009, S. 175f.). So erzeugte Darstellungen begleiten den Text und die Tabellen in den fachwissenschaftlichen Darstellungen. Es entsteht das, was als »Norm« und »Durchschnitt« auch heute noch den Rahmen des »typisch Menschlichen«, »typisch Weiblichen« und »typisch Männlichen« bildet, wie auch des »Homosexuellen«, »Heterosexuellen«, »typischer Orgasmusraten« etc.

Dass die Aushandlungen im 19. und im frühen 20. Jahrhundert mit besonderer Intensität in »Deutschland« geführt werden und schließlich hier die Sexualwissenschaft ihre Wurzeln hat, steht ursächlich mit den Debatten um Strafbestimmungen gegen gleichgeschlechtliche sexuelle Handlungen (unter Männern) in Zusammenhang. Während im revolutionären Frankreich (1791), in Luxemburg und Belgien (1792), den Niederlanden (1811) und in einigen deutschen Staaten (1795 im Rheinland, 1813 in Bayern) gleichgeschlechtliche sexuelle Handlungen straffrei wurden, bestand in Preußen der Straftatbestand fort (vgl. etwa Müller 1993a) – und es drohte sich der preußische Strafparagraf mit der Gründung des Deutschen Reiches auf das gesamte Reichsgebiet zu erstrecken. In diesem Zusammenhang fanden insbesondere seit Mitte des 19. Jahrhunderts intensive wissenschaftliche und allgemein gesellschaftliche Aushandlungen um die Strafwürdigkeit gleichgeschlechtlicher sexueller Handlungen statt, in deren Zuge sich einerseits die klaren identitätsbezogenen Setzungen ergaben, und sich andererseits die Disziplin Sexualwissenschaft – zunächst aus einem medizinischen und juristischen Kontext – herausbildete (vgl. ausführlich: Çetin & Voß 2016).

Kurz gefasst

Die Vorstellung, dass man sich über den sexuellen Akt identifiziert, dass es also diesbezüglich eine »Identität« gibt, ist historisch neu. Noch um 1800 wäre niemand etwa nach einem Akt analer Penetration auf die Idee gekommen, zu sagen: »Ich bin ein Analpenetrierter!« Die Vorstellung, sexuelles Tun klar als Identität zu fassen, etabliert sich erst im Zuge des 19. Jahrhunderts. Besondere Bedeutung kommt dabei der deutschsprachigen Debatte im Zusammenhang mit der Ausweitung des Wirkungsbereichs des preußischen Strafparagrafens gegen mann-männliche gleichgeschlechtliche sexuelle Handlungen zu, so dass es nicht verwunderlich ist, dass sich hier die Disziplin Sexualwissenschaft herausbildet.

Zur Erziehung im Sexuellen in der europäischen Moderne

Zielten das Christentum und mit ihm verbundene Morallehren zunächst auf Verbote, so ging die moderne Pädagogik davon ab. Als ihr Begründer gilt Jean-Jacques Rousseau (1712–1778), zentral mit seinem Band *Émile ou de l'Éducation* (frz., *Emil oder Über die Erziehung*, 1762). Rousseau bezog sich insbesondere auf Jungen und Männer, traf aber randständig auch Aussagen zu Mädchen und Frauen – und plädierte auch für sie für eine basale Bildung. Aus den folgenden knappen Passagen wird Rousseaus Bildungsverständnis ersichtlich:

»Laßt also alle diese geheimnisvollen Dogmen beiseite, die für uns nichts anderes sind als Worte ohne Inhalt, alle diese seltsamen Doktrinen, deren nutzloses Studium denen, die sich ihm hingeben, die Tugend ersetzt, und das eher dazu dient, sie närrisch als gut zu machen. Haltet eure Kinder immer in dem engen Kreis der Dogmen, die sich auf die Moral beziehen. Überzeugt sie, daß es nichts Wissenswertes für uns gibt als das, was uns lehrt, Gutes zu tun. Macht aus euren Töchtern keine Theologen und Haarspalter« (Rousseau 1991 (1762): 414).

Und in Bezug auf Mädchen und Frauen:

»Es handelt sich also nicht darum, die Mädchen mit langen Predigten zu langweilen oder ihnen eure trockenen Morallehren herzubeten. Dieses Moralisieren ist für beide Geschlechter der Tod jeder guten Erziehung. Trübselige Lektionen bewirken nur den Haß auf die, die sie geben, und auf das, was sie sagen« (Rousseau 1991 (1762): 424f.).

Rousseau, der noch heute als Begründer »moderner Pädagogik« gelesen wird, wandte sich gegen Dogmen. Er setzte vielmehr darauf, durch Erziehung die »natürlichen Anlagen« eines Kindes zur Ausprägung zu bringen. Seine Ratschläge traf er vor dem Hintergrund gesellschaftlicher Modernisierungen: wie Verstädterung, Ausprägung kulturellen Lebens – mit stärkerem Gewicht auf Kleidungsmoden, Theater- und Romankulturen – sowie zunehmender Bestrebungen zur Gleichstellung von Frau und Mann. Diese Entwicklungen würden »die Natur des Menschen« verstümmeln und die Gesellschaft »moralisch verderben«. Ohne ausreichende erzieherische Vorbereitung seien junge Menschen diesen Gefahren nicht gewachsen. Dogmen und Verbote seien – insbesondere für Mädchen und junge Frauen, die vom Dorf in die Stadt kämen – nicht ausreichend, um sie vor einem »unmoralischen Lebenswandel« zu schützen. Zwar fokussierte Rousseau auf die Erziehung von Jungen, doch nimmt er vor dem Hintergrund der von ihm als bedrohlich empfundenen Gleichheitsbestrebungen zwischen Frau und Mann auch auf Mädchen (und Frauen) Bezug. Bei ihm zeigen sich einerseits deutlich aufklärerische Gedanken, die sich gegen die Bevormundung durch Obrigkeiten wenden, andererseits aber auch Ängste vor gesellschaftlichen Modernisierungen. (Solche Ängste finden sich historisch immer wieder, wie der »Kulturkrisendiskurs« um 1900 und auch Aushandlungen zu Beginn des 21. Jahrhunderts zeigen.) Bevormundungen würden, aus Sicht Rousseaus, wirkungslos bleiben. Vielmehr müsse man auf eine Pädagogik setzen, die die »in der Natur des Menschen angelegten« Talente auch hinsichtlich der »natürlichen Funktion« – etwa im Hinblick auf die verschiedene Funktion der Geschlechter – zur Ausprägung bringen müsste.

Kinder und Jugendliche, Mädchen wie Jungen, wurden in der modernen, bürgerlichen Gesellschaft als »unmoralisch« und »entwicklungsbedürftig« konzipiert. Lieselotte Steinbrügge hat das in ihrem wegweisenden Buch *Das moralische Geschlecht* (Steinbrügge 1987) mit Blick auf Mädchen und Frauen herausgearbeitet, Christoph Kucklick schließt, inspiriert von Steinbrügge, mit seinem Buch *Das unmoralische Geschlecht* (Kucklick 2008) für Jungen und Männer an. Leidenschaften und sexuelles Verlangen spielen in den bürgerlichen Überlegungen kontinuierlich eine Rolle, wollte man sich doch von dem »ausschweifenden Leben« an den aristokratischen fürstlichen Höfen absetzen. Entsprechend ist es nicht verwunderlich, dass gerade auch das sexuelle Leben in den Blick der Ordnungsbemühungen fällt und entsprechende pädagogische Hinweise ersonnen werden. Rousseaus *Emil oder Über die Erziehung* liefert hierfür einen wichtigen Meilenstein.

Kurz gefasst

Moderne Pädagogik zielt in Bezug auf die Erziehung auf eine Abkehr von Dogmen und Verboten, um – durch einen stärkeren Einbezug der Zielgruppe – eine bessere erzieherische Wirksamkeit zu erreichen. Eine zentrale Persönlichkeit ist hier Jean-Jacques Rousseau. In Bezug auf Sexualität sind in der modernen Pädagogik Vorstellungen ausgeprägt, wie ein moralisch »sittliches« Verhalten aussehen soll. Jugendliche sowohl weiblichen als auch männlichen Geschlechts werden dabei auf unterschiedliche Weise als defizitär und anfällig für »unmoralische« Handlungen skizziert und aus solcher Perspektive Ziel von Erziehungsanstrengungen.

Bedeutung der Debatten um Onanie

In Bezug auf die Erziehung im Sexuellen sind die Publikationen des Schweizer Mediziners Samuel Auguste Tissot (1728–1797) wegweisend. Mit seiner Schrift *L'Onanisme* (frz. 1760) wandte er sich einflussreich gegen die Masturbation – in damaliger deutscher Begrifflichkeit:»Selbstbefleckung«. Die Schrift erzielte in französischer Sprache 67 Auflagen und wurde in fünf Sprachen übersetzt – auch ins Deutsche (vgl. HLS 2012). Im Anschluss an antike medizinische Lehren der hippokratischen Schriften, von Aristoteles, Celsus u. a., sowie im Kontext seines Gottverständnisses legt Tissot in dieser Schrift die»auszehrende« Wirkung der Onanie dar. Sie führe dazu, dass der Körper und der Geist geschwächt würden. Dabei sei die»Selbstbefleckung« noch»gefährlicher« als der Beischlaf des Mannes mit einer Frau (Tissot 1782 [1760]). Tissot verstand sich als Aufklärer und wandte sich gegen höfische Sitten. An seine Schrift *L'Onanisme* schlossen weitere auch in deutscher Sprache an, die sich deutlicher noch an Eltern und Lehrkräfte wandten, etwa Christian Gotthilf Salzmann (1744–1811) mit dem Buch *Ueber die heimlichen Sünden der Jugend* (1785) und Johann Friedrich Oest (1755–1815) *Nöthige Belehrung und Warnung für Jüngling und solche Knaben* (1787). Deutlich ist in diesen Schriften schon der pädagogische Charakter, der einerseits auf Heranwachsende selbst zielt, andererseits auf Eltern und erzieherisches Personal. Bei Salzmann heißt es etwa:

»Wenn nun Eltern, Lehrer und Erzieher, zeither so wenig sich um dieses Uebel bekümmert haben – so sorglos waren, dass es um und neben ihnen ausgeübt wurde, ohne dass sie es bemerkten: so kann man leicht errathen, dass wenige oder keine Vorstellungen und Warnungen zur Vermeidung dieses Uebels geschehen sind. Ist dies nun nicht äusserst traurig, wenn man die Kinder in einer so verderblichen Unwissenheit lässt? Wir zeigen ihnen die traurigen Folgen der Schwelgerey, der Faulheit, der Ungefälligkeit und jeder anderen Untugend, warum nicht auch die schrecklichen Folgen dieser Sünde? Wir machen sie mit der Verletzbarkeit der Augen bekannt, warum lehren wir sie nicht auch die Verletzbarkeit anderer Glieder? und wenn das alles wahr ist, wie kann man mir es verdenken, wenn ich mich dem traurigen Geschäfte unterziehe, die Personen, deren Fürsorge die Jugend anvertrauet ist, aus ihrem Schlummer zu erwecken?« (Salzmann 1785: 7).

Ähnlich ist es in Johann Friedrich Oests Schrift nachzulesen. Und auch dort, wie bei Salzmann, steht eine Fallbeschreibung im Mittelpunkt. Und es wird der Bezug zu einer christlichen Tradition der Beichte noch deutlicher. Bei Oest heißt es:

»Der Prediger mußte, um die Wahrheit zu erfahren, Wilhelm oft nachgehen und ihn heimlich beobachten, welches sonst seine Gewohnheit nicht war; aber Wilhelm, der nun einmal an Leib und Seele krank war, war versteckt und lügenhaft geworden und wollte nicht aufrichtig behandelt seyn.
Einsmals, als der gute Mann unvermuthet ins Zimmer trat, wo Wilhelm sich allein befand, traf er ihn in einer Stellung an, von der ihr alle, meine Lieben, und jeder sittsame Mensch die Augen mit Eckel und Abscheu wegwenden würde. Wilhelm hatte sich vor sich selbst auf eine unschaamhafte und schändliche Art entblößt und diejenigen Theile seines Körpers aufgedeckt, die Menschen sorgfältig vor einander verbergen, und um derentwillen man Knaben frühe angewöhnt, bei nothwendigen täglichen Naturerleichterungen bei Seite zu gehen, oder sich gegen eine Wand zu kehren. Ihr würdet, ohne höchst unschaamhaft zu seyn, euch so vor keinem Menschen entblößen; ihr würdet aber auch schon wider die Schaamhaftigkeit handeln, wenn ihr euch ohne Noth auch nur vor euch selbst entblößtet« (Oest 1787: 305f.).

Die Bedeutung solcher Aufmerksamkeit von Predigern gerade für Masturbation taucht auch bei den Missbrauchsskandalen in Internaten wieder auf (vgl. Raue [Canisius-Kolleg] 2010). Solche historischen Betrachtungen eröffnen Reflexionsmöglichkeiten, auch Aktuelles kontextualisieren zu können. Im weiteren Verlauf des Buches von Oest wird geschildert, wie sich »Wilhelm« »anvertraut« und minutiös erläutert, wie ihm Selbstbefriedigung zur Gewohnheit wurde.

Kurz gefasst

Der Onanie-Diskurs seit dem 18. Jahrhundert ist zunächst und lange Zeit für die Erziehungsanstrengungen bedeutsam. Bis ins 20. Jahrhundert zeigt sich, dass Jugendliche von Masturbation, die als »unmoralisches Tun« betrachtet wird, abgehalten werden sollen. Samuel Auguste Tissot ist die Persönlichkeit, mit der der Onanie-Diskurs oft in Verbindung gebracht wird; es gibt aber zahlreiche Vertreter und schließlich auch Vertreter*innen, die in vergleichbarer Weise eine Schädlichkeit von Masturbation postulieren.

Sexualpädagogische Ratschläge für Eltern und Schule um 1900

Aus den kurzen Schilderungen wird ersichtlich, wie in der modernen Aushandlung um das Sexuelle und um darauf zielende erzieherische Maßnahmen die christlich-theologische »Sittenlehre«, medizinische Betrachtungen zu Gesundheit und Krankheit und juristische Ausführungen zusammenwirken. Pädagogische Ratschläge bauen hierauf auf. Sie zielen insbesondere darauf, das Sexuelle zu begrenzen und den sexuellen Akt nach Möglichkeit auf den auf Fortpflanzung orientierten »Beischlaf« zu beschränken. Solche Betrachtungen lassen sich durch das 18. und 19. Jahrhundert hindurch bis ins 20. Jahrhundert nachverfolgen. Dort ist etwa die Schrift *Einführung in die Sexualpädagogik: Acht Vorträge im Zentralinstitut für Erziehung und Unterricht* (1921), die auf eine Vortragsreihe des *Ministeriums für Wissenschaft, Kunst und Volksbildung* sowie des preußischen *Ministeriums des Inneren* zurückgeht, relevant. In ihr ist, an naturwissenschaftliche Betrachtungen zur Bedeutung von

Fortpflanzung und Sexualität anschließend, fachwissenschaftlich der direkte sexualpädagogische Auftrag an die Schule formuliert, so heißt es im Aufsatz *Die sexualpädagogischen Erziehungsmittel der Schule* von Heinrich Timerding (1873-1945):

> »Im Elternhaus ist die Beobachtung lange nicht so gut. Meist schlafen die Kinder in diesem Lebensalter schon der Wohlanständigkeit wegen allein und sind auch unter Tags viel auf sich selbst angewiesen. Die Merkmale heimlicher Sünden werden von den Eltern selten wahrgenommen. [...] Wenn die Eltern derart träge und gedankenlos der Erziehung ihrer Kinder in aller Liebe, die sie für sie hegen, gegenüberstehen, fällt notwendigerweise ein guter Teil des Erziehungswerkes der Schule anheim. Was soll aber die Schule gerade in diesem Falle tun? [...] Zunächst ist eines zu sagen: Der Lehrer hat unbedingt die Pflicht, wenn ihm ein Schüler verdächtig erscheint, dem Vater seine Beobachtungen mitzuteilen [...]. Das schließt natürlich in sich, dass der Lehrer gelernt hat, seine Schüler richtig zu beobachten« (Timerding 1921: 126).

Im Weiteren wird zum Auftrag des schulischen Anteils der Sexualpädagogik genauer ausgeführt:

> »Die Ermahnung hat doch meistens folgende Form: Ihr sollt keusch leben und außer der Ehe keinen geschlechtlichen Verkehr pflegen! Wenn ihr es aber doch tut, so seht euch vor, dass Ihr nicht angesteckt werdet. Und dann werden die einzelnen Vorsichtsmaßregeln besprochen. Damit erzielen wir wohl eine höchst nützliche Wirkung, aber wir erziehen doch nicht dadurch zur geschlechtlichen Sittlichkeit. Denn es werden von dem Zuhörer doch nur die Vorbeugungsmittel eifrig und dankbar gemerkt, nicht aber die sittliche Ermahnung. Beides, der sozialhygienische Zweck und die ethische Absicht, sind aber, meine ich, scharf getrennt zu halten. Ich würde es keineswegs für einen Schaden halten, wenn in dem von uns erstrebten biologischen Unterricht auf der Oberstufe auch von den ansteckenden, auf Kleinlebewesen beruhenden Krankheiten gesprochen würde, wenn auf die Ausbreitung und die verheerenden Wirkungen gerade dieser Krankheiten besonders hingewiesen würde. Aber eine eigentliche Sexualpädagogik liegt hierin nicht. Die Sexualpädagogik bedeutet die Verfolgung des Zieles, auf die grundsätzliche Auffassung der geschlechtlichen Dinge und die Stellungnahme des Zöglings ihnen gegenüber einen entscheidenden Einfluß zu erlangen« (ebd.: 129.). »Es muß getrachtet werden, durch die ganze Verstandesschulung und Gefühlsbildung des Schülers auf sein geschlechtliches

Verhalten einzuwirken, so daß er, selbst wenn er von dem Wege strenger Sittlichkeit abirrt, doch seine Menschenwürde nicht preisgibt ...« (ebd.: 134.).

Auch die sich in dieser Zeit – um 1900 – konstituierende Sexualwissenschaft äußert sich zum Themenfeld der Erziehung im Sexuellen; und in den Kontexten der Frauenbewegungen (der proletarischen und der bürgerlichen) wird über diese Themenfelder gerungen. Bezogen auf die Sexualwissenschaft fordert etwa Sigmund Freud (1856–1939) im Jahr 1907 in einem offenen Brief mit dem Titel *Zur sexuellen Aufklärung der Kinder* deren »sexualpädagogische Unterweisung«, bei Freud motiviert durch die »Grundidee, wonach der Sexualtrieb per gesellschaftlicher Einflussnahme in geordnete Bahnen gelenkt werden müsse« (Weller 2020: 461). Magnus Hirschfeld (1868–1935) und Ewald Bohm (1903–1980) führen detaillierter ihre Ideen zur Sexualerziehung aus:

»Wir meinen aber mit ›Sexualerziehung‹ nicht etwa eine vorwiegend sexuell orientierte Allgemeinerziehung, sondern nur den Teil der Erziehungsarbeit, der sich mit dem Sexualleben des Zöglings befasst. Allerdings ist dies ein sehr wesentlicher Teil der gesamten Erziehung, da alles Leben, namentlich vom Beginn der Pubertät ab, von der Kraft des Sexualtriebes beeinflusst ist. [...] Aber nicht erst bei der Pubertät hat die Sexualerziehung einzusetzen, sondern, da der Mensch immer ein Geschlechtswesen ist (nur die Auswirkung seiner Geschlechtlichkeit wechselt mit dem Alter), so begleitet die Sexualerziehung die ganze Erziehung oder, besser noch, ist in ihr enthalten. Es ist also Sexualerziehung mehr ein Gesichtspunkt als ein Ausschnitt der Allgemeinerziehung, und sie läßt sich daher praktisch keineswegs von der Allgemeinerziehung trennen« (Hirschfeld & Bohm 1929: 15; vgl. Weller 2020: 461f.).

An früherer Stelle leistet Magnus Hirschfeld die Unterscheidung schulischer und elterlicher Verantwortung und liefert eine begriffliche Differenzierung: In der *Geschlechtskunde* (Band 1) skizziert er »Sexualpädagogik« als von zwei Bereichen geprägt: auf der einen Seite die (pädagogische) »Sexualerziehung« oder »Aufklärung«, auf der anderen die sexuelle Sozialisation bzw. die »sexuelle Belehrung« durch die Eltern. Die Relevanz des erzieherischen Handelns beschreibt er wie folgt, und er leistet dabei auch die Differenzierung:

> »Die Aufklärung ist nur ein Teil der Sexualpädagogik, wenn auch ein wesentlicher. Nichts wäre unrichtiger und folgenschwerer, als wenn man den Begriff der sexuellen Belehrung mit dem der Sexualerziehung gleichsetzen wollte. Ein mindestens ebenso wichtiger Teil der Sexualerziehung ist eine von Rücksicht auf das Sexualleben geleitete Beeinflussung und Gewöhnung des Menschen vom ersten Tage seines Lebens an« (Hirschfeld 1926-30, Band 1: 149; Hervorhebungen ausgelassen).

Allerdings zeigten sich auf allen Ebenen Defizite. Eltern seien der Verantwortung nicht gewachsen. Andererseits sei auch der pädagogische Betrieb auf Fragen des Sexuellen nicht vorbereitet, wären Kurse erforderlich – und eine Akzeptanz für die vermittelten Erkenntnisse. In ihrem Band *Sexualerziehung* führen Magnus Hirschfeld und Ewald Bohm aus:

> »Die Frage ›Sexualerziehung durch Familie oder Schule?‹ stellt uns vor ein Dilemma [...]. Die Eltern versagen, die Lehrer versagen, die Schulbücher versagen, die Schulärzte versagen. Was tun? Es bleibt uns nur übrig, diese ›gegebenen Verhältnisse‹ zu ändern, auf die man sich so gerne beruft. Wie soll das aber gemacht werden? Was heute schon geschehen könnte und müßte, ist, daß durch die Ministerien für Wissenschaft, Kunst und Volksbildung sexualpädagogische Lehrerausbildungskurse obligatorisch gemacht werden müßten, Kurse etwa von der Art wie die vom Berliner ›Institut für Sexualwissenschaft‹ vom 1. bis 6. Oktober 1928 abgehaltene ›Sexualwissenschaftliche Woche für Lehrer und Erzieher‹ [...]. Diese Maßnahme der Ministerien wäre noch von zwei Seiten her zu unterstützen. Es müßten die Provinzialschulkollegien gehalten sein, die sexualpädagogische Auswirkung der so ausgebildeten Lehrer an ihren Schulen auch wirklich zu dulden, und die Elternbeiräte der einzelnen Schulen müßten in besonderen Kursen über die sexualpädagogischen Aufgaben der Familie aufgeklärt werden. [...] Für die Lehrerausbildung schließlich wird gefordert, daß künftig neben die theoretische Pädagogik und Psychologie auch die Sexualwissenschaft als obligatorisches Studienfach tritt« (Hirschfeld & Bohm 1930: 65f; vgl. auch Weller 2020: 463).

Hirschfeld ist mit seinen sexualpädagogischen Ausführungen nicht allein, wenn sie auch besonders bemerkenswert sind, unter anderem die Individualität des jeweiligen Menschen betonen und Vielfalt bejahen. Hirschfelds Arbeiten und die seiner sexualwissenschaftlichen Kolleginnen und Kollegen sind in eine breite Aushandlung über die Sexualpädagogik eingebunden. Es erschienen unter anderem:

- *Geschlechtliche Fragen in der Jugenderziehung* (Henriette Fürth, 1903),
- *Sexuelle Pädagogik in Haus und Schule* (Adelheid von Bennigsen, o. J.),
- *Wo kam Brüderchen her?* (Hanna Bieber-Böhm, 1900),
- *Über die Notwendigkeit und methodische Möglichkeit der geschlechtlichen Belehrung der Jugend* (Maria Lischnewska, 1905),
- *Sexualethik und Sexualpädagogik: Eine Auseinandersetzung mit den Modernen* (Friedrich Wilhelm Foerster, 1907),
- *Hat die Schule die Aufgabe, über sexuelle Verhältnisse aufzuklären?* (Anna Blum, 1907),
- *Die Sexuelle Frage und die Schule* (Konrad Höller, 1907);
- *Sexuelle Aufklärung und die Schule* (Paul Schramm, 1907),
- *Grundzüge der Sexualpädagogik für Ärzte, Pädagogen und Eltern* (Hermann Rohleder, 1911) sowie
- die Diskussionen in der Jugendzeitschrift Der Anfang (hg. von Siegfried Bernfeld (1892–1953) und Gustav Wyneken (1875–1964) (vgl. Sauerteig 2019: 218f.),

um nur einige Arbeiten mit zumeist direktem pädagogischem Bezug aus der Literaturfülle herauszugreifen. Etwas später, in den 1920er und beginnenden 1930er Jahren kommen noch ungleich mehr Publikationen hinzu. Aufgrund ihres emanzipatorischen Charakters sind hier besonders erwähnenswert:

- *Bub und Mädel. Gespräche unter Kameraden über die Geschlechterfrage* (Max Hodann, 1924; sowie weitere Schriften von ihm)
- *Wenn dein Kind dich fragt ... Gespräche, Beispiele und Ratschläge zur Sexualerziehung* (Annie Reich, 1932; sowie weitere Schriften von ihr).

In den pädagogisch orientierten Schriften wird um die Aufgabenverteilung zwischen Elternhaus und Schule in Bezug auf Sexualpädagogik gerungen, insbesondere um »Verirrungen der Jugend« wirksamer entgegentreten zu können. Neben dem Geschlechtsverkehr und der damit verbundenen »Sitten-Erziehung« spielen auch weiterhin etwa Belehrungen vor der »Selbstbefleckung« eine Rolle. Auffallend, wenn auch nicht verwunderlich, ist das Zusammenwirken pädagogischer, medizinischer, theologischer und punktuell juristischer Argumente, wie sie auch im Onanie-Diskurs sichtbar wurden (vgl. Bagel-Bohlan & Salewski 1990). In der Aushandlung um die richtige Erziehung oder »Dressur« der Kinder und Jugendlichen im Hinblick auf das Sexuelle gewinnen dabei nun aber zunehmend auch »liberale« Auffassungen Raum – unter anderem die von Hodann (1924; vgl. ausführlich: Koch 1975: 76–91), Reich (1932) und Hirschfeld & Bohm (1930) (vgl. auch Förster 2012; Sauerteig 2019: 218–220). Die Schrift von Hirschfeld & Bohm (1930) wird nachfolgend genauer betrachtet.

Die modernen Geschlechterdebatten werden um 1900 virulent

Seit dem 15. Jahrhundert entspann sich in Europa eine intensive Diskussion um die Stellung der Geschlechter zueinander und um die Rolle der Frauen in der Gesellschaft. Diese Debatte wurde als *Querelle des femmes* bzw. *Querelle des sexes* bekannt und wissenschaftlich betrachtet. Allein für Frankreich sind für das 16. Jahrhundert etwa 900 Schriften zur *Querelle des sexes* bekannt, für ganz Europa sind es deutlich mehr, und ihre Zahl ist noch kaum zu bemessen. Auch in den deutschen Ländern wurde diese Debatte intensiv geführt (vgl. Voß 2010: 89–120).

In den zeitgenössischen Diskussionen wurde darüber gerungen, ob Frauen gleiche geistige Fähigkeiten wie Männer hätten. Es ging um die Bildung für Frauen. Dabei waren die Argumente schon früh weitreichend und wirken auch aus heutiger Perspektive überraschend aktuell. Das wird etwa mit der Schrift *Das Buch über die Stadt der Frauen* (frz. *Livre de la Cité des Dames*) von Christine de Pizan aus dem Jahr 1405 deutlich. Pizan stammte aus verarmten adligen Verhältnissen und musste, nach dem Tod von Vater und Ehemann, mit ihren Publikationen den Lebensunterhalt für sich und ihre Kinder sichern. Unter anderem führt sie in ihrem Buch dialogisch aus:

»›Weißt du denn, weshalb Frauen weniger wissen?‹ ›Nein, edle Frau – sagt es mir bitte.‹ ›Ganz offensichtlich ist dies darauf zurückzuführen, daß Frauen sich nicht mit so vielen verschiedenen Dingen beschäftigen können, sondern sich in ihren Häusern aufhalten und sich damit begnügen, ihren Haushalt zu versehen. Nichts aber schult vernunftbegabte Wesen so sehr wie die Praxis, die konkrete Erfahrung auf zahlreichen und verschiedenartigen Gebieten.‹ ›Edle Herrin, wenn sie also über einen aufnahme- und lernfähigen Verstand verfügen: weshalb lernen sie dann nicht mehr?‹ Antwort: ›Tochter, das hängt mit der Struktur der Gesellschaft zusammen, die es nicht erfordert, daß Frauen sich um das kümmern, was, wie ich dir zuvor erklärt habe, den Männern aufgetragen wurde. Es reicht, wenn sie den gewöhnlichen Pflichten, zu denen sie erschaffen wurden, nachkommen. Und so schließt man vom bloßen Augenschein, von der Beobachtung darauf, Frauen wüßten generell weniger als Männer und verfügten über eine geringere Intelligenz. Nun schau dir aber einmal die bäuerlichen Bewohner des Flachlandes oder die Bergbewohner an. In verschiedenen anderen Gegenden wirst du ebenfalls Wesen antreffen, die in ihrer Einfalt Tieren gleichen. Und dennoch kann es nicht den geringsten Zweifel geben: die Natur hat sie mit ebensovielen körperlichen und geistigen Gaben ausgestattet, wie die weisesten und erfahrensten Männer, die in den Städten und Kommunen leben. Dies alles ist jedoch mit mangelnder Bildung zu erklären…‹« (Pizan 1990 [1405]: 95).

Pizan setzte sich mit frauenfeindlichen Schriften ihrer Zeit auseinander. Solche Auseinandersetzungen gehen auch in die Aushandlungen ein, die seit dem 17. Jahrhundert intensiver werden, sich vor und im Zusammenhang mit der Französischen Revolution zuspitzen und dann im 19. Jahrhundert nochmals besonders virulent werden. Unter den deutschsprachigen Schriften ist etwa die Arbeit *Gründliche Untersuchung der Ursachen, die das weibliche Geschlecht vom Studiren abhalten* von Dorothea Christiane Leporin (1715–1762) aus dem Jahr 1742 besonders bemerkenswert. Leporin (verheiratete Erxleben) war die erste Frau, die 1754 – damals noch mit königlicher Sondergenehmigung – promovierte, zur Dr. med.

Im Zusammenhang mit der Restauration nach der Französischen Revolution wurden Frauen zunächst vollständig aus den »modernen Universitäten« und Akademien ausgeschlossen – zuvor war ihnen der Zugang zu wissenschaftlichen Tätigkeiten *ausnahmsweise* möglich, was sich etwa durch in der Astronomie und in der Mathematik tätige Frauen belegen lässt. Unter dem Zeichen, sich gegen den Ausschluss von Frauen aus den Wissenschaften zu wehren, steht die Diskussion um die Stellung der Geschlechter im 19. Jahrhundert. Dabei sind auch Argumente der Moral und »Sittsamkeit« stark: Es würde die studierenden Männer durch sexuelle Reizung zu sehr ablenken, wenn Frauen im Hörsaal wären. Um 1900 – im internationalen Vergleich spät – erhalten Frauen auch im Deutschen Reich bzw. in den deutschen Ländern das reguläre Immatrikulationsrecht: 1900 in Baden, 1903 in Bayern, 1904 in Württemberg, 1906 in Sachsen, 1907 in Thüringen, 1908 in Hessen und Preußen, 1909 in Mecklenburg und Elsaß-Lothringen. Zu Technischen Hochschulen wurden sie 1905 in Bayern, 1907 in Sachsen und Baden/Württemberg, 1909 in Preußen und Braunschweig zugelassen (vgl. Voß 2008). Reguläre Promotions- und Habilitationsmöglichkeit folgen noch später. Die Argumente der Hochschullehrer für und gegen das Studium der Frauen werden aus der Studie von Arthur Kirchhoff (1897) deutlich. In welcher Intensität die Debatte geführt wurde, zeigt sich fundiert und humorvoll in der Schrift *Die Antifeministen: Ein Buch der Verteidigung* von Hedwig Dohm (1831–1919) aus dem Jahr 1902. Dohm, die aus einem konservativen Elternhaus stammte, sich den Zugang zu Bildung selbst erarbeiten musste und schließlich wissenschaftlich fundiert für ein breites Publikum schrieb, reagiert mit diesem Buch auf Schriften, die sich gegen das Frauenstudium aussprachen und insbesondere von Medizinern kamen. Dohm schreibt unter anderem:

> »Die Frauenfrage in der Gegenwart ist eine akute geworden. Auf der einen Seite werden die Ansprüche immer radikaler, auf der anderen die Abwehr immer energischer. Letzteres ist erklärlich. Je dringender die Gefahr der Fraueninvasion in das Reich der Männer sich gestaltet, je geharnischter treten die Bedrohten entgegen. [...] Daß es vorzugsweise Ärzte sind, die zu einem Kreuzzug gegen die Frauenbewegung, der sie im voraus die Grabrede halten, rüsten, ist erklärlich. [...] Die Ausübung der Medizin ist das erste Eroberungsgebiet, auf das die Frauen bereits ihren Fuß gesetzt haben. [...] Nachdem der schöne alte Herr Möbius dem Weibe die lange Liste ihrer tierähnlichen Qualitäten entrollt hat, setzt er mit goldiger Naivität hinzu: ›Sehen wir uns auch genötigt, das normale Weib für schwachsinnig zu erklären, so ist damit doch nichts zum Nachteil des Weibes gesagt.‹ Kleiner Schäker!« (Dohm 1974 [1902]).

Ausführlicher zu den Geschlechterdebatten und schließlich zum »Kulturkrisen-Diskurs« um 1900 vgl. einführend: Voß 2010: 89–120; Borutta & Verheyen (Hg.) 2010.

Kurz gefasst

Zeigt sich schon in der modernen Pädagogik seit dem 18. Jahrhundert, wie auch das Sexuelle als pädagogische Aufgabe in den Blick rückt, so wird um 1900 intensiv über Sexualpädagogik diskutiert – sowohl im Hinblick auf das Elternhaus als auch auf die

Schule. Für beide Bereiche erscheinen erste Ratgeber. Die Aushandlungen sind eingebettet in Debatten zur Gleichberechtigung von Frau und Mann, die um 1900 virulent werden und ein zentrales Motiv im »Kulturkrisen-Diskurs« der Zeit sind.

Hirschfeld & Bohm: Eine »Sexualpädagogik der Vielfalt« um 1930

Aus der Fülle der sexualpädagogischen Literatur Anfang des 20. Jahrhunderts sticht eine Arbeit hervor: *Sexualerziehung – der Weg durch Natürlichkeit zur neuen Moral* (1930) von Magnus Hirschfeld und Ewald Bohm. Es ist verwunderlich, dass sie in den bisher erschienenen Einführungsbänden zur Sexualpädagogik keine Rolle spielt, da ihre Autoren prominent sind und weitreichende und für heutige Betrachtungen sehr anschlussfähige Perspektiven vorschlagen.

Grundlegend an der Schrift ist, dass nicht die Interessen der Eltern oder »des Erziehers« in den Mittelpunkt gestellt werden, sondern die Entwicklung des Kindes und des*der Jugendlichen selbst. Das gilt auch im Sinne von »geschlechtlicher und sexueller Vielfalt«, wie wir heute sagen würden. So sei es nach Bohm und Hirschfeld erforderlich, sich nicht zu rasch auf »das Geschlecht« des Kindes festzulegen, weil jeder Mensch eine Mischung aus weiblichen und männlichen Merkmalen darstelle. Die Eltern sollten sich Zeit lassen, bis sich aus dem »Geistesleben des Kindes« heraus eine geschlechtliche Richtung andeute. Konkret heißt es:

> »Wer ein Kind erziehen will, muß es kennen. Dieser Satz klingt so selbstverständlich, daß es fast unverständlich ist, daß das Gegenteil die Regel ist. Die meisten Eltern kennen ihre Kinder nur sehr oberflächlich, die meisten Lehrer ihre Schüler und Schülerinnen noch viel weniger. Für sie ist ein Knabe ein Knabe, ein Mädchen ein Mädchen. So einfach aber ver-

hält es sich nicht. Vielmehr ist jedes Kind eine Mischung von männlichen und weiblichen Eigenschaften beider Eltern und ihrer gesamten väterlichen und mütterlichen Ahnenreihe, seine Körperseele ist sowohl – als auch und zugleich weder – noch männlichen und weiblichen Geschlechts. Diese Vereinigung beidgeschlechtlicher Wesenszüge aus einer unendlichen Erbmasse in mannigfaltiger Variabilität (= Verschiedenartigkeit) bildet die Individualität eines Kindes, die mit seiner Sexualindividualität demnach zusammenfällt. Das ist die Geschlechtspersönlichkeit des Kindes, die zu erkennen unerläßliche Voraussetzung für jedes persönliche Verständnis und jede individuelle Erziehung ist« (Hirschfeld & Bohm 1930: 71).

Diese sexualpädagogische Perspektive schließt an die zu der Zeit virulent diskutierten Fragen um geschlechtliche und sexuelle »Zwischenstufen« zwischen den extremen Endpunkten »Frau« und »Mann« an. Einige der zeitgenössischen Auffassungen gehen gar von polaren geschlechtlichen Vorstellungen ab und betonen, dass jeder Mensch zeitlebens »weiblich-und-männlich« zugleich sei. Diese Perspektiven sind Anfang des 20. Jahrhunderts so verbreitet, dass sich wissenschaftlich Prioritätsstreitigkeiten entspinnen (vgl. Herzer 1998; Voß 2010: 187f.; Voß 2011b). Gleichzeitig gibt es auch wissenschaftlich und gesellschaftlich manifeste Abwehr, selbst in den Emanzipationsbewegungen. So ist auch die frühe »Homosexuellenbewegung« in dieser Frage gespalten, und die maskulistische Richtung, vertreten durch die Zeitschrift *Der Eigene*, die von Adolf Brand (1874–1945) herausgegeben wird, betont die geschlechtliche Polarität und »kernige«, klar definierte Männlichkeit auch bei den Homosexuellen (vgl. Winter 2013: 218f; Voß 2013: 10).

An die Theoriebildung der »Zwischenstufentheorie« anschließend, verweisen Bohm und Hirschfeld darauf, dass auch die Genitalien keine unbedingt korrekte geschlechtliche Einordnung zuließen. Es könne hier »ein Irrtum unterlaufen«, die »übrige Körpergestaltung des Neugeborenen« weise ebenfalls »kaum merkliche Geschlechtsunterschiede« auf (Bohm & Hirschfeld 1930: 71f.). Erst mit dem einsetzenden »Geistesleben« des Kindes zeige sich nach und nach die

»Geschlechtspersönlichkeit, die entweder überwiegend mädchenhaft oder mehr knabenhaft oder auch deutlicher zwischengeschlechtlich ist, aber [das Kind] hat kein eigentliches Geschlechtsverlangen, geschweige denn einen bewußten Geschlechtswillen. Daher bedarf es auch des gesetzlichen Schutzes, bis es geschlechtlich entscheidungsfähig, geschlechtsmündig ist. In der Norm tritt dieser Zustand erst nach dem Beginn der Reifezeit, mit der erotischen Durchströmung der Körperseele in Erscheinung« (ebd.: 72).

Die Eltern sollten nicht zu voreilig bei der Deutung von Charakterzügen und der Geschlechtszuschreibung sein, sondern sich gedulden und etwa Kleidung möglichst geschlechtsneutral wählen. Hinweise auf die Geschlechtspersönlichkeit des Kindes würden sich aus seinem Verhalten, aus seinen Zeichnungen und seinem Spiel ergeben – und auch hier plädieren Bohm und Hirschfeld für Offenheit:

»Man erkennt die Geschlechtspersönlichkeit des Kindes am besten an seinen Spielen, seinen Zeichnungen und seinem Lesestoff. Der Geschlechtscharakter der Spiele ist unverkennbar. In dem so beliebten Vater- und Mutterspiel wird ein femininer Knabe kaum je die Rolle des Vaters, ein viriles Mädchen kaum je die Rolle der Mutter übernehmen« (ebd. 81).

Scheint bei den Beschreibungen um⸢»geschlechtliche und sexuelle Vielfalt« die Orientierung auf die Selbstbestimmung des Kindes und Jugendlichen auch besonders deutlich auf, so ist doch der gesamte Entwurf der Sexualerziehung von Hirschfeld und Bohm davon geprägt. Die Sexualpädagogik orientiert sich zwar auch bei ihnen an der Entwicklung einer Gesamtpersönlichkeit, die das Zusammenleben von Menschen ermöglichen soll: Dabei tragen sie den gesellschaftlichen Entwicklungen stetiger »Modernisierungen« Rechnung, fordern kein »Zurück zur Natur«, sondern eine den »natürlichen« Bedürfnissen der Menschen entsprechende Erziehung und Bildung (ebd.: 25–35). Zentral bei ihnen ist der junge Mensch und seine Selbstbestimmung. Bei seiner Erziehung setzen sie auf Koedukation (ebd.: 44f.), eine Erziehung »auf Augenhöhe« und lehnen Strafen, gleich welcher Art, ab (ebd.: 49–58). Angst und Furcht des Kindes und Jugendlichen würden das Bilden hemmen (ebd.: 91), auch nutzten Erzieher die Prügelstrafe häufiger,

»nicht um den anderen Schmerzen, sondern um sich selbst Lust zu bereiten« (ebd.: 92). Hirschfeld und Bohm treten für neue Formen der Bildung ein, wenn sie ausführen, »in Wickersdorf, in der Odenwaldschule und den meisten neueren Heimen gibt es den früheren Begriff der Strafe überhaupt nicht mehr, geschweige denn Stock und Rute« (ebd.: 55).

Dass das Kind und der Jugendliche im Mittelpunkt der Darlegungen stehen, wird auch durch die Anlage der Schrift ersichtlich. So arbeiten Hirschfeld und Bohm zunächst auf »Lebensregeln« hin, die Hinweise zur Sexualerziehung aus Perspektive des sich bildenden Menschen geben, und stellen sie voran. Erst dann schließen sich Hinweise an Eltern und »Erzieher« an, die wiederum darauf orientiert werden, sich stetig selbst zu bilden und zu reflektieren, um gute »Erzieher« sein zu können. Mit Bezug zu den Ausarbeitungen der Vertreterin der Individualpsychologie Ruth Künkel (1897–1932) führen Hirschfeld und Bohm aus: »Die erste Voraussetzung für eine produktive Erziehung ist, daß der Erzieher selbst erzogen ist und dauernd an seiner eigenen Erziehung arbeitet« (ebd.: 59).

Die Sexualerziehung sollte von Geburt an (ebd.: 76) kindgerecht und wahrhaftig (ebd.: 77) erfolgen. Kindliche Regungen – auch kindliche Onanie (ebd.: 87) – sollten dabei begleitet werden. Kinder sollten Freiräume haben, etwa nicht mit den Eltern in einem Bett und – sofern es die ökonomischen Verhältnisse zulassen – auch nicht mit ihnen gemeinsam in einem Zimmer schlafen (ebd.: 90). Bedeutsam sei die Begleitung der Entwicklung der Gesamtpersönlichkeit auch in sexueller und geschlechtlicher Hinsicht; Sexualaufklärung sei nur ein Bestandteil der Persönlichkeitsbildung, mit Aufgaben im Kindesalter, weiteren in der Pubertät und schließlich solchen nach der Pubertät. Sie sei in bewusster und geordneter Weise erforderlich, da bisherige Erhebungen zeigten, dass lediglich je 1 % der jungen Menschen durch Eltern, Lehrkräfte und Pfarrer, aber 70 % durch »Mitschüler«, »Straßenkinder«, »durch den Lehrling« etc. aufgeklärt würden (ebd.: 105). Folge einer solchen »wilden, ungeregelten Sexualaufklärung« sei verbreitete »sexuelle Unwissenheit« (ebd.: 106). Als bedeutsame Themen sehen Hirschfeld und Bohm in der Pubertätsaufklärung u. a. Onanie – die sie nicht ablehnen, sondern als verbreitet beschreiben; in der Aufklärung nach der Pubertät seien Fragen von Aufrichtigkeit und Verantwortung im Sexualleben bedeutsam (ebd.: 165), Empfängnisverhütung (ebd.: 169), »bewusste Gattenwahl« (ebd.: 180) und Fragen einer guten, gleichberechtigten Ehe (ebd.: 219). Die Schrift schließen die Autoren mit einem auch für die heutige Zeit noch beispielhaften »Merkblatt für Eltern« ab (ebd.: 229ff.).

Magnus Hirschfeld, Ewald Bohm und das *Institut für Sexualwissenschaft*

Magnus Hirschfeld (1868–1935), aus Kolberg (Preußen; heute: Kolobrzeg, Polen), studierte Philosophie, Philologie und Medizin in Strasbourg, München, Heidelberg und Berlin. Hirschfeld ist Mitbegründer des *Wissenschaftlich humanitären Komitees* (WhK, 1897), gab das *Jahrbuch für sexuelle Zwischenstufen* heraus (1899–1923) und war einer der Begründer des *Instituts für Sexualwissenschaft* in Berlin (1919). Hirschfeld engagierte sich für die Entkriminalisierung von Homosexualität und führte medizinische Ehe- und Sexualberatungen durch. 1933 emigrierte er vor dem nationalsozialistischen Terror – am 6. Mai 1933 war das *Institut für Sexualwissenschaft* durch Studierende der Berliner *Hochschule für Leibesübungen* geplündert, die Bücher bei der Bücherverbrennung am 10. Mai 1933 verbrannt, das Institut geschlossen worden. In Paris (Frankreich) versuchte Hirschfeld eine Institutsneugründung (1933), scheiterte jedoch damit. Er starb 1935 in Nice (Frankreich). Hirschfelds Wirken ist umstritten: Neben seinem Engagement für die Entkriminalisierung von Homosexualität war er auch Anhänger eugenischer Maßnahmen und empfahl bspw. homosexuellen Menschen, sich nicht fortzupflanzen. Er war Eugeniker, lehnte aber rassistisch orientierte Theorien und Maßnahmen sowie Zwangsmaßnahmen ab; seine Kritik an ›Rasse‹-Konzepten wird aus der postum erschienenen Schrift *Racism* (1938) besonders deutlich (vgl. insbesondere: Herzer 1992; Herrn 1997; Online-Ausstellung Institut für Sexualwissenschaft 2007; Sigusch 2008).

Ewald Bohm (1903–1980), aus Graudenz (Preußen, heute: Grudziądz, Polen), studierte ab 1922 Rechts- und Staatswissenschaften mit den Nebenfächern Geschichte, Soziologie, Ethnologie und Orientalistik. Seine Prüfung legte er 1927 in japanischer Philologie ab. In Berlin kam er mit dem Institut für Sexualwissenschaft in Kontakt, so auch mit Magnus Hirschfeld, und mit psychoanalytischen Theorien. Zwischen 1929 und 1933 arbeitete er als Wissenschaftsjournalist. Als Sozialdemokrat jüdischer Herkunft musste er 1933 emigrieren – er ging nach Kopenhagen (Dänemark), nach dem Einmarsch der Deutschen nach Schweden. In Dänemark vertiefte er sich in die Psychoanalyse und arbeitete fortan wissenschaftlich mit psychoanalytischem Schwerpunkt. Wegweisend sind seine Arbeiten zur Rorschach-Psychodiagnostik – hierzu wurde er 1953 an der ETH Zürich promoviert. Seit 1965 lebte er in der Schweiz, wo er 1980 (in Wädenswil) starb (vgl. Wolfradt et al. 2017: 42).

Lektüretipp!

Verbrannte und Verbannte: Die Liste der im Nationalsozialismus verbotenen Publikationen, Autoren und Verlage. Online: https://verbr annte-und-verbannte.de (mit Einträgen u. a. zu Magnus Hirschfeld und Ruth Künkel; Zugriff: 11.7.2022).

Sexualpädagogik im Nationalsozialismus

Die Betrachtungen von Ewald Bohm und Magnus Hirschfeld stießen auf radikale Ablehnung der Nazis. Hirschfeld wurde zur »Hass-
figur« gemacht und bereits gegen Ende der Weimarer Republik
zum Ziel von Attacken. Inhaltlich richteten sich die Angriffe gerade gegen Vorstellungen von »Zwischenstufen« und von vielfältigen geschlechtlichen und sexuellen Entwicklungsmöglichkeiten. So
orientiert die biologische und medizinische NS-Forschung – u. a.
mit den Protagonisten Fritz Lenz (1887–1976), Adolf Butenandt
(1903–1995) – auf ein strikt binäres Geschlechter- und Sexualitäts-
modell, mit weitreichenden Auswirkungen auch über 1945 hinaus.
Die Historikerin Helga Satzinger folgert:

> »In den Jahren zuvor [in den 1920er und beginnenden 1930er Jahren] war
> das Konzept der genetischen und hormonellen Geschlechterwandlung und
> -mischung sehr breit diskutiert worden, die Dominanz des bipolaren Mo-
> dells war erst in den 1930er Jahren durch das Fehlen [der] Vertreter [des
> Konzepts der Geschlechtermischung, Anm. HV], die emigrieren mussten,
> zustande gekommen« (Satzinger 2009: 399).

Die Ablehnung der Nazis galt der »Verwischung von Geschlech-
tergrenzen«, die nun als »anomal« bzw. »abnorm« bezeichnet und
von einem vermeintlichen »normalen« Verlauf von Geschlechts-
und Sexualitätsentwicklungen abgetrennt wurde (vgl. Voß 2014).
Die NS-Sexualpädagogik schließt hier an. Sie fügt sich in die Ge-
schlechts-, Sexualitäts- und Rassenvorstellungen der Nazis ein und
zielt auf eine klare Geschlechterordnung ab, in der »die Reinheit
des Geschlechtscharakters gewahrt« wird, so dass »kein Konflikt
unter den beiden Geschlechtern möglich ist« (Ritter 1936: 337). In
der Sexualpädagogik wird eine Unterscheidung der »Normalen«,
die nun von sexueller Liberalität profitieren können, und der »Unnormalen«, die in großem Maße verfolgt und sogar ermordet werden, bestimmend. Dagmar Herzog folgert auf Basis ihrer Untersuchungen:

»Entgegen der häufig fälschlicherweise vorgebrachten Behauptung, im Dritten Reich sei unterschiedslos jeder sexuell unterdrückt worden, bestimmte der Nationalsozialismus in Wahrheit, wer mit wem Sex haben durfte. Die Verfolgung und Folterung Homosexueller lieferten beispielsweise den Hintergrund für die ständigen Empfehlungen, heterosexuellen Kontakten freudig nachzugehen. Die Ermordung und Misshandlung derjenigen, die wegen angeblich ›erblicher‹ oder ›rassischer‹ Merkmale als ›lebensunwert‹ galten, bildeten die Folie, vor der man die ›rassisch Überlegenen‹ ermunterte, ihre Rechte zu genießen. Legitimation des Terrors und Aufforderungen zur Lust gingen Hand in Hand« (Herzog 2005: 25).

So sind zwei Motive prägend: Einerseits schreiben die Nazis der Weimarer Republik, und personalisiert insbesondere Juden*Jüdinnen, »Lasterhaftigkeit« zu und flechten in ihre Rassenideologie zahlreiche sexualitätsbezogene Stereotype ein (vgl. Herzog 2005: 26–36; Koch 1975: 105f.); neben den Personengruppen, die ohnehin von Sterilisierung oder Ermordung bedroht bzw. betroffen waren, richteten sich an weitere Personengruppen explizite Hinweise, sich nicht fortzupflanzen – dabei setzen die NS-Ideologen, wie der Vordenker der NS-Rasselehre Hans F. K. Günther (1891–1968), sogar auf deren Mitwirkung (ausführlich: Günther 1941). (Vor Verlobungen sollten »Gesundheitszeugnisse« ausgetauscht werden, um die erbliche Tauglichkeit zu prüfen.) Andererseits zielten die Nazis im Hinblick auf die »rassisch Überlegenen« auf einen Abbau sexueller Tabus, eine »Emanzipation des Sexuallebens« und auch auf eine Modernisierung hinsichtlich der Geschlechterrollen. Im Anschluss an Herbert Marcuse (1898–1979) skizziert Herzog, dass im NS die »rassisch und erblich taugliche« Bevölkerung zu sexuellen Beziehungen, auch außerehelichen, geradezu ermutigt wurde, während Eheschließung und -scheidung erleichtert wurden. Die »Ermutigungen« schlossen schon Jugendliche ein und brachten etwa die gemeinsame Unterbringung von Jungen und Mädchen bei Schulungen mit sich (ebd.: 36–53; vgl. auch Sauerteig 2019: 221–226; Koch 1975: 100–103, 128f.).

Die sexualpädagogischen Hinweise im NS zielen auf solchen Sexualverkehr ab, der der Rassenideologie gemäß »rassisch und erblich tauglich« ist. Dabei steht die Fortpflanzung im Mittelpunkt, es wird insbesondere die Rolle der Frau als Mütter betont und die Verantwortung für die »Volksgemeinschaft« beschworen – das gilt auch für den Schulunterricht (etwa: Dobers 1939: 208f., 218f.; Hermannsen & Blome 1942 [1939]: u. a. 69f., 111f.); Empfängnisverhütung wird (weitgehend) abgelehnt (vgl. Sauerteig 2019: 221–226). Da das Sexuelle sehr mit Leidenschaft besetzt sei, sei – insbesondere für die Jungen und Männer – ein »Verzichtenlernen« erforderlich, um nicht etwa voreilig »erblich unpassende« »Gatten« zu wählen. Der Bresslauer Dermatologe Heinrich Adolf Gottron (1890–1974; vgl. Klee 2011 [2003]: 193f.) schreibt im *Deutschen Ärzteblatt* in seinem Beitrag *Sexualerziehung der Jugend* (1938) in Bezug auf männliche Heranwachsende:

> »Das Ziel ist, den Jüngling dahin zu bringen, daß er der Herr seiner selbst ist und damit frei ist, daß er lernt, gegenüber Erregungen und Trieben, die ihm zur Verfügung stehenden Hemmungseinrichtungen zu gebrauchen. Wer diese Fähigkeit besitzt, der ist Kulturmensch, der andere ist Sklave seiner Leidenschaft. Am freiesten ist der, der sich am meisten gebunden und verpflichtet fühlt gegenüber seinen unmittelbaren und seinen höheren Vorgesetzten, treu ergeben ist dem Führer und damit seinem Volke« (Gottron 1938: 221).

Es gehe in der Persönlichkeitsentwicklung darum, »rein zu bleiben und reif zu werden« (Ritter 1936: 230; vgl. auch Hermannsen & Blome 1942 [1939]), was für Jungen und Männer eine Erziehung zu Selbstbeherrschung, eine »Disziplinierung der Triebe« bedeute (Ritter 1936: 319; Hermannsen 1939; Hermannsen & Blome 1942 [1939]). In Bezug auf Mädchen und Frauen gelte es, die »Mütterlichkeit« zu stärken (ebd.: 337; vgl. Dobers 1939: 208–219). In der Broschüre *Ein Wort an junge Kameradinnen*[6] in der Schriftenreihe des *Rassenpolitischen Amtes der NSDAP* und des *Reichsbundes Deutsche*

---

6 Die entsprechende Schrift für männliche Jugendliche wurde ebenfalls in großer Stückzahl abgegeben: Hermannsen 1939; auch abgedruckt in: Hermannsen & Blome 1942 (1939).

Familie, im Jahr 1940 in der dritten Auflage erschienen, heißt es, orientiert auf weibliche Heranwachsende:

»Es ist schön, wenn ein Mädel von seiner Mutter, seiner älteren Schwester oder sonst einem vertrauten Menschen in der rechten Weise auf das Wachsen und Reifen in seinem Körper vorbereitet wird. Dann weiß es, daß sein Körper nicht ihm allein gehört, sondern später eine wichtige Aufgabe im Leben des Volkes zu erfüllen hat: Deutschland gesunde, wohlgeartete Kinder zu schenken, auf daß es ewig leben möge. [...] Die erbtüchtige kinderreiche Familie ist die Keimzelle des Volkes. Der Führer hat für kinderreiche Mütter das Ehrenkreuz gestiftet. Denn für die Mutter, die Kindern das Leben schenkt, gilt wie für den kämpfenden Soldaten das Wort: ›Und setzt ihr nicht das Leben ein, nie wird euch das Leben gewonnen sein!‹ Wo eine deutsche Frau um ein neues Leben ringt, da wird eine Entscheidungsschlacht für Deutschlands Zukunft geschlagen. [...] Auch ihr selbst sollt später, wenn ihr gefragt werdet: ›Mutter, wo kommen denn die kleinen Kinder her?‹ nicht sagen: ›Davon spricht man nicht – dazu bist du noch viel zu klein.‹ Ihr sollt auch nicht das Märchen vom Klapperstorch erzählen, sondern die Kinder nach und nach mit der wahren Geschichte ihres Werdens bekannt machen [...]« (Blome & Blome 1940: 6, 9, 10).

Mit der Reifung seien bei jungen Frauen ab dem 13., 14., 15. Lebensjahr Themen des Sexuellen im Sinne von Fortpflanzung relevant. Sexuelle Handlungen werden dabei nicht grundlegend abgelehnt, sondern es wird herausgestellt, dass es um die richtige »Auswahl« gehe – ein »ordentlicher Junge« solle gewählt werden, vor anderen solle sich die junge Frau hüten (ebd.: 14); es gehe um einen »Kampf um Reinheit und gegen alles Niederträchtige« (ebd.: 15). In dieser und den weiteren NS-Broschüren werden entsprechende Hinweise insbesondere zu angemessener »Abstammung« und Körperlichkeit bei der Partnerwahl gegeben (vgl. Herzog 2005; Sauerteig 2019: 221–226). Solche Hinweise schließen an die NS-Rassenideologie an, die etwa in den *Nürnberger Gesetzen* (1935) und dem *Erbgesundheitsgesetz* (1933) deutlich wird. Und bei der Umsetzung wird auf die pädagogische Aufgabenteilung zwischen Elternhaus und gemeinschaftsfördernden Strukturen gebaut – das sind Schule, Hitlerjugend (HJ), Bund deutscher Mädel (BDM) und die mit ihnen verbundenen Aktivitäten wie etwa Zeltlagern (vgl. Gottron 1938; Ritter 1936: 331; Hermannsen & Blome 1942 [1939]: 28f., 89f., 98–118). Die Wichtigkeit, die im NS der Sexualpädagogik zugemessen wurde, wird auch dadurch deutlich, dass der Reichsminister des Inneren, Wilhelm Frick (1877–1946), zugleich preußischer Minister für Wissenschaft, Kunst und Volksbildung, in seiner zweiten Funktion bereits am 18. April 1933 den *Runderlass zur Sexualpädagogik* für die Schulen herausgab, der im Rahmen der »Verreichlichung« Wirkung für das gesamte Deutsche Reich erhielt. Im Erlass heißt es:

»Wesen und Aufgabe der sexuellen Belehrung schließen die Behandlung vor einem größeren Kreise aus. Die Eingliederung in die erzieherische Gesamtaufgabe hängt von den verschiedensten individuellen Voraussetzungen sowohl des einzelnen Jugendlichen als auch des einzelnen Erziehers ab; sie erfordert den gemeinschaftlichen Einsatz aller erzieherischen Kräfte und umfasst die Beziehungen zwischen Sittlichkeit und Geschlechtstrieb, die biologische Belehrung über die Fortpflanzung und über die mit unbeherrschtem Geschlechtstrieb verbundenen Gesundheitsgefahren. Grundsätzlich ist sexuelle Belehrung Aufgabe des Elternhauses. Die Schule hat in Elternversammlungen usw. und in Einzelbesprechungen Unterweisungen zu geben. Nur wo das Elternhaus versagt, haben im Einvernehmen mit ihm geeignete Lehrkräfte im Einzelfalle unter individueller Behandlung die Aufgabe der Belehrung zu übernehmen« (Runderlass zur Sexualpädagogik, nach: Förster 2021: 64).[7]

Wenn hier auch »zurückhaltend« ausgesprochen, erhält doch die Schule mit dem Erlass eine direkte Aufgabe bei der Sexualerziehung zugemessen. Der Erlass reiht sich in die NS-Reformen von Schule und Jugendhilfe ein, die darauf zielen, ungeachtet einer gewissen Anerkennung elterlicher Verantwortung, Schule, HJ und

---

7 Der Interpretation von Förster (2012; auch: Koch 1975: 108f.; Koch 2008: 29f.) soll nicht gefolgt werden. In den Schriften des NS (u. a. Gottron 1938; Hermannsen & Blome 1942 [1939]: 28f., 89f., 98-118; Blome & Blome 1940) zeigt sich die große Bedeutung, die im NS Schule, HJ und BDM – insgesamt Gesellschaftlichkeit – beigemessen wird (vgl. Herzog 2005; Winter 2013). Daher kann der Runderlass nicht als ein »Zurück zum Elternhaus« interpretiert werden, wie es Förster tut, sondern steht für das Gegenteil.

BDM und damit die staatlich geregelte, gemeinschaftliche Erziehung zu stärken. Interessant und auffallend ist, dass die Sexualpädagogik zu den ersten Feldern gehört, denen sich die Nazis zuwenden – gleich am Beginn der NS-Schulreformen und der Reformen der »Jugendpflege«.

In den *Nürnberger Gesetzen* heißt es unter anderem: »§ 1 (1) Eheschließungen zwischen Juden und Staatsangehörigen deutschen oder artverwandten Blutes sind verboten. Trotzdem geschlossene Ehen sind nichtig, auch wenn sie zur Umgehung dieses Gesetzes im Auslande geschlossen sind. [...] § 2 Außerehelicher Verkehr zwischen Juden und Staatsangehörigen deutschen oder artverwandten Blutes ist verboten.«

Unfassbare Morde und Verfolgungen schlossen sich an – das Ausmaß wird zumindest ansatzweise begreifbar durch die Bände »*...die vielen Morde...*« *Dem Gedenken an die Opfer des Nationalsozialismus* (BIL 1999) und *Der SS-Staat: Das System der deutschen Konzentrationslager* (Kogon 1947).

Das *Erbgesundheitsgesetz*, besser bekannt als *Gesetz zur Verhütung erbkranken Nachwuchses*, rechtfertigte Zwangssterilisationen – etwa 400.000 Menschen wurden in der Nazi-Zeit zwangssterilisiert. Das Gesetz wurde auf dem Gebiet der Sowjetischen Besatzungszone 1946 aufgehoben. In der Bundesrepublik wurde es erst 1974 vom Deutschen Bundestag außer Kraft gesetzt. 1998 wurden die Entscheidungen der NS-Erbgesundheitsgerichtshöfe vom Bundestag als Unrecht eingestuft und aufgehoben (vgl. u. a. Klee 2001; Sierck & Radtke 1989).

Die genaue Analyse der SS-Zeitung *Das Schwarze Korps* unterstützt eine solche differenzierte Sicht auf die Sexualitäts- und Geschlechtervorstellungen des NS. Sebastian Winter zeigt als Ergebnis einer umfassenden Betrachtung, dass sich in der SS-Zeitung in Bezug auf Sexuelles einerseits Vorstellungen »›disziplinierter‹ Erotik« (Winter 2013: 14) sowie die Bejahung sexuellen Vergnügens finden, bei Ablehnung »bürgerlicher Prüderie«. Andererseits wurde bestimmtes sexuelles Vergnügen als problematisch beschrieben und »als jüdisch« abgelehnt.

Auch in Bezug auf die Geschlechterrollen ergab Winters Analyse eine solche Ambivalenz: In der Zeitung, in der fast ausschließlich Männer schrieben, wurden als Aufgaben der Frauen »Mutterschaft«, »Häuslichkeit« und »Familienbetreuung« definiert. Diese hier begrenzt erscheinende Sphäre wurde von den Nazis aber um eine »moderne« Kulturpolitik ergänzt, so dass »rassisch und erblich taugliche« Mädchen und junge Frauen deutlich mehr Möglichkeiten wahrnehmen konnten. Und die Sphäre wurde auch für ihre Berufstätigkeit geöffnet, nicht nur für die Kriegszeit (vgl. ausführlich Sachse 1990). Im *Schwarzen Korps* heißt es: »Der Einsatz der fraulichen Kräfte im Berufsleben wird daher immer mehr gefördert werden müssen, aber selbstverständlich unter Bedingungen, die die Gesundheit der Frau im Hinblick auf die Mutterschaft und Familienaufgaben nicht gefährden [...]« (nach: Winter 2013: 207). Hingegen sollten Jungen und Männer in bündischen Strukturen für »den Kampf« »gestählt« werden, gleichwohl sollten diese Männerbünde nicht zu eng werden, um gerade in der Pubertät – aber auch danach – nicht die »Abkehr« der Jungen und Männer von den Mädchen und Frauen zu bewirken.

Ambivalenz zeigt sich auch im NS-Umgang mit Homosexualität – und hier ergänzt Winter die Perspektive Herzogs. Winter arbeitet entlang des *Schwarzen Korps* heraus, dass Homosexuelle nicht per se und nicht vergleichbar zu Juden*Jüdinnen verfolgt wurden. Homosexualität wurde in der Nazi-Zeit zwar als problematisch angesehen, etwa 50.000 Männer wurden wegen Homosexualität verurteilt, 6.000 wurden in Konzentrationslager verschleppt, zwei Drittel von ihnen wurden dort ermordet (vgl. Lautmann et al. 1977; Schoppmann 2002; Voß 2013). Gleichzeitig zeigte die Analyse, dass das grundlegende Ziel nicht die Ermordung der homosexuellen Männer war, sondern »erzieherische Bemühungen« (Winter 2013: 223; siehe exemplarisch: Ritter 1936: 233–242; Hermannsen & Blome 1942 [1939]: 17f., 23f.; Günther 1941: 115–118); die Hitlerjugend führte 1936 die Meldepflicht für mutuelle Onanie und homosexuelle Handlungen ein, mit vorgesehenen Disziplinarmaßnahmen (Koch 1975: 125f.). Winter zitiert in diesem Sinn *Das Schwarze Korps* vom 4.3.1937:

»Hält man sie [die homosexuellen Männer, Anm. HV] dann zu systematischer Arbeitsleistung an – was den meisten unter ihnen zum erstenmal in ihrem Dasein widerfährt –, schließt man sie von ›normalen‹ Menschen unter strenger Bewachung ab, hindert man sie daran, anderen die selbstgefällige Rolle ihres Krankseins vorzuspielen, zwingt man sie, im Mitgenossen stets den Spiegel der eigenen Unmöglichkeit zu sehen, so tritt mit erstaunlicher Pünktlichkeit die Wandlung ein. Der ›Kranke‹ wird gesund. Der ›Anomale‹ erweist sich als durchaus normal. Er macht lediglich eine Entwicklungsphase durch, die durchzumachen er in der Jugend versäumt hat. Und übrig bleiben lediglich die zwei Prozent der wirklich Anormalen, die, ebenso wie sie draußen im Leben die Seuchenherde bildeten, nun zu Kristallisationspunkten des Ekels werden, der die Spreu vom immer noch brauchbaren Weizen scheidet« (nach: Winter 2013: 223).

Als Begründung für die immerhin verbleibenden zwei Prozent mussten wiederum Juden*Jüdinnen und »erblich Degenerierte« als »Schuldige« herhalten, und im *Schwarzen Korps* wurde insbesondere Magnus Hirschfeld und sein sexualreformerisches Wirken diskreditiert. Gleichzeitig nehmen NS-Ideologen wie Günther an, dass auch den »als erblich betrachteten« homosexuellen Männern und Frauen ihre sexuelle Orientierung nicht anzusehen ist. Entsprechend richtete er sich explizit an sie mit dem Appell, sich nicht fortzupflanzen; ihre Familien sollten keinen Druck auf sie ausüben, sich zu verheiraten. Gleichzeitig regte Günther an, die Strafbestimmungen für sexuelle Handlungen zwischen als »erblich veranlagt« betrachteten Homosexuellen zu verringern oder abzuschaffen – auch um deren »Kooperation« zu gewinnen –, hingegen die »Verführung« junger Menschen besonders hart zu bestrafen (Günther 1941: 115–118). Bei der Auswertung der NS-Quellen kamen John C. Fout (Fout 2002) und James D. Steakley (Steakley 2002) zu vergleichbaren Einschätzungen. Steakley folgerte, indem er sich auf die Sexualwissenschaftler Günter Grau und Rüdiger Lautmann stützte:

»›Die Gruppen, welche die Nazis als Staatsfeinde, aber nicht als rassisch minderwertig betrachteten, wurden nicht restlos zusammengetrieben, sondern nur selektiv gefangengenommen.‹ Dies unterscheide sich grundsätzlich von der NS-Judenverfolgung, die bis auf den letzten Mann, die letzte Frau, das letzte Kind durchgeführt werden sollte« (Steakley 2002: 66; vgl. auch Koch 1975: 124f.; Voß 2013: 30).

Als das zentrale Moment der NS-Sexualitätspolitik und entsprechender pädagogischer Empfehlungen erweist sich also die NS-Rassenideologie. Der Sexualverkehr und die Fortpflanzung der als »rassisch und erblich tauglich« Erachteten sollte gefördert, die der anderen verhindert werden. Solche Vorstellungen bauten auf Sichtweisen einer »Degeneration« der Bevölkerung auf, die seit dem ausgehenden 19. Jahrhundert international Verbreitung gefunden hatten.

»Degeneration« im Kulturkrisen-Diskurs um 1900

Im Anschluss an die Bevölkerungstheorie von Thomas Robert Malthus (1766–1834) und an die Evolutionstheorie von Charles Darwin (1809–1882) nahm man im ausgehenden 19. Jahrhundert an, dass sich in den europäischen Ländern auch diejenigen Menschen fortpflanzten, die »in der freien Wildbahn« nicht überleben würden. Mit breiter wissenschaftlicher und gesellschaftlicher Akzeptanz etablierte sich ein Endzeit-Szenario, und es wurden eugenische Maßnahmen propagiert – freiwillig und unfreiwillig (vgl. für eine gute Einführung: Schmuhl 1992). Schon in Medizin und Gesellschaft der Weimarer Republik wurden Zwangsmaßnahmen – wie Sterilisierung, Kastration und teilweise sogar vorsorgliche Tötung – von sogenannten Sexualverbrechern und von Menschen, denen man gesellschaftlich unerwünschte Eigenschaften zuschrieb, diskutiert. Die Fortpflanzung dieser Menschen sollte aus »eugenischer« und »rassenhygienischer« Perspektive unterbunden werden – für die entsprechenden wissenschaftlichen und gesellschaftlichen Reflexionen wurde 1905 die »Gesellschaft für Rassenhygiene« gegründet, mit sehr guter Resonanz (vgl. etwa Weingart et al. 2006 [1988]; Schmuhl 1992 [1987]; Grau 2002; Black 2003; Henke 2008). Selbst »liberale«, »emanzipatorische« Mediziner, wie zum Beispiel Magnus Hirschfeld, engagierten sich eugenisch – allerdings bei Betonung von Freiwilligkeit. Andere Mediziner – wie Alfred Hegar (1830–1914) – setzten schon früh zwangsweise Kastrations-Operationen um, Hegar an Frauen (vgl. Longo, 1984; Jung, 2007; auch Voß 2010: 205f.)

Sexualität und »Degeneration« bzw. »Entartung« wurden in der Zeit eng verwoben und bildeten (und bilden) ein zentrales Motiv des europäischen Rassismus. George L. Mosse folgert in seiner glänzenden Untersuchung *Nationalismus und Sexualität: Bürgerliche Moral und sexuelle Normen* (1985),

> »daß die Klischeedarstellungen der sexuell ›Entarteten‹ nahezu vollständig auf die ›minderwertigen Rassen‹ übertragen wurden [...]. Die Rassen, so hieß es dann folgerichtig, zeigten Mangel an Moral und hätten generell keine Selbstdisziplin. [Schwarzen], aber gleich danach auch den Juden, wurde eine exzessive Sexualität nachgesagt, zusammen mit einer sogenannt weiblichen Sinnlichkeit, die Liebe in Wollust verwandle. Es mangele ihnen jegliche Männlichkeit. Die Juden als Volksgruppe wiesen typisch weibliche Züge auf, geradeso wie die Homosexuellen allgemein als effeminiert galten. Als Ausgeburt dunkler, dumpfer Hintergassen, der Heilkraft der Natur entfremdet, fremd der Welt Griechenlands, waren diese Außenseiter als geheime Verschwörer gebrandmarkt.« (Mosse 1985: 49)

Die NS-Rassenideologie und ihre Sexualitätsvorstellungen schlossen an dieses über Jahrzehnte entwickelte Fundament an, verbanden es mit Zwangsmaßnahmen und industrialisiertem millionenfachen Mord. Und: Zentrale Motive solcher Vorstellungen blieben auch nach 1945 bestehen und wirken, wenn auch in veränderter Form, bis heute fort. Aktuelle Bezüge werden etwa ersichtlich,

* wenn wir an die sogenannte »Vorhautbeschneidungsdebatte« des Jahres 2012 denken, in der zahlreiche antisemitische und rassistische Stereotype »jüdischer Effeminiertheit und Barberei« sowie »muslimischer Hypersexualität« in bildhafter Lebendigkeit reaktiviert wurden (vgl. Çetin et al. 2012; Heil & Kramer 2012);
* wenn wir die Zuschreibungen an syrische Kriegsflüchtlinge als sexuell übergriffig seit dem Jahr 2015 reflektieren (vgl. Hark & Villa 2017) und
* wenn wir die Unterscheidung »guter«, in der Europäischen Union willkommener weißer, »nordischer« Geflüchteter während des Kriegs Russlands gegen die Ukraine und andererseits in potenziellen Aufnahmeländern nicht willkommener und direkter Gewalt ausgesetzter Schwarzer[8] Kriegsflüchtlinge aus der Ukraine, Syrien und Afghanistan im Jahr 2022 kritisch betrachten.

Wenn auch die Kirchen in Deutschland – die evangelische noch mehr als die katholische – die Rassenpolitik der Nazis weitgehend begrüßten, so sahen sie zunehmend in der NS-Sexualpolitik ein Problem. Diese erschien ihnen als zu freizügig und liberal (vgl. Herzog 2005: 53–70). Entsprechend wurden auch kirchlich orientierte sexualpädagogische Schriften veröffentlicht, die, analog der um 1900 verbreitet vorliegenden »Belehrungen«, Jugendliche eindeutig auf Enthaltsamkeit vor der Ehe und auch hinsichtlich der Onanie orientierten. Eine solche Schrift ist beispielhaft *Vor der Reife* (1940) von Klemens Tilmann. Darin heißt es etwa:

> »Die Selbstbefriedigung [...] Es kommt vor, daß Jungen ihren Körper wegen des Lustgefühls so aufregen, daß sich der Same ergießt. Ihr erkennt gleich, daß das ein schändlicher Mißbrauch ist. Gott hat dem Menschen einen

---

8 *Schwarz* wird hier auch in der adjektivischen Form konventionsgemäß großgeschrieben, um hervorzuheben, dass es sich nicht um ein essentialistisches Merkmal handelt, sondern um Zuschreibungen und mit ihnen einhergehende Marginalisierungen und Diskriminierungen.

Teil seiner Allmacht geschenkt und ihm das hohe Amt der Vaterschaft gegeben, und der Mensch mißbraucht diese heilige Kraft zu einer schändlichen, niedrigen Lust. [...] Gleichgeschlechtliche Verfehlungen. Ferner muß ich euch noch etwas über eine besonders schlimme Verirrung sagen. Es könnten euch einmal Leute begegnen, und zwar ältere oder auch jüngere, die sich mit einer weichlichen und schmierigen Freundlichkeit an Jungen heranmachen und sie mit einer ekelhaften Zärtlichkeit an sich zu locken suchen. Da brauche ich wohl nicht eigens zu sagen: Vor solchen Kerlen hütet euch wie vor der Pest!« (Tilmann 1940: 20, 21).

Hingegen wurde die Broschüre *Heiliges Wissen: Ein Führer zur Reinheit für deutsche Jungen* (1935, zuerst 1930) des Lettenreuther Priesters Hermann Joseph Lux (1902–1979), die sich mit Hinweisen zur Keuschheit und »Ratschläge[n] zur Bewahrung der Herzensreinheit« (Lux 1935: 35; vgl. auch: Koch 1975: 153) sehr traditionell an männliche Heranwachsende richtete, im NS verboten (siehe unter: https://verbrannte-und-verbannte.de).

Traditionelle Perspektiven und die »moderneren« aus dem NS werden in anderen Publikationen verbunden. Ein solches Beispiel sind die Bücher der Ärztin Meta Holland (1885–1945), die sich aus christlicher Perspektive für das neue nationalsozialistische Frauenbild engagierte. Etwa in ihrem Band *Von Not und Würde der Reifejahre: Wegweiser für die weibliche Jugend* (1940) wird diese vermittelnde Position deutlich, indem sie die weiblichen Heranwachsenden stets in einem Verständnis als »moderne Frauen« anspricht, gleichzeitig Ratschläge gibt, wie vorehelicher Sex möglichst gemieden werden und eine »reine« und »gute Gattenwahl« ab etwa dem 14., 15., 16. Lebensjahr stattfinden kann (Holland 1940; vgl. auch Charité 2015). Ein weiteres Beispiel ist Kurt Seelmann. In seinem Band *Kind, Sexualität und Erziehung* (Seelmann 1942) erläutert er Grundlagen der Sexualerziehung. Er möchte sowohl Eltern als auch Erziehern eine Richtschnur geben, wie sie auch in Bezug auf »schwer erziehbare« Kinder und Jugendliche, auch wenn diese sexuell auffällig sind, Erziehungsarbeit leisten können. Als zentrale Orientierung hat er dabei auf Fortpflanzung gerichtete Sexualität in der Ehe im Blick. Sein Buch sei dabei »ganz bewußt nur der Erziehung des normalen, gesunden Kindes« gewidmet und nicht »sexuellen Schwierigkeiten und Fehlentwicklungen [...], die von einer Erbbelastung herrühren« (Seelmann 1942: 9). In dem Sinne reiht sich Seelmanns Arbeit in die Vorstellungen seiner Zeit zur »Degeneration« und in die NS-Ideologie von »normal« und »unnormal« ein.

Kurz gefasst
Auch die NS-Zeit hatte ihre Sexualpädagogik. Sexualvorstellungen und Rassenideologie der Nazis waren miteinander verwoben und brachten für die als »rassisch und erblich tauglich« Erachteten gewisse Liberalisierungen mit sich. Menschen, die dieser Norm nicht entsprachen, wurden verfolgt, zwangssterilisiert, gefoltert; viele Millionen Menschen – insbesondere Juden*Jüdinnen, Sinti*zze und Rom*nja – wurden ermordet.

5

Sexualpädagogik wird grundlegend Thema (in der Schule)

Die bisherigen Darstellungen verweisen zunächst auf den Ursprung der Sexualpädagogik, die insbesondere auf Vermeidung von Sexualität außerhalb der Fortpflanzung und die Unterrichtung der Jugend über Sexualkrankheiten gerichtet war. Selbst in Bezug auf diese Form der Sexualpädagogik gab es zunächst noch intensivere Diskussionen, inwieweit sie auch in das Aufgabenfeld der Schule gehöre – oder allein den Eltern obliege. Durch die Fokussierung auf Gefahren im Kontext der Sexualität und die Orientierung auf eine strenge Sittenlehre wird diese Form der Sexualpädagogik auch als *negative Sexualpädagogik* bezeichnet. Positive, die Sexualität bejahende Formen der Sexualpädagogik sind ihr gegenüber abzugrenzen und deuteten sich ebenfalls bereits an. Sie unterrichten nicht nur über physische und physiologische Vorgänge, sexuelle Krankheiten o. ä., sondern greifen auch positive Aspekte der Sexualität auf und zielen auf einen verantwortungsvollen Umgang im sexuellen Kontext, wobei »verantwortungsvoll« gesellschaftlich unterschiedlich interpretiert werden kann. Eine solche *positive, Sexualität bejahende Sexualpädagogik* hat einige Ausgangspunkte in sexualwissenschaftlichen Schriften der Weimarer Republik – und auch Bezüge zur Nazi-Zeit –, die kritisch reflektiert werden müssen (vgl. Herzog 2005; Winter 2013). Durch Aushandlungen in den 1960er Jahren nimmt eine positive Richtung der Sexualpädagogik erheblich an Fahrt auf, wobei »verantwortungsvoll« nun »individuell selbstbestimmt« meint – im Sinne von Magnus Hirschfeld und Ewald Bohm, aber ohne Bezug auf sie. In der Bundesrepublik wird eine solche Richtung nach und nach prägend. Im Folgenden werden zentrale Eckpfeiler umrissen – dabei sehen wir zunächst auf die Anfänge.

Der Beginn der Sexualpädagogik in BRD, Westberlin und DDR – kein Neustart

Bundesrepublik Deutschland und Westberlin

Juden*Jüdinnen, die aus der Emigration nach Deutschland zurückkehrten, waren vielfach mit weitreichender Empathielosigkeit und Antisemitismus konfrontiert. Oft sahen sie sich in den zuständigen Institutionen denselben NSDAP-Funktionären gegenüber, die sie auch vor ihrer Emigration erleben mussten (vgl. Broder & Lang 1979). Selbst heute, zu Beginn des 21. Jahrhunderts, steht in vielen gesellschaftlichen Bereichen und wissenschaftlichen Disziplinen noch die entsprechende Aufarbeitung aus. Das gilt auch weitgehend für die deutsche Sexualwissenschaft und Sexualpädagogik.

In diesen Disziplinen wurde für die BRD und Westberlin erst das Wirken der Sexualwissenschaftler Hans Bürger-Prinz (1897–1976) (vgl. Koch 1996: 69–77; Klee 2011 [2003]: 83) und Hans Giese (1920–1970) (vgl. Liebeknecht 2019) zumindest ansatzweise kritisch betrachtet (vgl. für einen Gesamtüberblick auch Sigusch 2008: 391–428). Weitere Personen der Täterseite sind noch weitgehend aus dem Blick und stellen durch die zweite Hälfte des 20. Jahrhunderts hindurch und auch noch heute zentrale und unreflektierte Bezugsquellen für sexualwissenschaftliche und -pädagogische Ausarbeitungen dar. Darüber hinaus ist kaum reflektiert, welche Bedeutung das Auslöschen der Publikationen jüdischer Akteur*innen und der Abbruch der Rezeption dieser Schriften haben. Warum wurden unter anderem die Arbeiten von Magnus Hirschfeld nach 1945 so wenig rezipiert, wo sie doch – wie der kurze Blick auf die mit Ewald Bohm verfasste *Sexualerziehung* zeigte – auch für heutige Theoriebildung äußerst ertragreich sind? Ein Grund ist inhaltlicher Art: Die Geschlechter- und Sexualitätsvorstellungen aus dem NS lebten fort; das Leitbild blieb die klare bipolare Geschlechtlichkeit bei deutlicher Akzentuierung und »Tilgung« der »Abweichungen« (vgl. Satzinger 2009; Voß 2014b). Der zweite Grund war das verfügbare wissenschaftliche Personal. Das gilt für die biologischen und medizinischen Forschungen zu Geschlecht und Sexualität (vgl. Satzinger 2009; Voß 2014), für die medizinischen »Anwendungsbereiche« allgemein (vgl. Klee 2001; Mildenberger 2002) und in der Gehirnforschung (vgl. Mildenberger 2002; Voß 2013: 20–39), ebenso für die Sexualwissenschaft (Sigusch 2008) und Sexualpädagogik.

Hans Bürger-Prinz etwa war Mitglied einer Kommission der *Reichsstelle für deutsches Schrifttum* zur Indizierung psychoanalytischer Schriften – und hat hier an der Auslöschung publizistischer Bezüge zu Juden*Jüdinnen mitgewirkt. Für ihn ist darüber hinaus die Beteiligung an Menschenexperimenten belegt. Nach 1945 setzte er seine Karriere fort, errichtete eine *Forschungsstelle für menschliche Erb- und Konstitutionsbiologie* und wurde Präsident der *Deutschen Gesellschaft für Sexualforschung* (vgl. Koch 1996: 69–77; Klee 2011 [2003]: 83). Vor dem Hintergrund des zunächst tätigen sexualwissenschaftlichen Personals ist es wenig verwunderlich, dass mit Ausnahme von – mitunter widerwillig erscheinenden – Bezügen auf Sigmund Freud deutsche sexualwissenschaftliche Hinweise auf international prominente, aus Deutschland emigrierte jüdische Psychoanalytiker*innen, wie etwa die erste wissenschaftliche Assistentin Sigmund Freuds, Helene Deutsch (1884–1982), oder Karen Horney (1885–1952) und Charlotte Wolff (1897–1986), auch in den 1970er und 1980er Jahren randständig waren bzw. ganz ausblieben. Mit Blick auf Helene Deutsch hinterfragt Inge Stephan in ihrem biografischen Beitrag die ausbleibende Rezeption:

»Die deutsche Übersetzung [...von ›Die Psychologie der Frau‹...] gehörte noch in den 80er Jahren zu den Werken, die in den sogenannten ›Giftschränken‹ der öffentlichen Bibliotheken verwahrt wurden und nur mit Sondergenehmigung gelesen werden durften. Waren es ein Fortwirken des alten Antisemitismus, die noch immer ungebrochene Abwehr der als jüdisch diskreditierten Psychoanalyse, die Prüderie und der Antifeminismus der Nachkriegs- und Restaurationszeit oder war es einfach Gedankenlosigkeit, mit der ein Erbe beiseite geschoben wurde, dessen Bedeutung erst in den letzten Jahren, vermittelt durch die amerikanische Rezeption, auch in Deutschland begriffen wird? In Amerika gehörte Helene Deutsch als promovierte Medizinerin und als eine durch eine Vielzahl von Veröffentlichungen gleichermaßen ausgewiesene Theoretikerin zu den wenigen Psychoanalytikern, die sich in der harten Konkurrenz des amerikanischen Marktes durchsetzen konnten« (Stephan 1997: 185; siehe auch Strauss & Röder 1983: Band II, S. 212f.).

In Bezug auf die Sexualpädagogik relevant ist Heinz Hunger (1907–1995). Der protestantische Theologe verlegte sich 1945 auf das Themenfeld der Sexualpädagogik und wurde hier einflussreich (vgl. Sielert 2005: 21; Koch 2013 [2008]). Zunächst Pfarrer, war er während der NS-Zeit Geschäftsführer des evangelischen *Instituts zur Erforschung und Beseitigung des jüdischen Einflusses auf das deutsche kirchliche Leben* und wandte sich in diesem Zusammenhang – wie Bürger-Prinz – gegen den Einfluss der »jüdische[n] Psychoanalyse« (vgl. Klee 2011 [2003]: 275). In seinem Aufsatz *Jüdische Psychoanalyse und deutsche Seelsorge* im vom Institutsdirektor Walter

Grundmann (1906–1976) herausgegebenen Band *Germanentum, Christentum und Judentum* schreibt Hunger:»Damit aber gelangen wir zu einem das Institut betreffenden Tatbestand, denn die Psychoanalyse ist nicht nur jüdischen Ursprungs, sondern vom Juden Egon Friedell in seiner ›Kulturgeschichte der Neuzeit‹ ganz offen als Jewish science, als jüdische Wissenschaft ausgegeben worden. Wenn man die drei maßgeblichen Schulhäupter auf die rassische Zugehörigkeit untersucht, so sind Sigmund Freud und Alfred Adler einwandfrei Juden« (Hunger 1942: 314). Und etwas später:»Selbstverständlich ist die jüdische Psychoanalyse nichts von Grund auf Neues. Das hieße der Unproduktivität der jüdischen Rasse hier wie anderswo zuviel Ehre anzutun. [...] Das große Geheimnis der weltbewegenden Entdeckung Freuds besteht darin, einige schon vorher dagewesene Erkenntnisse aufgegriffen, neu frisiert und zum Mittelpunkt seiner Lehre gemacht zu haben« (ebd.: 314). Hunger relativiert hier also sogar die Bedeutung Freuds und setzt das auch in seinen sexualpädagogischen Schriften fort. So führt er in Referenz zu dem DDR-Sozialhygieniker Rudolf Neubert (1898–1992, vgl. Klee 2011 [2003]: 432), aus, dass die »Erörterungen über die Sexualfrage« insbesondere »von der Sexualpathologie aus[gingen] (Freud, Bloch, Magnus Hirschfeld und seine Schule). Infolgedessen wurden Abwegigkeiten der Sexualität, auch wenn sie zahlenmäßig bedeutungslos waren, in den Vordergrund gerückt und verdrängten die Erörterungen des eigentlichen Problems« (Hunger 1970: 101; vgl. Neubert 1957b: 13). Auf dieser Basis fordert Hunger eine Fokussierung auf das sexuelle Verhältnis zwischen Mann und Frau, Junge und Mädchen – also auf die »Normalen« – sowie das Primat der Pädagogik gegenüber der Medizin in sexualpädagogischer Hinsicht. Sein Buch *Das Sexualwissen der Jugend – Ein Report für Erzieher* (Hunger 1970) erschien in guter Auflagenzahl, ebenso: *Kinder fragen – Eltern antworten* (Hunger 1967) und *Was Jungen wissen wollen* (Hunger 1968). Zum von Norbert Kluge herausgegeben Handbuch der Sexualpädagogik durfte Hunger den Aufsatz *Sexualität und Religion* (Hunger 1984) beitragen. Auch hier blieb er der Zielsetzung der Auslöschung jüdischer geistesgeschichtlicher Traditionen treu, wie sich in der spirituell-esoterisch Ausrichtung des Aufsatzes zeigt. Ein Bruch lässt sich nach 1945 zunächst nicht feststellen, sondern Konstanz. So erschien das Buch *Vor der Reife* von Klemens Tilmann in zweiter Auflage 1948. Kurt Seelmann Buch *Kind, Sexualität und Erziehung* (Seelmann 1942) kam 1973 in die 7. Auflage. Dabei blieb selbst Seelmanns Bezug auf die »Erziehung des normalen, gesunden Kindes«, ohne »Erbbelastung« (Seelmann 1973: 14f.) gleichlautend zur Ausgabe 1942 erhalten. 1961 publizierte Seelmann den »Aufklärungsklassiker« *Woher kommen die kleinen Buben und Mädchen?* (Seelmann 1961), dessen Absatz sich bis zur 20. Auflage 1996 auf immerhin 800.000 Exemplare summierte. Er wirkte überdies als Drehbuchautor an mehreren der *Schulmädchen-Report*-Filme mit, die in 38 Sprachen übersetzt wurden und ein Publikum von mehr als 100 Millionen Zuschauer*innen erreichten; auch seine Publikationen *Wie soll ich mein Kind aufklären?* (Seelmann 1968) und *Lehrer und Geschlechtserziehung – Hinweise für den Unterricht* (Seelmann 1968) fanden ein breites Publikum – und nahmen die zu der Zeit virulenten Fragen alleinerziehender Elternschaft und Homosexualität *nicht* auf.

Deutsche Demokratische Republik

Auch in der DDR zeigen sich inhaltlich und personell Anknüpfungspunkte zum NS. So bleibt auch hier eine Aufteilung in eine »normale« und »unnormale« Entwicklung bestimmend, und es wird an die vielfaltsbezogenen Geschlechter- und Sexualitätsbetrachtungen etwa von Magnus Hirschfeld nicht angeknüpft. Wegweisend sind einerseits Forschungen zu Sexualhormonen, die an Perspektiven anschlossen, wie sie Adolf Butenandt vertrat (vgl. Satzinger 2009; Voß 2013: 20–39). Sexualwissenschaftlich ist hier – in Bezug auf Homosexualität – der Endokrinologe Günter Dörner bedeutsam. Der 1929 Geborene sah in der Homosexualität die »Abweichung« eines Entwicklungsprozesses und orientierte in seinen

Hormon-Forschungen darauf, sie beseitigen zu können. Dörner wurde 1957 Assistent bei Walter Hohlweg (1902–1992), der seit 1930 und während des NS die Abteilung für Hormonforschung der Schering AG geleitet und das oral wirksame Östrogen entwickelt hatte. Nach dem Zweiten Weltkrieg leitete Hohlweg zunächst das Laboratorium der Universitätsfrauenklinik der Charité, seit 1952 war er Professor und Institutsdirektor an der Humboldt-Universität zu Berlin. Als Hohlweg infolge des Mauerbaus 1961 die DDR verließ, übernahm Dörner dessen Position als Institutsdirektor (Mildenberger 2006: 238f; Voß 2013: 20–39). Für sein Wirken – das zentral auf die hormonelle Auslöschung von Homosexualität zielte – erhielt Dörner im Jahr 2002 das (große) Bundesverdienstkreuz (Mildenberger 2006: 271).

Setzte Heinz Hunger seine Laufbahn in der BRD fort, wurde sein Kollege, der Direktor des *Instituts zur Erforschung und Beseitigung des jüdischen Einflusses auf das deutsche kirchliche Leben*, Walter Grundmann, in der DDR bedeutsam – allerdings nicht im Hinblick auf Sexualität. Sexualpädagogisch relevant war hier der Sozialhygieniker Rudolf Neubert (1898–1992). Neubert hatte in Jena, München und Freiburg i. Br. Medizin studiert und war seit 1924 beim Deutschen Hygiene-Museum Dresden beschäftigt, zunächst als Volontär, später als Leiter des wissenschaftlichen Büros der Aktiengesellschaft für hygienischen Lehrbedarf. 1932 erhielt er seine Kassenzulassung, gab die Stellung am Hygiene-Museum auf, eröffnete 1933 eine eigene Praxis und wurde Impfarzt der Gemeinde Rähnitz-Hellerau. Seit 1933 war Neubert Mitglied der NSDAP. 1939 erhielt er den Einberufungsbefehl als Truppenarzt; er wurde Kompaniechef und bildete ein Jahr lang Ärzte, Sanitätssoldaten und Krankenträger aus; zudem war er Leiter des Labors für Serumkonserven in Leipzig und Bärenfels. 1941 wurde Neubert zur Außenstelle Leipzig der militärärztlichen Akademie kommandiert; zuletzt hatte er den Dienstgrad Oberstabsarzt. Nach der Befreiung vom NS wurde Neubert im Mai 1945 Dezernatsdirektor für Gesundheitswesen der Stadt Dresden, 1946 dann wissenschaftlicher Direktor des Deutschen Hygiene-Museums Dresden. Als Mitglied der NSDAP wurde er kurz darauf im Zuge der Entnazifizierung entlassen, 1948 gemäß Befehl Nummer 201[9] der Sowjetischen Militäradministration (SMAD) rehabilitiert. 1949 wurde Neubert Dozent für Anatomie und Anthropologie und Betriebsarzt an der Hochschule für Bildende Künste in Dresden; 1952 erhielt er den Ruf auf die Professur für Sozialhygiene der Universität Jena (vgl. Sächsisches Staatsarchiv 2022; Bundesstiftung Aufarbeitung 2009).

Mit seinen Ratgebern *Was sag ich meinem Kinde?* (1955), *Woher kommen die Kinder?* (1955), *Das neue Ehebuch* (1957) und *Die Geschlechterfrage* (1956) – alle bis in die 1960er und beginnenden 1970er Jahre in sechsstelliger Auflagenhöhe erschienen – prägte Rudolf Neubert die gesellschaftliche sexualpädagogische Debatte der DDR, mit seinen wissenschaftlichen Veröffentlichungen auch die theoretische. Dabei verfolgt er deutlich Normvorstellungen: Ziel der Sexualpädagogik, die bereits früh in der Kindheit einsetzen solle und an der Eltern, Schule und außerschulische Erzieher beteilig sein müssten, ist die Vorbereitung der jungen Menschen auf die »sozialistische Ehe« und die verantwortungsvolle Mitwirkung in der sozialistischen Gesellschaft (Neubert 1957b: 27), wofür auch »Liebesfreuden« bedeutsam seien (ebd.: 9). Sexualpädagogik sei Bestandteil der Gesamterziehung und müsse auch Themen wie die Gleichberechtigung der Geschlechter und Koedukation abdecken (ebd.: 8, 27); vorehelicher Sex solle eher gemieden werden, er sei aber »Ersatzhandlungen« wie dem Petting vorzuziehen (ebd.: S. 22–26). Neubert wendet sich – wie bei Heinz Hunger schon andiskutiert, der Neubert zitiert – gegen die Fokussierung auf »Abwegigkeiten«, die dem »Sexualpathologischen« zuzurechnen seien, wie sie bei Freud, Bloch und Hirschfeld vorgekommen seien, da sie von der »Erörterung des eigentlichen Problems« ablenken würden (ebd.: 13). Deutlich wird die Fokussierung auf das als »normal«

---

9 Der Befehl 201 der SMAD zielte auf die Rehabilitierung »einfacher« NSDAP-Mitglieder und den für den Aufbau der sozialistischen Gesellschaft wichtiger Menschen (vgl. Deutscher Bundestag, Wissenschaftliche Dienste, Drucksache 3000/072/11).

Betrachtete, das dem »Unnormalen« entgegengesetzt wird. In der Kritik des Kapitalismus wählt Neubert auch Zuschreibungen, wie sie im NS gegen Juden*Jüdinnen getroffen wurden, wenn er etwa schreibt:

> »Unser Glück liegt schon darin, daß wir auf unseren Straßen keine verfetteten Spinnen sehen, ihre Hochnäsigkeit und Hartherzigkeit nicht erblicken, die luxuriösen Schlösser, Equipagen und den Aufputz der Ausbeuter, die Scharen der Speichellecker, Verräter und Lakaien, die ganze widerwärtige Menge der Parasiten zweiten Ranges ...« (ebd.: 9f.).

Auch für die DDR stehen die entsprechenden Aufarbeitungen der inhaltlichen und personellen NS-Traditionen in Sexualwissenschaft und Sexualpädagogik weitgehend aus, und es wären fundierte Untersuchungen dazu wünschenswert.

Kurz gefasst

Sowohl in der BRD und Westberlin als auch in der DDR wird nicht grundlegend mit den Traditionen des NS gebrochen. Vielmehr wird an die Differenzierung zwischen »Normalen« und »Anomalen« angeschlossen. Karrieren setzen sich fort und prägen Sichtweisen in der Sexualwissenschaft und Sexualpädagogik. Für die Sexualpädagogik ist der Anschluss an NS-Perspektiven und der Ausschluss jüdischer Perspektiven (etwa der »Geschlechterwandlung und -mischung«) noch gänzlich unaufgearbeitet.

In der BRD teils bis in die 1980er Jahre: Gewalt von Lehrkräften gegen Schüler*innen

Im Hinblick auf die sexualpädagogischen Entwicklungen ist das Streiten der Schüler*innenbewegung bedeutsam (vgl. für einen guten Überblick: Hüffel 1978). Sie ist nicht außerhalb des stark sanktionierten Schulkontextes der Zeit zu verstehen: Neben Appellen, Drohungen und Schulverweisen waren noch in den 1960er Jahren in der BRD und teilweise in Westberlin körperliche »Züchtigungen« an der Tagesordnung. Auch Schläge auf den nackten Po waren möglich, heute würden diese als sexualisierte Gewalt gelten. In einer Aufarbeitungsbroschüre auch im Hinblick auf Sexualerziehung heißt es für die Situation in Bayern:

»Zu Beginn der 60er Jahre herrschten an vielen Schulen Erziehungsvorstellungen längst vergangener Zeiten. Es wurden meist ›Zucht und Ordnung‹ verlangt und die Strafen waren oftmals dieselben wie zur Zeit des Ersten Weltkriegs. Bereits kleinere Vergehen wurden streng bestraft. Zu den häufig rücksichtslosen Lehrmethoden traten Demütigungen und ein harter Umgangston. Obwohl die ›körperliche Züchtigung‹ – meist Ohrfeigen, ›Kopfnüsse‹ oder ›Tatzen‹ – nicht mehr täglich verteilt wurde, erlaubten die Schulordnungen sie nach wie vor als Erziehungsmaßnahmen. Es wurde bloß darauf hingewiesen, sie zurückhaltend anzuwenden. Nur Mädchen sowie Schüler der ersten zwei Jahrgangsstufen durften grundsätzlich nicht körperlich bestraft werden. Körperliche Bestrafung und der oft autoritäre Umgang stießen zunehmend auf Widerstand. Vielen Schülern und immer mehr Eltern erschienen sie bevormundend, verletzend und undemokratisch. An einigen Schulen kam es daher zu Protesten und sogar zu rechtlichen Auseinandersetzungen. Das in ganz [West-, Anm. HV] Deutschland erscheinende Schülermagazin ›Underground‹ schuf eine ›Zentralkartei für Lehrerverbrechen‹. Ein Frankfurter Schüler rief dazu auf, Fälle körperlicher und seelischer Gewalt gegen Schüler in einem ›Weißbuch‹ zu sammeln. In Bayern wurde bereits 1959 eine mögliche Abschaffung körperlicher Strafen durch das Kultusministerium als sinnvoll erachtet. In der Allgemeinen Schulordnung von 1973 wurde in Bayern die körperliche Züchtigung für unzulässig erklärt. Allerdings bestand dort bis 1983 ein ›gewohnheitsrechtliches Züchtigungsrecht‹ vor allem an Volksschulen in einer juristischen Grauzone fort« (Bayrische Landeszentrale für politische Bildungsarbeit o.J.: 24).

Für sexuelle »Verfehlungen« hat Otto Brüggemann (1967) Häufigkeiten und Sanktionen ermittelt: Appelle und Androhungen erfolgten stets. Selbst für »unzüchtige« Wortwahl, Kritzeleien und Schriften wurden nicht selten Schulverweise angedroht. Für »unsittliche

Handlungen«, wie Betrachten der Genitalien untereinander und Onanie, war der Schulverweis wahrscheinlich. Homosexuelle Handlungen unter Jungen zogen darüber hinaus in der BRD und Westberlin bis zum Ende der 1960er Jahre in der Regel Strafverfahren nach §175 nach sich (Brüggemann 1967).

Vor dem Hintergrund so gewaltförmig ausgestalteter Schule mit Wirkung noch bis in die 1980er Jahre hinein und den teils drastischen Sanktionen, die sexuelle »Verfehlungen« noch Ende der 1960er Jahre nach sich zogen, wird nachvollziehbar, warum grundlegende Änderungen im schulischen System erforderlich waren und warum reformpädagogische Bildungsansätze gesellschaftlich von Jüngeren so intensiv begrüßt wurden, wobei Gefahren – etwa eine fehlende kritische Reflexion von Macht im Umgang Erwachsener mit Kindern – zunächst mitunter leichtfertig außer Acht blieben.

Aktualisierungen: Sexualpädagogische Entwicklungen in der Bundesrepublik und Westberlin

Erste Erlasse zur schulischen Sexualerziehung in der Bundesrepublik – 1951 in Nordrhein-Westfalen, 1954 in Baden-Württemberg, 1959 in Westberlin – waren in Bezug auf den schulischen Auftrag zurückhaltend und betonten – anders als in der DDR – die elterliche Verantwortung (Heyn 2022).»Vorreiterrolle« in der Umsetzung eines Sexualkundeunterrichts übernahmen die Hamburger Regelungen (1962), die die Bedeutung der Schule hervorhoben (ebd.).

Wichtiger und zuweilen nur wenig gewürdigter Ausgangspunkt für weiterreichende Veränderungen in der Bundesrepublik und Westberlin ist die *Schüler*innenbewegung* (vgl. Hüffel 1978; Apel 2011). Weitreichende Folgen hatte dabei insbesondere das Tun

103

zweier Schülerinnen, Christa Appel und Zlila Drory. Die beiden Gymnasiastinnen und Redakteurinnen der Zeitschrift *Bienenkorb-Gazette* brachten seit dem 11. Februar 1967 eine Fragebogen-Erhebung zu Sexualität und Sexualaufklärung unter den Schüler*innen des Frankfurter Mädchengymnasiums *Bettinaschule* und dem befreundeten Jungengymnasium *Liebigschule* auf den Weg. Obgleich die Redakteurinnen die Genehmigung der Schuldirektorin und des Schuldirektors hatten und die Fragen – aus heutiger Perspektive – zurückhaltend und sachlich sind, löste die Erhebung mit ein paar Tagen Verzögerung einen medial vermittelten Skandal aus: In ihrem Beitrag *Wünschst Du Dir Intimverkehr?* skandalisierte die *Frankfurter Allgemeine Zeitung (FAZ)* am 21. Februar 1967 die Erhebung und fragt: »Wie kann eine Direktorin, der viele Hunderte von Mädchen anvertraut sind, das gutheißen? Was sagt der Elternbeirat dazu […]?« (vgl. Breddermann 1968: 134).

Die Fragen aus der Erhebung *Bienenkorb-Gazette* vom 11.2.1967

1. Sollte sich Deiner Meinung nach die Schülerzeitung mit dem Thema »Sexuelle Aufklärung« beschäftigen oder nicht? ja / nein
2. Was erwartest Du Dir persönlich von den Beiträgen zu dem Thema in Deiner Schülerzeitung? ...
3. Wer sollte Deiner Meinung nach am besten die Jugendlichen über Fragen des sexuellen Bereichs unterrichten? ...
4. Wenn Du Dich erinnerst: durch wen oder was bist Du sexuell aufgeklärt worden? Eltern / Freunde / Aufklärungsschriften, Lexika / Lehrer / Kirche, Pfarrer / durch wen sonst?
5. Wie alt warst du damals? ... Jahre
6. Hältst Du die Dir erteilte Aufklärung für ausreichend oder scheint sie Dir unzureichend? Halte sie für ausreichend / Halte sie für unzureichend

7. Welcher der folgenden drei Meinungen würdest Du am ehesten zustimmen?
   a) die Schule sollte sich mehr um die sexuelle Aufklärung der Schüler kümmern
   b) die Schule bemüht sich heute schon genug um Fragen der sexuellen Aufklärung
   c) die Schule sollte das Thema sexuelle Aufklärung überhaupt nicht behandeln

8. Sind in Deiner Klasse Fragen der sexuellen Aufklärung im Unterricht behandelt worden? Ja, sie sind behandelt worden / Nein, sie sind nicht behandelt worden

9. In welchem Unterrichtsfach war das? Biologie / Verfügungstunde / Religion / andere Stunde?

10. In welchem Jahr bist du geboren? Geburtsjahr ...

Ab Frage 11 unterschieden sich die Fragen. Für die *Bettinaschule* lauteten sie:

1. Wünschst Du Dir Intimverkehr?
   a. Von welchem Alter an hältst Du ihn für angemessen?

2. Möchtest Du mehr erfahren über
   a. Formen des Intimverkehrs
   b. Zusammenhänge zwischen Intimverkehr und Gefühlsbindung
   c. Rolle des Sexualbereichs in der heutigen Gesellschaft
   d. oder andere Einzelfragen

3. Würdest Du Deinen Eltern von gehabtem Intimverkehr erzählen? ja / nein
   a. wenn nicht, aus welchen Gründen? Angst vor den Eltern / Schamgefühl / ...
   b. Meinst Du, sie hätten – falls sie es wüßten – etwas dagegen? ja / nein; Begründung hierzu ...

4. Würdest Du die Antibabypille benutzen, wenn sie ohne Schwierigkeiten vom Arzt zu bekommen wäre?

Für die *Liebigschule* lauteten die Fragen:

11. Hattest Du schon intime sexuelle Erfahrungen? ja / nein
12. In welchem Alter zum ersten Mal? Alter ...
13. Würdest Du es Deinen Eltern sagen? ja / nein; wenn nicht, dann aus welchen Gründen
    a) Angst vor den Eltern /
    b) Schamgefühl
    c) ...
14. Hätten sie etwas dagegen, falls sie es wüßten? ja / nein
15. Mit welcher Begründung?

(vgl. Breddermann 1968; Bayrische Landeszentrale für politische Bildungsarbeit o. J.: 20f.)

Ausgehend von der Berichterstattung der FAZ erschienen in verschiedenen Tageszeitungen Beiträge, die zunächst die Erhebung der Schülerinnen problematisierten – zum Beispiel heißt es in der *Bild*-Zeitung »13jährige Mädchen mußten Sex-Fragebogen beantworten« (ebd.: 132), im weiteren Verlauf aber eine produktive Diskussion um Sexualerziehung in der Schule katalysierten. Mit der März-Ausgabe befeuerten die Redakteurinnen der *Bienenkorb-Gazette* die Diskussionen weiter. Sie argumentierten dort für die Freigabe der Antibabypille, für die freie Sexualbetätigung Jugendlicher ab dem 16. Lebensjahr bei vorhandener gegenseitiger Liebe und für einen sachlichen Sexualkundeunterricht (ZEIT 1967b; ZEIT 1967a; vgl. Breddermann 1968). Sie wurden dabei mittlerweile auch durch Forderungen nach einer progressiven Sexualkunde der sich seit Ende 1966, Anfang 1967 bundesweit zusammenschließenden Schüler*innenbewegung gestützt (Spiegel 1967). Die Forderungen der Schüler*innenbewegung wurden im Juni klarer: So verabschiedete das *Aktionszentrum Unabhängiger Sozialistischer Schüler (AUSS)* bei der ersten bundesweiten Delegiertenkonferenz am 17. Juni 1967 unter anderem ihre *Resolution zur Sexualerziehung*.[10]

Resolution des AUSS vom 17.6.1967
Sexualerziehung

I.

In unserer Gesellschaft findet Sexualaufklärung in einem vernünftigen Zusammenhang und vernünftigen Methoden nicht statt.

Zwar sind kraft ihrer Erziehungsfunktion zwei Institutionen vorgesehen, die Bedürfnisse der Schüler nach Sexualaufklärung zu erfüllen: Schule und Elternhaus. In ihrer Gesamtheit erweisen sich diese Institutionen jedoch zunehmend als unfähig, diese Aufgabe zu erfüllen. In der Familie bleibt die Sexualaufklärung der privaten Zufälligkeit überlassen. In der Schule wurden gemeinhin alle zur Sexualität gehörenden Fragen tabuisiert oder auf einer wirklichkeitsfremden und problemgereinigten Ebene abgehandelt. Wo überhaupt an der Schule ein Sexualkundeunterricht besteht, bleibt dieser reduziert auf die Vermittlung einer zensierten Auswahl biologischer Fakten.

Die Sexualität der Schüler und ihre sexuellen Probleme werden kaum berührt. Sexuelle Betätigung der Schüler ist nach wie vor ein Tabu und wird mit autoritären Strafen geahndet.

II.

Oberste Forderung an jede Erziehung muß sein, nicht über das gesellschaftlich notwendige Maß an Unterdrückung hinauszugehen,

---

10 Nentwig (2021) übersieht vollständig den Ausgangspunkt der Debatte mit den Beiträgen in der *Bienenkorb-Gazette* und dass Christa Appel in Folge der Fragebogenerhebung »monatelang in ganz Deutschland zu Interviews unterwegs« war (FR 2018) und folgt in Bezug auf die schulische Sexualerziehung unkritisch der Selbstdarstellung Helmut Kentlers (Nentwig 2021: 121).

sondern vielmehr die zu Erziehenden zu befähigen, gesellschaftliche Unterdrückungszusammenhänge zu durchschauen und zu durchbrechen. Das gilt besonders für jede Sexualerziehung.

Neben der Aufklärung über alle physiologischen und anatomischen Fakten ist die Hauptaufgabe der Sexualerziehung: die Erkenntnis zu vermitteln, daß Glück und Befriedigung der Heranwachsenden nicht einer zukünftigen Glücksvorstellung und zukünftigen Befriedigungsversprechungen geopfert werden dürfen. Dabei ergibt sich für die sexuelle Praxis der Jugendlichen die Forderung:

1. Sie sollen die Gefühle eines Menschen nicht rücksichtslos ausbeuten und ihn mutwillig enttäuschenden Erfahrungen aussetzen.
2. Sie sollen unter keinen Umständen fahrlässig die Zeugung eines unerwünschten Kindes riskieren.

III.

Darum stellen die in unabhängigen und sozialistischen Schülergruppen zusammengeschlossenen Schüler für die Sexualerziehung an den Schulen die Tagesforderungen auf:

1. Einrichtung eines Sexualkundeunterrichts an der Schule, der sämtliche Vorgänge einschließt, von denen die Sexualität in unserer Gesellschaft bestimmt ist. Dazu gehören vordringlich: Aufklärung über die physiologischen und anatomischen Vorgänge während der körperlichen Reife und beim Geschlechtsverkehr; vorehelicher Geschlechtsverkehr und seine gesellschaftliche Problematik; voreheliches Liebesspiel unter Ausschluß des Geschlechtsverkehrs (petting) und seine Relevanz für die Jugendlichen; Behandlung der sogenannten Perversionen (Homosexualität, oral-genitaler Verkehr, Onanie, sadistische und masochistische Triebvarianten und ihre Äusserungen usw.)

2. Bereitstellung der entsprechenden Literatur in den Schulbibliotheken, des entsprechenden Anschauungsmaterials und Einrichtung der entsprechenden Kurse. Nur dadurch können die Lehrkräfte, denen persönlich nicht immer die Verabreichung von Sexualaufklärung zugemutet werden kann, entlastet werden, nur dadurch kann die Sexualaufklärung die notwendige Grundlage erhalten, die frei von Scham, Vorurteilen und Sexualängsten sein muß.

3. Spezielle Aufklärung über Verhütungsmittel und freier Zugang zu oralen Kontrazeptiva für Mädchen nach erreichter Geschlechtsreife.

4. Abbau der Diskriminierung der sexuellen Betätigung von Schülern durch die Schulautoritäten.

5. Sofortige Freiheit und Unterstützung aller Schülerarbeitskreise über Probleme der Sexualität inclusive des Rechtes auf Durchführung von Sexualumfragen u. ä. an der Schule selbst« (vgl. Schröder o. J.).

Die mediale und die mit ihr verbundene politische Debatte mündeten in den Erlass des Hessischen Kultusministers zur Sexualerziehung vom 30.11.1967. Der Schüler*innenbewegung – dem *AUSS* und dem *Unabhängigen Sozialistischer Schülerbund [USSB]* – ging der hessische Beschluss allerdings nicht weit genug. Als Protest verteilten sie nun vielerorts vor den Schulen Flugblätter zur Empfängnisverhütung (Hüffell 1978: 29-34).

Die von Frankfurt ausgehenden Entwicklungen waren initial für Reformen der schulischen Sexualerziehung in der gesamten Bundesrepublik und Westberlin. Ergebnis waren die richtungsweisenden *Empfehlungen zur geschlechtlichen Erziehung in der Schule* der *Ständigen Konferenz der Kultusminister der Länder der Bundesrepublik Deutschland (KMK)* vom 3. Oktober 1968 (vgl. Beiler 1971: 8–12), die allerdings ebenfalls von der Schüler*innenbewegung als nicht ausreichend kritisiert wurden (Hüffell 1978: 29–34). Die Empfehlungen der KMK bringen eine Aktualisierung schulischer Sexualerziehung, tragen aber eine deutlich traditionelle Handschrift – sieht man etwa auf die Einordnung von Empfängnisverhütung und Homosexualität als »Vergehen« –, wohl auch um eine Umsetzung möglichst auch unter den konservativeren Landesregierungen zu ermöglichen (Jacobi 1969; vgl. Heyn 2022).

Auszug aus den Empfehlungen zur geschlechtlichen Erziehung in der Schule vom 3.10.1968

»I. Aufgabe
Sexualerziehung als Erziehung zu verantwortlichem geschlechtlichen Verhalten ist Teil der Gesamterziehung. Sie ist notwendig, um die individual- und sozialethischen Aufgaben der Erziehung zu erfüllen.

Sexualerziehung ist in erster Linie Aufgabe der Eltern. Die Schule ist aufgrund ihres Bildungs- und Erziehungsauftrages verpflichtet, bei dieser Aufgabe mitzuwirken.

Während sich die Sexualerziehung im Elternhaus in einer privaten Sphäre vollzieht, steht sie in der Schule im Rahmen einer öffentlich-rechtlichen Ordnung. Das bedeutet, daß Sexualerziehung in der Schule andere Voraussetzungen und Formen als im Elternhaus hat, obwohl sie das gleiche Ziel anstrebt.

In der Schule sollen Schülerinnen und Schüler zu den Fragen der menschlichen Sexualität ein sachlich begründetes Wissen erwerben. Dieses Wissen soll es ihnen ermöglichen, auf diesem Gebiet Zusammenhänge zu verstehen, sich angemessen sprachlich auszudrücken und sich ein Urteil – auch über schwierige und ungewöhnliche Erscheinungen – zu bilden.

Sexualerziehung in der Schule soll dazu beitragen, daß die jungen Menschen ihre Aufgabe als Mann oder Frau erkennen, ihr Wertempfinden und Gewissen entwickeln und die Notwendigkeit der sittlichen Entscheidung einsehen. In dieser Zielsetzung begegnen sich die Bemühungen der Schule mit entsprechenden Bemühungen der Kirchen, Religions- und Weltanschauungsgemeinschaften und anderer Erziehungsgemeinschaften und -institutionen.

Erziehung zu verantwortlichem geschlechtlichen Verhalten und zum Bewußtsein der Verantwortung, in die der einzelne in bezug auf sich selbst, den Partner, die Familie und die Gesellschaft gestellt ist, ist Aufgabe der Schule während der ganzen Schulzeit.

II. Durchführung

1. Grundlagen

Sexualerziehung in der Schule muß wissenschaftlich fundiert und methodisch durchdacht sein.

Die Behandlung sexueller Phänomene und Probleme in der Schule geschieht in der Regel so, daß der Sachverhalt zur Sprache gebracht und erläutert wird; audio-visuelle Hilfsmittel können zur Unterstützung herangezogen werden. Der Unterricht über sexuelle Fragen soll sich nicht auf den Lehrervortrag beschränken. Dem Gespräch mit den Schülern kommt besondere Bedeutung zu. Es muß getragen sein vom Verständnis für die Situation des jungen Menschen und von der Achtung vor seiner Person. Schülerfragen sollen sachlich und altersgemäß beantwortet werden.

Während sich die Sexualerziehung im Elternhaus als individuelle Erziehung vollzieht, handelt es sich in der Schule in der Regel um Erziehung in der Klassengemeinschaft oder in Gruppen. Diese Erziehung kann erst zur vollen Wirkung kommen, wenn sie auf der individuellen Erziehung aufbaut, sie fortsetzt und ergänzt. Zusammenarbeit von Elternhaus und Schule auf dem Gebiet der Sexualerziehung ist deshalb notwendig.

Um die Sexualerziehung in Elternhaus und Schule aufeinander abzustimmen, soll den Eltern Gelegenheit gegeben werden, ihre Erfahrungen und Fragen in Elternversammlungen zu diskutieren. Sie sollen rechtzeitig darüber informiert werden, welche

Richtlinien zur Sexualerziehung in der Schule gelten und welche Themen in den Lehrplänen vorgesehen sind; sie haben dann die Möglichkeit, diese Fragen schon vorher mit ihren Kindern zu besprechen.

2. Unterrichtsziele

Bis zum Ende des ersten Schuljahres sollen alle Kinder den Unterschied der Geschlechter kennen und über die Tatsachen der Mutterschaft Bescheid wissen.

Während der ersten sechs Schuljahre sollen die Kinder über die biologischen Grundtatsachen der Fortpflanzung des Menschen (Zeugung, Schwangerschaft, Geburt), über die körperlichen und seelischen Veränderungen während der Pubertät sowie über Menstruation und Pollution unterrichtet werden.

Auf Gefahren, die durch »Kinderfreunde« drohen, müssen die Schüler der ersten Jahrgänge immer wieder hingewiesen werden. Bis zum Ende des neunten oder zehnten Schuljahres sollen im Unterricht – unter Vermeidung enzyklopädischer Zielsetzung – behandelt werden:

- Zeugung, Schwangerschaft und Geburt beim Menschen, geschlechtliche Probleme der Heranwachsenden (z. B. Verhalten der Geschlechter zueinander, verfrühte Sexualbetätigung, Masturbation),
- soziale und rechtliche Grundlagen des Geschlechts- und Familienlebens (z. B. Verlöbnis, Ehe, Familie, Rechte und Pflichten der Eltern, Rechte des ehelichen und des unehelichen Kindes), sozialethische Probleme der menschlichen Sexualität sowie strafrechtliche Bestimmungen zum Schutz der Jugend und über sexuelle Vergehen (z. B. Empfängnisverhütung, Promiskuität, Prostitution, Homosexualität, Vergewaltigung, Abtreibung, Kuppelei, Verbreiten von Geschlechtskrankheiten, Triebverbrechen).

Bis zum Ende des dreizehnten Schuljahres und in den berufsbildenden Schulen sollen die oben genannten Themen vertieft behandelt werden, insbesondere die ethischen, rechtlichen und sozialen Probleme der menschlichen Sexualität unter Einschluß abnormer Formen menschlichen Sexualverhaltens. Die problematischen und negativen Erscheinungen menschlichen Sexualverhaltens sollen nicht in den Vordergrund gestellt werden. Die Schule muß aber bemüht sein zu verhindern, daß junge Menschen während oder nach ihrer Schulzeit in ihrem geschlechtlichen Verhalten aus bloßer Unwissenheit falsche Wege gehen« (Beiler 1971: 8–12).

(Nachfolgend werden im KMK-Beschluss noch die Beiträge der verschiedenen Unterrichtsfächer und Hilfen für die Lehrkräfte thematisiert.)

Die 1967 gegründete *Bundeszentrale für gesundheitliche Aufklärung (BZgA)* reflektiert die Bedeutung des KMK-Beschlusses für die Entwicklungen in der BRD und Westberlin wie folgt:

»Damit wurde Sexualerziehung erstmals von amtlicher Seite aus dem Zwielicht der Verdrängung und dem Ambiente der Lustfeindlichkeit geholt. Die Empfehlungen zeigten größere didaktische Zusammenhänge auf und verwiesen die Sexualerziehung als eine Aufgabe sowohl an Elternhaus als auch an Schule. Die schulische Sexualerziehung übertrugen sie nicht nur einem Unterrichtsfach, etwa der Biologie oder der Religion [...]. Die Kultusminister waren mit begründeten Argumenten der Meinung, ›die Erziehung zu verantwortlichem geschlechtlichen Verhalten‹ müsse allseitig pädagogisch verankert, eben als fachübergreifendes Unterrichtsprinzip wahrgenommen werden. Damit wurde kein Fach aus der Verantwortung entlassen, sich mit spezifischen Beiträgen an der Persönlichkeitsbildung von Kindern und Jugendlichen zu beteiligen« (BZgA 2004: 9).

Nachdem die Bundesgesundheitsministerin Käte Strobel (1907–1996) im Jahr 1969 das erste Schulbuch zur Sexualerziehung vorstellte – den *Sexualkunde-Atlas* (BZgA 1969) – und im Kontext der konkreten Implementierungsschritte in den Bundesländern, spitzten sich die gesellschaftlichen Aushandlungen noch einmal zu (BZgA 2004: 9; vgl. ausführlich: Heyn 2022). Juristische Auseinandersetzungen zur Klärung des Verhältnisses zwischen schulischer und elterlicher Sexualerziehung zogen sich bis Ende der 1970er Jahre hin. Das Bundesverfassungsgericht urteilte 1977, »dass die Schule unabhängig von den Eltern eigene Erziehungsziele verfolgen dürfe, da der allgemeine Erziehungsauftrag der Schule dem Recht der Eltern nicht nach-, sondern gleichgeordnet« ist (BZgA 2004: 10; vgl. Maskus 1984). 1979 entschied das Bundesverwaltungsgericht, »dass Sexualerziehung für verschiedene Wertauffassungen offen zu sein habe und auf die Verschiedenartigkeit der religiös-weltanschaulichen Einstellungen Rücksicht nehmen solle« (ebd.). Die damit gelegten Prämissen wirken fort und bilden den Rahmen heutiger schulischer Sexualerziehung, auch wenn im Jahr 2002 der KMK-Beschluss aus dem Jahr 1968 aufgehoben wurde. Die KMK sah keinen Anlass zur Aktualisierung, da mittlerweile die direkte Umsetzung der schulischen Sexualerziehung in den Bundesländern spezifisch erfolge (BZgA 2004: 10).

Die Jahre 1967 und 1968 wirkten in der Bundesrepublik als Katalysator für die Entwicklung von Materialien und für Reflexionen zur schulischen Sexualerziehung und der Sexualpädagogik allgemein. Die Publikationen zielten nun nicht mehr »nur« auf Eltern und Erzieher*innen, sondern explizit auch auf die Schule und dort tätige Fachkräfte. Übersichten über die zahlreichen Veröffentlichungen zu Ende der 1960er und der beginnenden 1970er Jahre liefern die Bibliografien Topfmeier (1965), Oesterreich (1967), PZ (1968) und Herbst & Kerscher (1978). Erste pädagogische Umsetzungen des KMK-Beschlusses sind mit den Publikationen von Ruthe (Hg., 1970) und Beiler (1971) zugänglich (vgl. auch Glombek 1984). Die Publikationen gingen dabei das Themenfeld Sexualität in einer neuen Offenheit an und zielten nicht mehr nur auf eine »Belehrung« oder »Unterweisung« ab (vgl. auch: Sager 2015). Gleichwohl blieben sie den gesellschaftlichen Normvorstellungen (etwa gegen Empfängnisverhütung und gegen Homosexualität) in größerem

Maß verhaftet, was durch eine alternative, progressiv-liberale Aufklärungsliteratur, die oft große Auflagen erfuhr, zum Teil ausgeglichen wurde. Solche neuartige Ratgeber-Literatur erschien speziell für die Zielgruppe Kinder und Jugendliche. Allen voran sind hier *Sexfront* (Amendt 1970) und *Das kleine rote Schülerbuch* (Hansen & Jensen 1971 [1969]) zu nennen, wobei Letzteres vielfältige Hinweise für den Schulalltag bereithielt, dabei auch offen und ausführlich auf Sexualität einging. Mehr noch als in der institutionellen bundesrepublikanischen Entwicklung, zeigt sich in den verbreiteten, alternativen Aufklärungsbüchern eine Offenheit hinsichtlich Homosexualität und auch in Bezug auf Empfängnisverhütung (u. a. Amendt 1970; Amendt 1979; Hansen & Jensen 1971 [1969]).

Neuartig sind in den Publikationen nicht nur die Themen, die von einem positiven Sexualitätsverständnis geprägt sind, sondern auch die Formen bildlicher Auseinandersetzung. Schematische Darstellungen der Genitalien *(vgl. exemplarisch Abb. 1)* werden nun zunehmend von genaueren Zeichnungen und von fotografischen Abbildungen abgelöst.

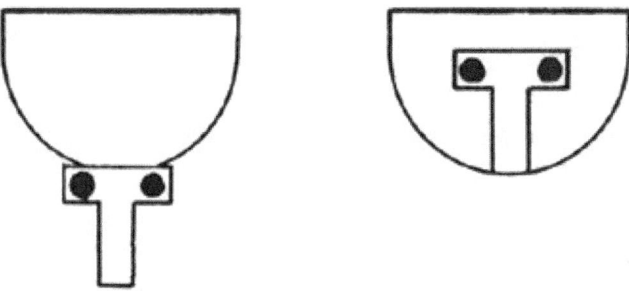

Abb. 1: Eine ausgewählte schematische Darstellung männlichen (links) und weiblichen Genitals (rechts). Quelle: Pro Juventute o. J.; vgl. auch Katzenberger 1984: 58.

Ziel neuer Formen der Illustration ist es, auch für Kinder und Jugendliche eine geeignete Anschaulichkeit zu erreichen, um auch über ästhetische Fotografien einen positiven Umgang mit der eigenen Körperlichkeit zu finden. Das wird etwa bei der *Sexfibel* (Jacobi et al. 1974 [1972]) deutlich, die bewusst offen Nacktdarstellungen von Kindern einsetzt, die von leicht verständlicher Sprache begleitet werden. Dasselbe gilt für die Bildmappe für den Sexualkundeunterricht *Sexualität des Menschen* (Kattmann & McBride 1971). Die neue Offenheit für Nacktdarstellungen geht auch in Aufklärungsfilme ein, wobei über entsprechende Filmpassagen oft mit der Filmzensur der *Freiwilligen Selbstkontrolle der Filmwirtschaft* verhandelt werden muss. Allen voran ist hier *Helga – Vom Werden des menschlichen Lebens* zu nennen, ein Aufklärungsfilm, der 1967 im Auftrag des Bundesministeriums für Gesundheit von der gerade gegründeten BZgA hergestellt wurde. Aufgrund der genauen Darstellung des Geburtsvorgangs wurde er, trotz genitaler Detailaufnahmen, bis weit in konservative Kontexte hinein gelobt (vgl. Heyn 2022). Bei den Filmen von Oswalt Kolle (1928–2010), die, angefangen mit *Das Wunder der Liebe* (1968), in den Jahren 1968 bis 1972 erschienen und guten Erfolg zeigten, waren hingegen einige »Kniffe« und Aushandlungen mit der Filmzensur erforderlich (vgl. Heyn 2022). Wegen ihrer breiten Wirkung ebenfalls erwähnenswert ist die »Schulfunk«-Sendereihe zur Sexualerziehung des WDR, aus deren Programm das neue, grundlegend positive Grundverständnis zur Sexualität deutlich wird, das auch den KMK-Beschluss prägt. Zwischen Januar und Juli 1970 wurden in der Reihe des WDR die folgenden Sendungen zur Sexualerziehung teils mehrfach ausgestrahlt:

- *Was geschieht mit mir?*
- *Man muß darüber reden*
- *Sexualität – eine neue Welt*
- *Zärtlichkeit und Liebe*
- *Sexuelles Verhalten*
- *Begegnungen in der Gruppe*
- *Der Freund – die Freundin*
- *Freundschaft und sexuelle Wünsche*

+ *Und die Eltern?*
+ *Was erwarten wir denn von der Ehe?* (WDR 1970).

Der Band *Zeig Mal!* und seine von Helmut Kentler verfasste Einleitung

Ist bei der *Sexfibel* (Jacobi et al. 1974 [1972]) und bei der Bildmappe für den Sexualkundeunterricht *Sexualität des Menschen* (Kattmann & McBride 1971) ersichtlich, dass Kinder und Jugendliche angesprochen sind, so stellt sich das beim Band *Zeig Mal!* (McBride & Fleischauer-Hardt 1974) anders dar. Hier beschreibt Helmut Kentler in dem einführenden Aufsatz nuanciert Berichte von Erwachsenen, wie Kleinkinder »unbefangen« deren Genitalien stimuliert haben. Kentler betont die Motivation der Kinder, nicht die Verantwortung der Erwachsenen, zudem in einer nur für Erwachsene zugänglichen Sprachwahl, die er andernorts nicht für erforderlich hält (so ist etwa seine Dissertation populär gut zugänglich geschrieben: Kentler 1981 [1975]). Durch Kentlers Einleitung verliert das Buch *Zeig Mal!* die von Will McBride und Helga Fleischauer-Hardt beabsichtigte Richtung,[11] anschauliches Aufklärungsbuch für Kinder zu sein. Dass

---

11 Dass McBride (und wahrscheinlich Fleischauer-Hardt) eine andere Positionierung als Kentler einnehmen, deutet sich im von Martin Goldstein und Will McBride publizierten, ebenfalls bebilderten *Lexikon der Sexualität* (1970) an. Dort wird unter dem Stichwort »Päderastie« deutlich auf sexualisierte Gewalt verwiesen: »Päderastie: Geschlechtliche Beziehung zwischen einem erwachsenen Mann und einem männlichen Jugendlichen. Päderastie gilt als sexueller Mißbrauch und wird strafrechtlich verfolgt. In der Antike war Päderastie die anerkannte Form eines dauernden Erziehungsverhältnisses« (Goldstein & McBride 1970: 163). Auch in Interviews für Zeitungen betonen die Herausgeber*innen die Intention von *Zeig Mal!*, Aufklärung für Kinder leisten zu sollen (etwa SZ 1997; SZ 2006). Christin Sager übergeht in ihrer Analyse des Bandes *Zeig Mal!* die Einleitung Kentlers weitgehend und sieht das Buch insgesamt als auf Kinder orientiert an (Sager 2015: 154-166, 174-183).

Kentler selbst Erwachsene adressiert, wird dabei einerseits aus der voraussetzungsvollen Sprache deutlich, andererseits aus den die Einleitung beschließenden politischen Postulaten (Kentler 1974: 11).

Es wäre ein grobes Missverständnis, Kentler ein positives Verständnis von Sexualität zuzurechnen, wie es in die Sexualpädagogik – und punktuell in die schulische Sexualerziehung – Einzug gehalten hat, wie es auch heute noch bisweilen im sexualwissenschaftlichen und -pädagogischen Kontext geschieht (exemplarisch Koch 2013 [2008]: 31–34; Nentwig 2021: 121). Eine solche fälschlich hohe Bewertung des sexualpädagogischen Wirkens Kentlers resultiert insbesondere daraus, dass das Streiten und die Schriften der Schüler*innenbewegung zur Sexualpädagogik noch weitgehend unerforscht sind: In den entsprechenden Untersuchungen wird die Schüler*innenbewegung zumeist nur beiläufig erwähnt (etwa Scarbath 1978; Koch 2013 [2008]; Sager 2015; Nentwig 2021; Heyn 2022) oder als Vorfeldorganisation der Student*innenbewegung vernachlässigt. Die intensiv geführte Debatte um die *Bienenkorb-Gazette* ist selbst in vorzüglichen Untersuchungen wie der von Teresa Nentwig (2021) und der von Marcus Heyn (2022) gar nicht erwähnt. Entsprechend entgeht dem sexualwissenschaftlichen und sexualpädagogischen Diskurs bislang weitgehend, dass die Postulate, die Kentler zu einer »emanzipatorischen« bzw. »nicht-repressiven Sexualerziehung« trifft, in der Auseinandersetzung um die Fragebogenerhebung der *Bienenkorb-Gazette* und in der *Resolution zur Sexualerziehung* des AUSS vorweggenommen sind,[12] eine breite Fülle an Autor*innen, Filmemacher*innen sowie Aktivist*innen schlossen daran an, Kentler ist hier nur eine Person unter vielen und

---

12 Schon bei Hirschfeld & Bohm (1930) zeigen sich viele der Punkte, auf sie beziehen sich die Arbeiten der Schüler*innenbewegung und insgesamt der 1960er und 70er Jahre der BRD und Westberlin – nach jetzigem Kenntnisstand – aber nicht.

setzt nichts Wesentliches hinzu, er hatte aber einige prominente Auftrittsmöglichkeiten (vgl. Göttinger Institut für Demokratieforschung 2016: 17–31). Bei vollständiger Würdigung der damaligen intensiven gesellschaftlichen Aushandlungen zum Themenfeld schulischer Sexualerziehung und Sexualpädagogik – mit ihren vielfältigen medialen und publizistischen Beiträgen – wird deutlich, dass Kentlers theoretische Leistung dazu äußerst übersichtlich ist (insbesondere Kentler 1969 [1967]; Kentler 1981 [1975]). Und es zeigt sich bei einer Sichtung der zeitgenössischen Arbeiten, dass Kentler kritische und differenzierte sexualwissenschaftliche und -pädagogische Publikationen seiner Zeit (etwa Grassel 1967; Ruthe (Hg.) 1970; Beiler 1971) nicht gewürdigt hat, andere hat er gekannt und vernachlässigt.

Es ist wichtig, dass die Person Helmut Kentler mittlerweile kritisch eingeordnet wird (Göttinger Institut für Demokratieforschung 2016; Nentwig 2021; vgl. Baader 2018). Nun ist es Zeit, darüber hinauszugehen und gründliche historische Untersuchungen etwa zu den sexualpädagogischen Ansätzen in der Schüler*innenbewegung und zur *Bienenkorb-Gazette* durchzuführen, ebenso zu den daraus folgenden Aushandlungen. So sind etwa die Biografien von Christa Appel und Zlila Drory noch unerforscht – das Wirken von Frauen wird leider oft übersehen, nicht nur hier. Es deutet sich aber an, wie weitreichend die Folgen ihrer Fragebogenerhebung und Artikel waren, wenn man bedenkt, dass Appel »Wäschekörbe voller Post« bekam und »monatelang in ganz Deutschland zu Interviews unterwegs« war (FR 2018).

Entwicklungen in der DDR

Für die sexualpädagogischen Arbeiten der DDR sind zunächst die Reflexionen des sowjetischen Pädagogen Anton Semjonowitsch Makarenko (1888–1939) zu Kollektiverziehung bestimmend. Sie orientieren auf Gewaltfreiheit und auf Konfliktlösungen, die im Kollektiv bzw. Team gefunden werden, wobei Erwachsene als Leitbilder für Kinder und Jugendliche fungieren. In den frühen sexualpädagogischen Arbeiten sind jeweils entsprechende Bezüge auf Makarenko zu finden (Bretschneider 1957; Neubert 1957b; Borrmann 1962), wobei sich Borrmann dafür ausspricht, sexualpädagogische Fragen im Modell der Kollektiverziehung zu stärken. Die entsprechenden Überlegungen zielen auch auf den schulischen Kontext. Er wird, gemeinsam mit elterlicher Erziehung, als ein wesentlicher Bestandteil betrachtet, die Gesamtpersönlichkeit junger Menschen – einschließlich des Sexuellen – zu entwickeln. Rolf Borrmann schreibt:

>»Die großen erzieherischen Potenzen des Kollektivs werden dabei in allen Phasen der Kollektiventwicklung wirksam. Der Einfluß des Erziehenden vervielfältigt sich, die Mitglieder des Kollektivs wachsen im Verlaufe der kritischen und selbstkritischen Auseinandersetzung, ein System sittlicher Werte bildet sich ebenso heraus wie differenzierte sittliche Gefühle, Überzeugungen und Gewohnheiten, die das sittliche Handeln der Person auch im sexuellen Bereich bestimmen und sozialistisch gestalten« (Borrmann 1962: 19).

Dass schulische Sexualerziehung erforderlich ist, ist in der Deutschen Demokratischen Republik von Anfang an unstrittig – Aushandlungen wie in der Bundesrepublik und in Westberlin waren nicht erforderlich. Dabei sind auch früh Sexualität bejahende Positionen im Blick, etwa wenn Borrmann Wladimir Iljitsch Lenin (1870–1924) mit den Worten zitiert »Der Kommunismus soll nicht Askese bringen, sondern Lebensfreude, Lebenskraft, auch durch erfülltes Liebesleben« (Lenin, nach Borrmann 1962: 145). Gleichzeitig sind auch in der DDR, ähnlich wie in der BRD und Westberlin, Vorstellungen von einer vermeintlich »anständigen« und »normalen« Sexualität an der Tagesordnung. Diese Vorstellungen werden in der DDR in Abgrenzung zum Kapitalismus entwickelt: Es gehe um einen »Kampf[.] gegen alle Überreste der kapitalistischen Unmoral im Denken, Fühlen und Handeln der Menschen«, wie Rolf Borrmann im Anschluss an Ausführungen des Staatsratsvorsitzenden Walter Ulbricht (1893–1973) erläutert (Borrmann 1962: 18). Beim *11. Plenum des Zentralkomitees der SED* (1965), bei dem insgesamt für die Jugend- und Kulturpolitik weitreichende Beschränkungen beschlossen wurden (vgl. Sauerteig 2019: 230–236), führte der spätere Regierungschef Erich Honecker (1912–1994) – der zehn Jahre NS-Zuchthaus überlebt hatte – im Hinblick auf Sexualität aus:

> »Unsere DDR ist ein sauberer Staat. In ihr gibt es unverrückbare Maßstäbe der Ethik und Moral, für Anstand und gute Sitte. Unsere Partei tritt entschieden gegen die von den Imperialisten betriebene Propaganda der Unmoral auf [...]. Es häuften sich in letzter Zeit auch in Sendungen des Fernsehfunks, in Filmen und Zeitschriften antihumanistische Darstellungen. Brutalitäten werden geschildert, das menschliche Handeln auf sexuelle Triebhaftigkeit reduziert. Den Erscheinungen der amerikanischen Unmoral und Dekadenz wird nicht offen entgegengetreten. Das gilt besonders für den Bereich der heiteren Muse und der Unterhaltung, für einzelne literarische Arbeiten und leider auch für viele Sendungen im ›DT 64‹« (Honecker, nach: Grassel 1967 [1964]: S. 141; vgl. auch Sauerteig 2019: 235).

An Feststellungen im Hinblick auf eine Entfremdung der Menschen von ihren eigentlichen Bedürfnissen, wie sie in der bürgerlichen bzw. kapitalistischen Gesellschaft stattfinde, werden Überlegungen angeschlossen, wie auch in Bezug auf das Sexuelle, durch eine positive, Sexualität bejahende Sexualerziehung, Kinder und Jugendliche gefördert werden könnten. Die Umsetzung erfolgt früh und wird kontinuierlich fortentwickelt: In den ersten einheitlichen Lehrplänen in der Sowjetischen Besatzungszone wird das Thema »Fortpflanzung und ontogenetische Entwicklung des Menschen« im Fach Biologie der 11. Klassenstufe verankert, 1951 wird die Thematisierung in die 10. Klasse, im Zuge der ersten DDR-Schulreform (*Gesetz über die sozialistische Entwicklung des Schulwesens*) 1959 in die 9. Klasse und im Zuge der zweiten Schulreform (*Gesetz über das einheitliche sozialistische Bildungssystem*) 1965 in die 8. Klasse vorverlagert (BZgA 1995: 24). Seit Ende der 1950er Jahre wird von Fachleuten die Bedeutung der Schule und der Lehrkräfte im Hinblick auf Sexualpädagogik betont (etwa Neubert 1957b; Weise 1957; Borrmann 1962), und es ziehen moderne Lehr- und Lernformen ein, etwa das Andocken von Lehrinhalten zur Sexualerziehung in den Klassenstufen 1 bis 4 an Lehrinhalte zur Gleichstellung der Geschlechter (Klasse 1: »Internationale[r] Frauentag und die Bedeutung der Frau«, Klasse 4: »Kampf der Frauen um ihre Gleichberechtigung« [ebd.: 126f.]).

Heinz Grassel (1967 [1964]) wendet sich umfassend der Bedeutung von Elternhaus, Schule und weiteren »Miterziehern« (wie Presse, Funk und Film) zu. In einer eigenen Erhebung stellt er fest, dass 63,1 % der befragten Schüler*innen (n = 531) von spezifischen Inhalten der Sexualaufklärung in der Schule erreicht würden, allerdings erst in der 9., 10. oder 11. Klasse und damit »zu spät« (Grassel 1967 [1964]: 180–182). Grassel schlägt entsprechend Unterrichtseinheiten schon für die 1. Schulklasse vor, die er im Schulversuch erfolgreich erprobt hat, wobei er auf ähnlich positive Erfahrungen von Brigitte Ockel in Frankfurt/Main verweist (ebd.: 186f; vgl. Ockel 1962). Ein umfassendes Programm für die kontinuierliche und interdisziplinäre Integration von Sexualerziehung in den Unterricht liegt in der DDR mit Kurt Bachs Veröffentlichung *Geschlechtserziehung in der sozialistischen Oberschule* (Bach 1974 [1973]; vgl. Stumpe 2020: 303f.) vor. Bach führt, ganz ähnlich wie Beiler (1971) in der BRD und Westberlin, ein Sexualität bejahendes fächerübergreifendes Programm der Sexualerziehung ab der 1. Schulklasse – mit Beispielen für die unterschiedlichen Schulfächer von Musik bis Mathematik – nuanciert aus. Es schließen sich weitere Reflexionen zum Umsetzungsstand an, die auch Verbesserungen in der praktischen schulischen Umsetzung konstatieren (vgl. Grassel & Bach 1979: 202; vgl. BZgA 1995: 26–32). Die Prinzipien, denen die Sexualerziehung – auch die schulische – folgen sollte, legt Grassel im Nachschlagewerk *Sexuologie* dar (Grassel 1978b):

- Prinzip des Vertrauens (im Sinne: Vertrauen als Basis der Sexualerziehung)
- Prinzip der Entwicklungsmäßigkeit (alters- und entwicklungsangepasste Inhalte und Methode)
- Prinzip der aktiven Vorbereitung und Immunisierung (nicht auf Fragen des Kindes warten, sondern auch vorbereitend einwirken)
- Prinzip der Wahrhaftigkeit (kein Verschweigen, Verdunkeln, Ausweichen)
- Prinzip der Klarheit (kindgemäße, verständliche Darstellung tatsächlicher Abläufe)
- Prinzip der Kontinuität und Wiederholung (Sexualerziehung soll kontinuierlich erfolgen, nicht nur in größeren Abständen)
- Prinzip der personalen Einbettung (Einbeziehung der Eltern)
- Prinzip der Versachlichung und der Normalisierung (übliche Formen der Unterrichtsgestaltung, wie sie auch für andere Themen genutzt werden, sollten gewählt werden)
- Prinzip der Kollektivverankerung (der gesellschaftlichen Verflochtenheit des Themas und der jeweiligen »Jugendgruppenbezogenheit« soll Rechnung getragen werden)
- Prinzip der Weckung der Eigenverantwortung (Verantwortung des Kindes, Jugendlichen im Hinblick auf die Gestaltung der Beziehungen zu anderen stärken)
- Prinzip der »Sauberkeit« (Klarheit und Wahrheit begünstigen, dass sich auch Jugendliche »angemessen« im Themenfeld Sexualität äußern)
- Prinzip der Einheit von Tatsachenvermittlung und Wertübermittlung (Vermittlung von Fakten sollte mit der Vermittlung von Werten sozialistischer Moral verbunden sein)
- Prinzip der Ästhetisierung (Kultivierung) (Sexualerziehung, um dem Jugendlichen die ästhetische Gestaltung von Beziehungen, Partnerbeziehungen zu ermöglichen) (vgl. Grassel 1978b: 66–71).

Neben Publikationen, die auf die wissenschaftliche und institutionelle Fortentwicklung der schulischen Sexualerziehung im Besonderen und der Sexualpädagogik allgemein zielen, findet sich reichlich Aufklärungsliteratur. Auch in ihr wird deutlich, dass die Erziehung und Entwicklung des Sexuellen Bestandteil der Entwicklung der Gesamtpersönlichkeit ist. Neben den verbreiteten Ratgebern *Was sag ich meinem Kinde?* (1955), *Woher kommen die Kinder?* (1955), *Das neue Ehebuch* (1957) und *Die Geschlechterfrage* (1956) von Rudolf Neubert erschien früh der von Wolfgang Bretschneider verfasste Ratgeber *Sexuell aufklären: rechtzeitig und richtig* (1957), der wie Neuberts Ratgeber sechsstellige Auflagenhöhen erreichte. Bretschneider erläutert darin die Notwendigkeit von Sexualpädagogik, einerseits, um Kinder und Jugendliche vor sexualisierter Gewalt und Geschlechtskrankheiten zu schützen, andererseits, um eine glückliche Ehe zu ermöglichen. Aufgaben kämen dabei sowohl dem Elternhaus als auch der Schule – hier etwa dem Literatur- und Geschichtsunterricht – zu (Bretschneider 1957: 21). Die Sexualpädagogik solle schon früh im Kindesalter einsetzen, wobei das Kind und die*der Jugendliche in der Entwicklung begleitet werden sollten, weder kindliche Onanie, noch »Doktorspiele«, noch Selbstbefriedigung im Jugendalter seien als problematisch anzusehen (ebd.: 72f.). Sowohl vorehelichen Sex (ebd.: 139ff.) als auch Petting (ebd.: 154) sieht Bretschneider kritisch, Abbrüche unerwünschter Schwangerschaften seien gefahrvoll und sollten durch eine wirksame Empfängnisverhütung reduziert werden (ebd.: 167ff.; vgl. Sauerteig 2019: 231).

Auch Heinrich Brückner (*1928) trägt in der DDR einerseits zur Reflexion der Sexualerziehung bei (Brückner 1968), andererseits gehen auf ihn zentrale Aufklärungsschriften für Kinder und Jugendliche und auch für Eltern zurück, die bis zum Ende der DDR bedeutsam waren und auch teilweise ins »Westdeutsche« (ein Vergleich der Auflagen ist durchaus lohnend und erheiternd) übersetzt werden. Bedeutsam sind von Brückner: *Bevor ein Kind geboren wird* (Brückner 1966) und *Denkst du denn schon an Liebe?* (Brückner 1976). Das dritte wichtige Aufklärungsbuch in der zweiten Hälfte der Zeit der DDR – *Mann und Frau intim: Fragen des gesunden und gestörten Geschlechtslebens*, von Siegfried Schnabl (1927–2015) – erschien erstmals 1969 und erfuhr ebenfalls bis zum Ende der DDR ständig neue Auflagen (vgl. Stumpe 2020: 303–307).

Da Publikationen in der DDR in größerem Maß einen institutionellen Charakter trugen und Möglichkeiten für alternative oder »graue« Literatur begrenzt waren, sind die – im Vergleich zu zeitgleich erfolgten institutionellen Veröffentlichungen in der BRD und Westberlin, etwa dem Beschluss der KMK aus dem Jahr 1968 – frühen und positiven Thematisierungen von Homosexualität bemerkenswert. Das zeigt sich schon in Schnabls *Mann und Frau intim*. Das dortige Kapitel *Die Homosexualität des Mannes und der Frau*, das bereits in der Ausgabe aus dem Jahr 1969 enthalten ist, erweist sich als Beitrag zur Akzeptanzförderung, der sich an die heterosexuelle Mehrheit richtet, gleichzeitig darauf verweist, dass noch deutlich mehr Menschen gleichgeschlechtliche sexuelle Erfahrungen gemacht haben (Schnabl 1969: 322–330). Das Aufklärungsbuch von Heinrich Brückner *Denkst du denn schon an Liebe?*, das in der DDR quasi alle Jugendlichen seit Mitte der 1970er Jahren erhielten, adressiert hingegen explizit homosexuelle Jugendliche. Darin heißt es fast schon »zärtlich« unter anderem:

»...lesbische Liebe. So eine Frau verliebt sich nicht in einen Mann, sondern nur in eine andere Frau. Sie umwirbt ihre Partnerin mit Aufmerksamkeiten, Geschenken und Zärtlichkeiten, wie das viele Männer ihren Frauen gegenüber kaum fertigbringen. Finden sich zwei Frauen auf dieser Ebene, so haben sie die gleiche Sehnsucht, füreinander dazusein, beieinander zu weilen und schließlich ihre Liebe durch Küssen, Streicheln oder Umarmen auch körperlich auszudrücken, wie andere Verliebte auch. [...] Das über lesbische Partnerbeziehung Gesagte gilt sinngemäß in gleicher Weise für homosexuelle Männer. Auch sie erleben glückliche Bereicherung und Vertiefung ihres Daseins durch ihren geliebten gleichgeschlechtlichen Partner und kommen sich innerlich sehr nahe. Über allgemeine intime Zärtlichkeiten hinaus finden sie mit gegenseitiger Reizung der Geschlechtsorgane oder durch Einführen des Penis in den Enddarm des Partners (Analverkehr) ihre Möglichkeiten, die gemeinschaftsbildende Funktion der Sexualität zu nutzen, sich durch gegenseitiges Nehmen und Geben zu befriedigen und glücklich zu machen. So gesehen gibt es im Liebesleben keine Gegensätze zwischen Homosexuellen und Heterosexuellen« (Brückner 1986 [1976]: 201).[13]

Schulische Sexualpädagogik heute

Mittlerweile gibt es, in Kontinuität und stetiger Fortentwicklung, für den schulischen Bereich Rahmenpläne zur Sexualerziehung (vgl. BZgA 2004; Sexalog 2022). Auch in den Rahmen- und Orientierungsplänen der Bundesländer für den vorschulischen Bereich werden mittlerweile relevante Fragen zu Körperwissen, Geschlechtlichkeit, Selbstbild, Gefühlen, Privatsphäre/Intimität/Grenzen und altersgemäßes Wissen über Fortpflanzung oft explizit aufgegriffen (vgl. Denz 2016).

Kinder und Jugendliche werden in größerem Maß durch die entsprechenden Angebote erreicht, wie die detaillierten Ergebnisse der Studie *PARTNER 5 Jugendsexualität* (Weller et al. 2021) zeigen: 97 % der Jugendlichen berichten nun von Sexualaufklärung in der Schule, 72 % hatten mehrfach entsprechende Angebote. Zwei Drittel der Befragten haben darüber hinaus an Aufklärungsprojekten mit schulexternen Expert*innen teilgenommen (29 % mehrfach). Die Jugendlichen aus den neuen Bundesländern haben häufiger solche Aufklärungsprojekte externer Expert*innen erlebt (64 %) als die aus den alten Bundesländern (46 %) (vgl. Abb. 2). Die Studien zur *Jugendsexualität* der BZgA kommen in Bezug auf die Reichweite schulischer Sexualaufklärung zu vergleichbaren Befunden – 95 % (West) und 94 % (Ost) würden von Sexualaufklärung in der Schule profitieren (BZgA 2015: 34).

---

13 Hier zitiert nach der Ausgabe 1986; die Intention ist in der Ausgabe 1976 dieselbe, wird aber noch gestärkt.

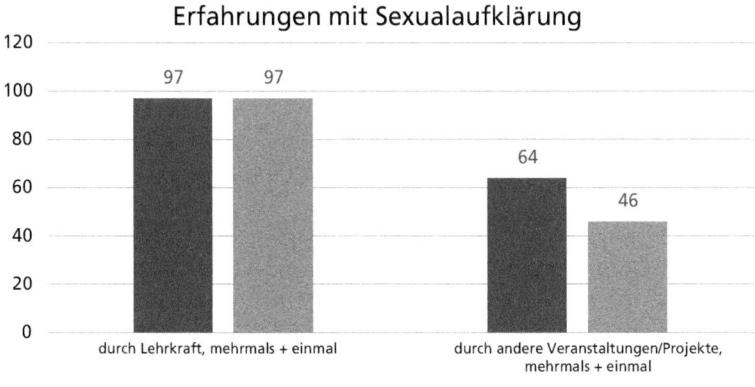

Abb. 2: »Erfahrungen mit Sexualaufklärung«, Ergebnisse der Studie PARTNER 5 Jugendsexualität, Angaben in Prozent (n = 760) (Weller et al. 2021)

Als Themen der schulischen Sexualaufklärung werden von den befragten Jugendlichen dabei weiterhin »traditionelle« Aufklärungsthemen wie pubertäre Entwicklung, Prävention unerwünschter Schwangerschaft und von sexuell übertragbaren Krankheiten berichtet. Nur etwa die Hälfte der Befragten erhielten Informationen zu sexualisierter Gewalt sowie zu sexueller und geschlechtlicher Vielfalt. Am seltensten angesprochen wurden Themen wie Sexualität in den Medien und Pornografie (vgl. Abb. 3). Ein umfassender Erziehungsauftrag in Bezug auf Sexualität scheint entsprechend schulisch noch nicht abgesichert zu sein. Vielmehr zeigt sich eine inhaltlich auf wenige Aspekte des Sexuellen begrenzte Sachinformation. Sie kann auch nur punktuell an weitergehende Reflexionen von Lehrkräften zu persönlicher Haltung und Einrichtungskultur im Hinblick auf sexuelle Themen anknüpfen, da – wie die Studie *SeBiLe: Sexuelle Bildung für das Lehramt* zeigte – lediglich 20 % der Lehrkräfte Inhalte zur Sexualpädagogik/Sexuellen Bildung in Studium oder Referendariat hatten, lediglich 9 % wurden von Angeboten zur Prävention von sexualisierter Gewalt erreicht (vgl. Urban et al. 2022). Auch Angebote in Fort- und Weiterbildung sind (noch) rar, sodass Lehrkräfte Unsicherheiten im Themenfeld Sexualität angeben (ebd.).

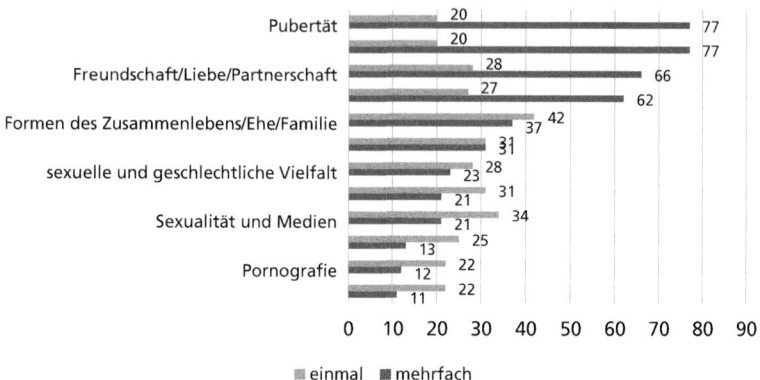

Abb. 3: »Themen der Sexualaufklärung«, Ergebnisse der Studie PARTNER 5 Jugendsexualität, Angaben in Prozent (n = 739) (Weller et al. 2021)

Aus Sicht der Jugendlichen kommt möglicherweise auch durch die inhaltliche Begrenzung der Informationen der schulischen Aufklärung und dem damit verbundenen Wissenserwerb eine eher geringe Bedeutung zu. Die relevantesten Informationsquellen sind für sie verschiedene Internetformate und dort vor allem Youtuber*innen bzw. Influencer*innen, darüber hinaus die Peergroup-Kommunikation (vgl. Abb. 4). Das Internet ist für alle Geschlechter primäre Informationsquelle, geschlechtsspezifische Unterschiede gibt es bei der Nutzung der verschiedenen Formate. Während Mädchen vor allem Videoplattformen, Social Media und Beratungsseiten nutzen, spielen für Jungen auch Pornoseiten eine große Rolle (vgl. Abb. 4). Die aktuelle Welle der Studien zur *Jugendsexualität* (BZgA 2020) kommt auch hier zu vergleichbaren Befunden (vgl. Abb. 5). Diese Jugendsexualitäts-Studien unterscheiden deutlicher nach (aufklärenden) Personen – und fragen, davon abgelöst, nach Formaten. Bei den »Personen« wird in Bezug auf die Mädchen noch deutlicher die Rolle der Mutter hinsichtlich der Sexualaufklärung betont. In Bezug auf die Formate – allerdings mit insbesondere auf biologische Vorgänge fokussierter Fragestellung – verweisen die befragten Jugendlichen auch auf die Bedeutung der Schule. So gaben auf die Frage »Woher stammen Ihre Kenntnisse über Sexualität, Fortpflanzung, Empfängnisverhütung usw.?« (BZgA 2020) gleichermaßen 69 % der männlichen und weiblichen Befragten den Schulunterricht an, 72 % der Mädchen und 64 % der Jungen allgemein Gespräche und 56 % der Mädchen und 62 % der Jungen allgemein das Internet; Jugendzeitschriften, Aufklärungsbroschüren und Vorträge folgen mit deutlichem Abstand (ebd.).

Wenn auch die gesellschaftlichen Debatten um Sexualerziehung und Sexualpädagogik in der Schule und die Implementierung dieser in den Unterricht als Katalysator für eine positive gesellschaftliche Grundhaltung gegenüber sexuellen Fragen und auch gegenüber den Bildungsbedarfen von Kindern und Jugendlichen gesehen werden können, ist doch die Professionalisierung im schulischen Bereich weiterhin unzureichend – besonders im Hinblick auf die interdisziplinäre Verankerung des Themenfeldes Sexualität und die grundständige Vorbereitung aller Fachkräfte.

Die gesellschaftlichen Aushandlungen führten allerdings zu einem Medien- und Materialpool, der insbesondere für ältere Kinder und für Jugendliche vielfältige das Sexuelle betreffende Informationen ermöglicht. Insbesondere Angebote des Internets werden nun zur selbständigen Information genutzt. Bedeutsam sind einerseits – personalisiert – Influencer*innen, andererseits Informations-, Wissens- und auch Pornoseiten. (Auch daraus erwächst pädagogischer Begleitbedarf, gerade was die Entwicklung von Medienkompetenz betrifft.) Darüber hinaus bleiben die – analoge und digitale – Kommunikation mit Freund*innen, die partnerschaftliche Kommunikation und Ansprechbarkeit der Eltern (insbesondere der Mutter) bedeutsam.

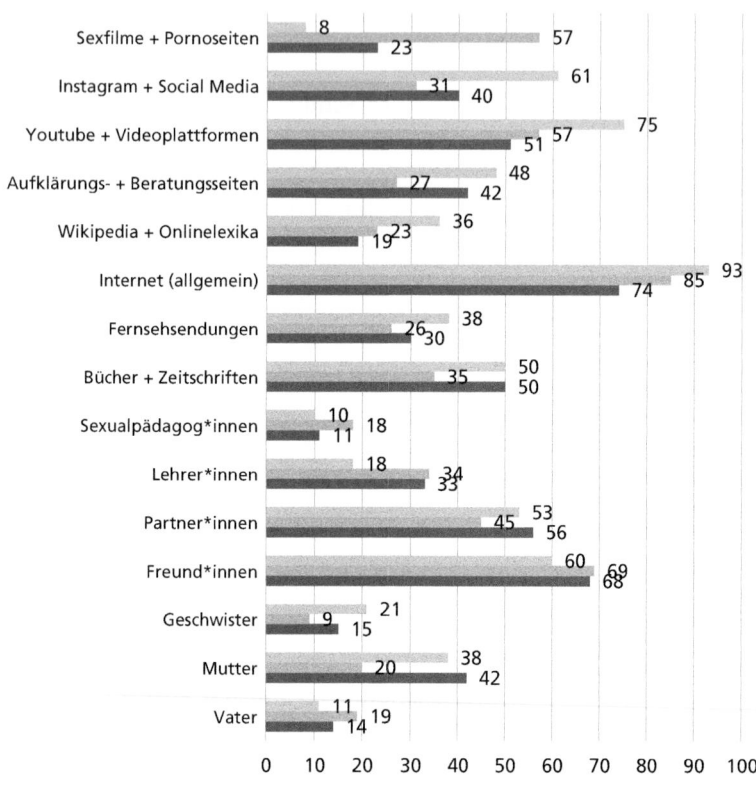

Informationsangebote, die zum Wissen über Sexualität beigetragen haben

Abb. 4: »Informationsangebote, die zum Wissen über Sexualität beigetragen haben«, Ergebnisse der Studie PARTNER 5 Jugendsexualität, Angaben in Prozent (n = 770) (Weller et al. 2021)

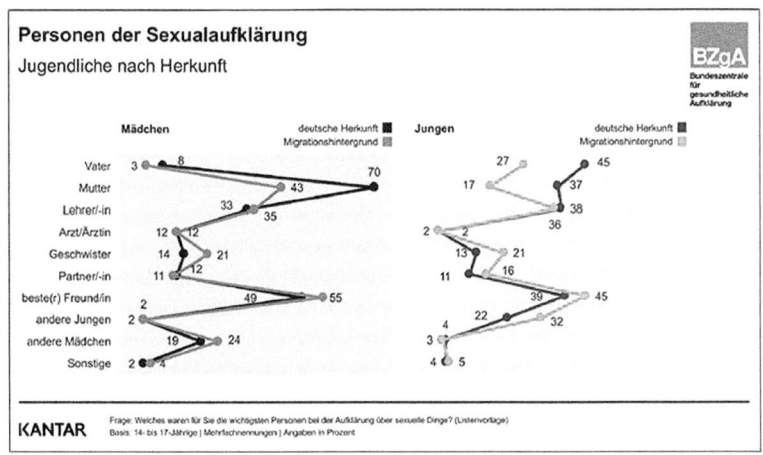

Abb. 5: »Personen der Sexualaufklärung«, Ergebnisse der Studie der BZgA zur Jugendsexualität, Angaben in Prozent (n = 3.556) (BZgA 2020)

Die Angaben der Jugendlichen zu den genutzten Informationsangeboten für ihren Wissenserwerb im sexuellen Bereich weisen dabei auch auf die Notwendigkeit verschiedener sexualpädagogischer Formate und auf eine erforderliche »Arbeitsteilung« hin:

* Eine sachgerechte und bedürfnisgemäße Ausgestaltung schulischer und vorschulischer sexualpädagogischer Angebote ist notwendig.

* Ebenso ist die Bereitstellung individuell zugänglicher analoger und zunehmend digitaler Inhalte bedeutsam, die wiederum durch pädagogische Begleitangebote von Sexualpädagog*innen und weiteren Fachkräften (etwa in spezifischen Einrichtungen der Kinder- und Jugendhilfe) ergänzt werden können.

* Darüber hinaus ist weiterhin ein aufgeklärtes Elternhaus relevant.

* Welche Inhalte vermittelt werden und ob jeweils auch Sexualität bejahende Inhalte eine angemessene Rolle spielen, dafür ist – weiterhin – die breite gesellschaftliche Aushandlung bedeutsam.

6

Die heutige Sexualpädagogik und ihre rechtlichen und psychosexuellen Grundlagen

Ausgehend von den rechtlichen Grundlagen, auf deren Basis heute Sexualpädagogik in Institutionen stattfindet, und ausgehend von Reflexionen zur psychosexuellen Entwicklung, werden im Folgenden praxisnah die sexualpädagogischen Inhalte für Kinder und Jugendliche der unterschiedlichen Altersstufen vorgestellt. Dabei werden, ebenfalls praxisnah, Hinweise für Fachkräfte gegeben.

Prämissen der Sexualpädagogik und die BZgA als zuständige Bundesbehörde

Im Zusammenhang mit der Ablösung repressiv ausgerichteter Sexualpädagogik und der »Austarierungen« um eine gute und bedürfnisgerechte Ausgestaltung sexualpädagogischer Angebote sowie der Aufgabenteilung zwischen Elternhaus und Schule seit den ausgehenden 1960er Jahren haben sich *Prämissen der Sexualpädagogik* herausgebildet, die in der Bundesrepublik übergreifend Bestand haben, auch wenn sich punktuelle Aktualisierungen ergeben. Neuerungen betreffen etwa die Betonung geschlechtlicher und sexueller Selbstbestimmung im Kontext von Vielfalt und die beginnende Reflexion und kritische Auseinandersetzung mit bisherigen stereotypen Zuschreibungen an Personen of Color.

Klar ist nun, dass es um eine positive »Erziehung zur Liebesfähigkeit« gehen soll und nicht nur um die »›Aufklärung‹ über Sexualorgane« und schematische physische und psychische »sexuelle Abläufe« (Furian 1978: 14). Als Ergebnis der kontroversen Aushandlungen der 1960er und 1970er Jahre fasst Martin Furian (1978) die Zielsetzung von Sexualpädagogik in den Begriffen seiner Zeit zusammen. Sexualpädagogik ziele auf:

* »Informiertheit über den Körper, seine sexuellen Funktionen und deren Beeinflußbarkeit
* Kenntnis und Bejahung der Triebansprüche
* Fähigkeit zu gefühlmäßigem Erleben
* Vertrauensfähigkeit
* Respekt vor der Freiheit des anderen
* Verantwortungsbereitschaft
* Fähigkeit zur Rationalität in der Liebesbeziehung
* Entscheidungsfähigkeit unter Abwägung aller Ansprüche
* Handlungsbereitschaft und -fähigkeit
* Ausdrucksfähigkeit auch auf sexuellem Gebiet« (Furian 1978).

Ganz ähnlich erläutert die *BZgA* in ihrem *Rahmenkonzept zur Sexualaufklärung* aus dem Jahr 2016 (BZgA 2016 [1994]) die Prämissen, die heute für die institutionell organisierte Sexualpädagogik – Vorschule, Schule, bereitgestellte Materialien für die jeweilige Zielgruppe selbst, für Eltern und Fachkräfte – gelten sollen. Die BZgA ist seit dem Schwangerschaftskonfliktgesetz aus dem Jahr 1992, zuletzt geändert im Jahr 2019, die *zuständige Bundesbehörde* und damit beauftragt, »unter Beteiligung der Länder und in Zusammenarbeit mit Vertretern der Familienberatungseinrichtungen aller Träger zum Zwecke der gesundheitlichen Vorsorge und der Vermeidung und Lösung von Schwangerschaftskonflikten« sowohl Konzepte als auch Materialien zur Sexualaufklärung bzw. Sexualerziehung zu entwickeln (SchKG 2022). Diese sollten jeweils an die entsprechende Alters- und Personengruppe angepasst sein und kostenfrei zur Verfügung gestellt werden (ebd.). Als Zielsetzung hält die BZgA fest:

> »Sexualaufklärung im weiteren Sinne beinhaltet neben Informationen über biologische Fakten und Verhütungsmethoden auch die unterstützende Begleitung und Kompetenzförderung bei der Entwicklung von Einstellungen zur und Verhaltensweisen in der Sexualität.
> Sexualaufklärung ist eingebettet in ein komplexes Netz von unterschiedlichen individuellen und gesellschaftlichen Normen und Wertvorstellungen.
> Ganzheitliche Sexualaufklärung muss Menschen emotional erreichen und dabei unterschiedliche Beziehungsaspekte, Lebenssituationen, Lebensstile, Werthaltungen und ethische Zusammenhänge beachten.
> Handlungskonzepte zur Sexualaufklärung, basierend auf den international anerkannten Menschenrechten und dem Grundgesetz, müssen diese Vielfalt von Einstellungen, Verhaltensmöglichkeiten und Lebensstilen mit einbeziehen, um letztlich auf der persönlichen, individuellen Ebene dauerhaft gesundheitsfördernd zu wirken.
> Sexualaufklärung kann nur gelingen, wenn Sexualität als integraler Bestandteil von Gesundheit betrachtet wird.« (BZgA 2016)

Im Sinne der gesundheitlichen Vorsorge und zur Vermeidung von Schwangerschaftskonflikten sieht die BZgA (2016) im Hinblick auf die institutionell organisierte Sexualpädagogik die folgenden Aufträge:

Bereitstellung von Informationen über:

◆ körperliche Vorgänge im Zusammenhang mit Sexualität, individuelle Sexualentwicklung,
◆ Identitätsfindung, Geschlechterrollen, Partnersuche und Partnerschaft, gesundheitlich positive Auswirkungen und Ausgestaltung erfüllter Sexualität,
◆ Schwangerschaft und vorgeburtliches Leben, unterschiedliche sexuelle Lebensstile/Lebensentwürfe,
◆ sachgerechte Anwendung von Verhütungsmitteln,
◆ Übertragungswege und Risiken von sexuell übertragbaren Infektionen (STI),
◆ sexuelle und reproduktive Gesundheit und Rechte,
◆ Akzeptanz unterschiedlicher Lebensstile/Lebensentwürfe (BZgA 2016: 10-12).

Damit beabsichtigt die BZgA bei den Zielgruppen die *Kompetenzförderung* in Bezug auf:

◆ Entwicklung von Kommunikations- und Handlungsmöglichkeiten in den Bereichen Partnerschaft, Familienplanung, Sexualität und Verhütung, Schutz vor sexuell übertragbaren Infektionen,
◆ Förderung eines gesunden Körper- und Selbstwertgefühls sowie Gestaltung von Nähe und Distanz,
◆ Entwicklung von Wahrnehmungs-, Reflexions- und Konfliktfähigkeit, vor allem als Grundlage zur Prävention von sexualisierter Gewalt,
◆ Entwicklung von Kommunikationsfähigkeit über Verhütung und Kinderwunsch innerhalb der Partnerschaft,
◆ Entwicklung von Konflikt- und Handlungsfähigkeit bei der Auseinandersetzung mit möglichen Folgen von sexuellen Interaktionen,
◆ Auseinandersetzung mit der Elternrolle (Mutter-, Vaterrolle) auch durch Thematisierung der Ambivalenzen, d. h. sowohl der positiven als auch der negativen Aspekte des Eltern-, Mutter-,

Vater-Seins als Hilfe zur Erarbeitung eines eigenen Standpunktes (ebd.).

Weitere Angebote zielen gemäß SchKG und dem *Rahmenkonzept zur Sexualaufklärung* auf die Lösung von Schwangerschaftskonflikten (SchKG 2022; BZgA 2016). Dem Auftrag gemäß hat die BZgA inzwischen vielfältige Broschüren, Homepages, Projekte und weitere Materialien entwickelt, die sowohl auf Kinder und Jugendliche selbst zielen und für sie altersgemäße Informationen bereitstellen als auch Eltern und Fachkräfte im Blick haben. Ganz im Sinne einer Bundesbehörde ist die BZgA dabei eine Instanz, die sich am jeweiligen gesicherten wissenschaftlichen Sachstand und am Stand der gesellschaftlichen Entwicklung orientiert. Entsprechend ist von ihr »gesichertes« und gesellschaftlich weitgehend akzeptiertes Wissen zu erwarten. Hingegen müssen gesellschaftliche Neuerungen – etwa im Hinblick auf die geschlechtliche Selbstbestimmung von trans- und intergeschlechtlichen sowie geschlechtlich nicht-binären Personen und zu einer intersektionalen und interkulturellen Sexualpädagogik – erst ausreichend reifen und werden an anderer Stelle entwickelt und etabliert, bevor sie in die Unterlagen der BZgA eingehen können. Entsprechend wirkt die BZgA auch im Sinne einer institutionellen Qualitäts- und einer gesellschaftlichen Akzeptanzsicherung.

Weitere relevante rechtliche Grundlagen für sexualpädagogische Angebote

Im Jahr 1992 hat die Bundesrepublik Deutschland nicht nur das SchKG verabschiedet und im Zusammenhang damit die BZgA mit Bildungs- und Beratungsaufgaben betraut. Im selben Jahr hat die Bundesrepublik auch die *UN-Konvention über die Rechte des Kindes* (UN-Kinderrechtskonvention, UN-KRK), die im Jahr 1989 von der

UN-Vollversammlung verabschiedet worden war, ratifiziert. Das geschah damals noch unter Vorbehalt, da Deutschland dem Ausländerrecht – insbesondere der Anwendung von Abschiebehaft auch gegen Kinder und Jugendliche – noch Vorrang gegenüber der Kinderrechtskonvention einräumte. Der Vorbehalt wurde im Jahr 2010 zurückgenommen, so dass nun der Artikel 3 Absatz 1 der UN-Kinderrechtskonvention auch in der Bundesrepublik vorbehaltlos für alle Kinder und Jugendlichen gilt:

>»Bei allen Maßnahmen, die Kinder betreffen, gleichviel ob sie von öffentlichen oder privaten Einrichtungen der sozialen Fürsorge, Gerichten, Verwaltungsbehörden oder Gesetzgebungsorganen getroffen werden, ist das Wohl des Kindes ein Gesichtspunkt, der vorrangig zu berücksichtigen ist« (UN-KRK Art. 3 Abs. 1).

Die UN-Kinderrechtskonvention gilt für alle Personen bis zum vollendeten 18. Lebensjahr. Neben Artikel 3 sind die folgenden Artikel der UN-Kinderrechtskonvention im Zusammenhang mit Sexualpädagogik besonders relevant. Die Vertragsstaaten garantieren

- ein Diskriminierungsverbot (auch hinsichtlich des Geschlechts) (Artikel 2),
- die größtmögliche Unterstützung für das Überleben und die Entwicklung des Kindes (Artikel 6),
- die Meinung des Kindes angemessen und entsprechend seinem Alter und seiner Reife zu berücksichtigen (Artikel 12),
- das Recht auf Meinungs- und Informationsfreiheit (Artikel 13),
- das Kind vor jeder Form körperlicher oder psychischer Gewalt, einschließlich des sexuellen Missbrauchs, zu schützen (Artikel 19),
- die Förderung geistig oder körperlich behinderter Kinder, damit sie ein erfülltes, menschenwürdiges und möglichst selbständiges Leben führen und an der Gemeinschaft teilnehmen können (Artikel 23),
- die Gesundheitsvorsorge, die Elternberatung sowie die Aufklärung und die Dienste auf dem Gebiet der Familienplanung auszubauen (Artikel 24),

- dass Schule und Bildung darauf gerichtet sein sollen, die Persönlichkeit, die Begabung und die geistigen und körperlichen Fähigkeiten des Kindes voll zur Entfaltung zu bringen *(Artikel 29)*,
- das Kind vor allen Formen sexueller Ausbeutung und sexuellen Missbrauchs zu schützen *(Artikel 34)*.

Insbesondere die Artikel zur umfassenden Bildung, zum Schutz des Kindes und des*der Jugendlichen vor (sexualisierter) Gewalt und zur Bereitstellung von Angeboten zu Aufklärung und Familienplanung sichern eine altersgemäße Sexualpädagogik ab. So ist die Beauftragung der BZgA durch das SchKG im Zusammenhang mit der Ratifizierung der UN-KRK zu sehen – und ein Schritt zu ihrer Umsetzung. Gleichzeitig scheint über die UN-KRK der Bedarf auf, auch vorschulische und schulische sexualpädagogische Angebote möglichst diskriminierungsfrei zu entwickeln.

Als ein erster zentraler Schritt zur Umsetzung der UN-KRK fand von 2005 bis 2010 der *Nationale Aktionsplan»Für ein kindergerechtes Deutschland«* statt, der auf die Verbesserung der Lebensbedingungen von Kindern und Jugendlichen gemäß der Kinderrechtskonvention zielte. In diesem Zusammenhang wurden Gesetze angepasst bzw. fortentwickelt – insbesondere in Bezug auf das SGB VIII: das *Kinder- und Jugendhilfeweiterentwicklungsgesetz* aus dem Jahr 2005 zielte darauf, die Zusammenarbeit verschiedener Stellen (Jugendamt, Familiengericht, Polizei, Einrichtungen der Gesundheitshilfe) beim Jugendschutz zu verbessern; das *Bundeskinderschutzgesetz* aus dem Jahr 2012 orientiert auf die Verbesserung der Zusammenarbeit der beteiligten Akteure im Kinderschutz, mit einem Schwerpunkt auf frühe Hilfen für Kinder (Familienhebammen, Regelung zum Hausbesuch etc.). 2021 wurde das *Gesetz zur Stärkung von Kindern und Jugendlichen (KJSG)* erlassen. Es fördert die Partizipationsmöglichkeiten von Kindern und Jugendlichen und bezieht nun explizit den Abbau von Benachteiligungen und die Förderung in Bezug auf transidente, nichtbinäre und intergeschlechtliche junge Menschen ein.

Fallen beim Durchgang der verschiedenen Artikel der UN-KRK zwar noch deutliche Lücken in Bezug auf die Umsetzung in Deutschland auf – etwa im Hinblick auf die Mitbestimmung von Kindern und Jugendlichen, ihre angemessene ökonomische Absicherung sowie die gleichberechtigte Teilhabe von Kindern und Jugendlichen mit eigenen Fluchterfahrungen oder aus Familien mit Migrationsgeschichte –, so wird doch deutlich, dass inzwischen auch hierzulande in größerem Maße Regelungen getroffen werden, um Kinder zu schützen und ihre Entwicklung zu fördern. Gleichzeitig ist augenfällig, wie zeitlich spät solche Regelungen kommen – und das obwohl schon lange im *Grundgesetz* Festlegungen bestehen, die unter anderem die freie Entfaltung der Persönlichkeit (Artikel 2), körperliche Unversehrtheit (Artikel 2), geschlechtliche Gleichberechtigung und Diskriminierungsfreiheit (Artikel 3) garantieren. Auch diese Regelungen der deutschen Verfassung sichern den Rahmen für sexualpädagogische Angebote.

Weitere Regelungen sind für die verschiedenen Einrichtungsarten spezifisch. Für Kindertagesstätten (Kitas) und Einrichtungen der Kinder- und Jugendhilfe ist das *Sozialgesetzbuch, Achtes Buch, Kinder- und Jugendhilfe (SGB VIII)* »Richtschnur«. Es regelt unter anderem die Jugend- und Schulsozialarbeit (§ 11ff.), Maßnahmen zur Förderung der Erziehung in der Familie (§ 16ff.), die Förderung von Kindern in Tageseinrichtungen und in Kindertagespflege (§ 22ff.), Hilfen und Förderung für behinderte Kinder und Jugendliche (§ 27ff.) und den Schutz von Kindern und Jugendlichen (§ 42ff.). Damit ist es auch für sexualpädagogische Angebote der entsprechenden Einrichtungen und deren Zusammenarbeit mit den Eltern bedeutsam. Die Relevanz des Gesetzes wird bereits aus § 1 des SGB VIII ersichtlich. Dort heißt es in Absatz 1: »Jeder junge Mensch hat ein Recht auf Förderung seiner Entwicklung und auf Erziehung zu einer selbstbestimmten, eigenverantwortlichen und gemeinschaftsfähigen Persönlichkeit.« Im Absatz 3 sind die Aufträge der Kinder- und Jugendhilfe genauer ausgeführt:

»Jugendhilfe soll zur Verwirklichung des Rechts nach Absatz 1 insbesondere (1.) junge Menschen in ihrer individuellen und sozialen Entwicklung fördern und dazu beitragen, Benachteiligungen zu vermeiden oder abzubauen, (2.) jungen Menschen ermöglichen oder erleichtern, entsprechend ihrem Alter und ihrer individuellen Fähigkeiten in allen sie betreffenden Lebensbereichen selbstbestimmt zu interagieren und damit gleichberechtigt am Leben in der Gesellschaft teilhaben zu können, (3.) Eltern und andere Erziehungsberechtigte bei der Erziehung beraten und unterstützen, (4.) Kinder und Jugendliche vor Gefahren für ihr Wohl schützen, (5.) dazu beitragen, positive Lebensbedingungen für junge Menschen und ihre Familien sowie eine kinder- und familienfreundliche Umwelt zu erhalten oder zu schaffen.«

In § 9 sind die Grundrichtungen der Erziehung festgelegt und werden – durch den expliziten Einbezug transidenter, nichtbinärer und intergeschlechtlicher junger Menschen – auch Aktualisierungen deutlich. So gilt es, in Angeboten »die wachsende Fähigkeit und das wachsende Bedürfnis des Kindes oder des Jugendlichen zu selbständigem, verantwortungsbewusstem Handeln sowie die jeweiligen besonderen sozialen und kulturellen Bedürfnisse und Eigenarten junger Menschen und ihrer Familien« (§9, Absatz 2) und »die unterschiedlichen Lebenslagen von Mädchen, Jungen sowie transidenten, nichtbinären und intergeschlechtlichen jungen Menschen zu berücksichtigen, Benachteiligungen abzubauen und die Gleichberechtigung der Geschlechter zu fördern« (§ 9, Absatz 3).

Für *Kitas* etwa wird der sexualpädagogische Bildungs- und Erziehungsauftrag präzisiert, indem festgelegt wird, dass sie »die Entwicklung des Kindes zu einer selbstbestimmten, eigenverantwortlichen und gemeinschaftsfähigen Persönlichkeit fördern« sollen (§ 22, Absatz 2, Satz 1). Dabei umfasst der Förderungsauftrag »Erziehung, Bildung und Betreuung des Kindes und bezieht sich auf die soziale, emotionale, körperliche und geistige Entwicklung des Kindes. Er schließt die Vermittlung orientierender Werte und Regeln ein. Die Förderung soll sich am Alter und Entwicklungsstand, den sprachlichen und sonstigen Fähigkeiten, der Lebenssituation sowie den Interessen und Bedürfnissen des einzelnen Kindes orientieren und seine ethnische Herkunft berücksichtigen« (§ 22, Absatz 3)

Der *schulische Kontext* wurde bereits ausführlich beleuchtet. Seit den *Empfehlungen der Kultusministerkonferenz im Jahr 1968*, den *Entscheidungen des Bundesverfassungsgerichts (1977)* und des *Bundesverwaltungsgerichts (1979)* sowie nach dem Zusammenschluss der deutschen Staaten sind mittlerweile in allen Bundesländern Richtlinien und Lehrpläne zur Sexualerziehung erlassen worden, die kontinuierlich fortentwickelt werden, so dass – zumindest auf der theoretischen Ebene – mittlerweile oft in gutem Maß der Vielfalt sexueller Orientierung Rechnung getragen wird. Entwicklungen zur Förderung geschlechtlicher Selbstbestimmung, bei Berücksichtigung von Trans*- und Intergeschlechtlichkeit sowie geschlechtlicher Non-Binarität, die in Bezug auf die Kinder- und Jugendhilfe bereits in Umsetzung sind, werden in den Bundesländern hingegen mit unterschiedlicher Geschwindigkeit vorangetrieben.

Zur psychosexuellen Entwicklung: Unterscheidung von Kinder- und Erwachsenensexualität

Zur Frage der Sexualität von Kindern und der sexuellen Entwicklung insgesamt gibt es inzwischen einige sehr gute Handreichungen. Neben den Aufklärungsbroschüren der BZgA und der zuständigen landesspezifischen Institutionen[14] sind zwei aktuelle Buchpublikationen besonders empfehlenswert: das Buch *Sexualität* von Ilka Quindeau (2014) und der von ihr und Micha Brumlik herausgegebene Band *Kindliche Sexualität* (2012). Die Bücher sind geeignet, einen Einblick in die Ansätze zur Beurteilung von kindlicher Sexualität, auch mit Blick auf verschiedene Handlungsfelder,

---

14 Empfehlenswert nicht nur für Eltern, sondern auch für Fachkräfte sind etwa die BZgA-Broschüren *Liebevoll begleiten, Über Sexualität reden… Zwischen Einschulung und Pubertät, Über Sexualität reden… Die Zeit der Pubertät.* Sie sind online verfügbar auf http://www.bzga.de (Zugriff: 28.2.2022).

zu gewinnen, um konkrete Fragestellungen formulieren zu können, die Kindersexualität – und Kinder insgesamt – ernst nehmen.

Kern sexualwissenschaftlicher Betrachtungen zur sexuellen Entwicklung ist die Unterscheidung des *homologen* und des *heterologen Modells zur psychosexuellen Entwicklung*: Gunter Schmidt arbeitet die zentralen Kennzeichen prägnant heraus:

>»Die Vertreter des homologen Modells betonen strukturelle Ähnlichkeiten von Kinder- und Erwachsenensexualität, sehen vor allem quantitative Unterschiede, interessieren sich für die erwachsenentypischen, para-adulten Formen kindlicher Sexualität als Vorformen späterer Sexualität und erforschen entsprechend sexuelle Reaktionen (Erektion, Erregung, Orgasmus), sexuelle Verhaltensweisen (Masturbation, sexuelle Handlungen mit anderen), aber auch psychosexuelle Phänomene (Phantasie, sexuelle Attraktion) und soziosexuelle Aspekte (Verlieben, Schwärmen) von Kindern.
>[...] Die Vertreter der heterologen Sicht [...] bestehen dagegen auf der Besonderheit und auf der strukturellen wie qualitativen Unterschiedlichkeit der infantilen Sexualität. Sie sei polymorph sinnlich, ziemlich unersättlich und durchlaufe quasi naturhaft vorgezeichnete Phasen von den oralen Lüsten (Hautkontakt, Reizung der Mundschleimhaut, Lutschen, Saugen, Verschlingen, Zerbeißen) über die analen Lüste (Reizung der Analschleimhaut, Maximierung des Gewinns aus Zurückhalten und Loslassen) bis zu den phallischen Lüsten genitaler Stimulation« (Schmidt 2012: 62).

Die heterologe Sicht prägt die heutige sexualwissenschaftliche Perspektive ganz wesentlich. Sie geht auf Sigmund Freud zurück, der »die Berechtigung, diese Formen der Sinnlichkeit ›sexuell‹ zu nennen, [...] aus der Annahme [nimmt], dass sie energetisch aus der gleichen Quelle wie die spätere Sexualität gespeist werden: vom Sexualtrieb, der Libido« (ebd.). Mit den Beiträgen von Ilka Quindeau (Quindeau 2012; Quindeau 2014) können Interessierte tiefer in zentrale Perspektiven von Freuds Konzept und in Fragen zur sexuellen Entwicklung einsteigen. Relevant an dieser Stelle ist es, die *Differenzen von kindlicher Sexualität und Erwachsenensexualität* im Blick zu haben. Sie sind in der *Tabelle 3* dargestellt.

Tab. 3: Vergleich von Kinder- und Erwachsenensexualität, orientiert an: LZG o. J.

Kennzeichen von kindlicher Sexualität	Kennzeichen von Erwachsenensexualität
• spontan, neugierig, spielerisch; • unbefangen; • auf das eigene Wohlergehen orientiert: Kuscheln, Schmusen, Wunsch nach Nähe, Geborgenheit und Vertrauen; • Erleben des Körpers mit allen Sinnen; • Neugier- und Erkundungsverhalten, zum Beispiel im Zusammenhang mit »Doktorspielen«	• Zielgerichtet, an Erotik und erlernten Normen und Werten orientiert, verbunden mit eigenen Identitätsvorstellungen; • befangen; • genitale Sexualität ist zentral; Erregung und Befriedigung stehen im Mittelpunkt; • oft beziehungsorientiert; • positive und negative Aspekte von Sexualität können bewusst eine Rolle spielen

Kindliche Sexualität ist unbefangen und spielerisch. Sie ist von Neugierde geprägt und hat noch nicht die ganzen Sozialisationsprozesse hinsichtlich des Sexuellen durchlaufen. Erwachsenensexualität ist hingegen an gesellschaftlichen Normen, an Fragen sexueller Orientierung und geschlechtlicher Identität geschult, ist weitgehend genital zentriert und kann als »befangen« eingeordnet werden. Entsprechend wird hier bereits deutlich, dass ein Kind sexuelle Handlungen – im Sinne von Körpererkundungen etc. – aus anderer Motivation verfolgt als eine erwachsene Person Sexualität praktiziert. Da Eltern und Fachkräfte für die Beurteilung der Handlungen von Kindern oft ihre eigenen Perspektiven zugrunde legen, also kindliche Handlungen aus Sicht ihrer eigenen Erwachsenensexualität interpretieren, können Unsicherheiten auftreten. Daher ist es wichtig, die Unterscheidung zwischen Kinder- und Erwachsenensexualität klar vor Augen zu haben.

Interessant an der heterologen Perspektive ist, dass hier der *prozesshafte Charakter der psychosozialen Entwicklung* des Kindes im Mittelpunkt steht. Orale Stimuli, die unter anderem mit der Aufnahme von Nahrung über die Milchflasche oder das Saugen an der milchgebenden elterlichen Brust beziehungsweise mit Reizungen der Mundschleimhaut verbunden sind, wobei sich für das Kind durch das »Gehaltenwerden« in dieser Situation weitere Nähe ergibt, führten der heterologen Sicht gemäß dazu, dass das Kind Zufriedenheit erlebe und das es Zufriedenheits- und Lustgefühl künftig im Saugen und Lutschen suche. Erregungs- und Lustempfinden entwickelten sich auch im Weiteren entlang der elementaren Grundbedürfnisse des Säuglings bzw. des Kindes. Anal bildeten sich »durch die Entleerung von Blase und Darm [...] erogene Zonen aus« (Quindeau 2014: 43). Erst später in der kindlichen Entwicklung würden auch die Genitalien als erogen erlebt und zu den zentralen erogenen Organen werden. Sigmund Freud entwickelte ein Phasenmodell der sexuellen Entwicklung, das wie folgt kurz umrissen werden kann:

+ *Orale Phase (1. Lebenshalbjahr):* Die Mundregion ist das primäre Bezugsorgan, insbesondere weil das Saugen an Brust oder Flasche als angenehm erfahren wird. Säuglinge und Kleinkinder verbringen in der Regel viel Zeit damit, am Daumen oder Zehen zu lutschen. Dabei kommt es zu Lustgefühlen.
+ *Narzisstische Phase (2. Lebenshalbjahr):* Das Kind entdeckt den eigenen Körper, auch die Genitalien und entwickelt dabei Lustgefühle.
+ *Anale Phase (2. bis 3. Lebenshalbjahr):* Lust wird durch das Ausscheiden und Zurückhalten der Exkremente erlebt. Es kommt zu einem spannungsvollen Zustand zwischen Hingabe und Zurückhalten. Erste Kontrollmechanismen werden eingeübt und Anpassungen an gesellschaftliche Erfordernisse vollzogen.
+ *Phallische Phase (4. bis 5. Lebenshalbjahr):* Die Genitalien werden zu erogenen Zonen. Gesellschaftliche Anforderungen an Geschlecht werden eingeübt.
+ *Latenzphase (ab 6. bis 8./10. Lebenshalbjahr):* Scheinbare Unterbrechung der sexuellen Entwicklung: Sexuelle Regungen werden abgewehrt und verdrängt. Spielkamerad*innen werden im Kontext des Erlernten oft gleichgeschlechtlich gesucht.

◆ *Genitale Phase (8./10. Lebenshalbjahr – Vorpubertät – Pubertät):* oft vermehrte Hinwendung zu genitaler Sexualität. Ab etwa dem 11. Lebensjahr Einsetzen der Vorpubertät mit körperlichen Veränderungen, ab etwa dem 13. Lebensjahr Einsetzen der Pubertät mit Menstruation, Ejakulation; die Pubertät selbst ist oft eine konfliktgeladene Phase, mit motorischer und innerer Unruhe.

In das angeführte Phasenmodell der sexuellen Entwicklung sind, wie zu erwarten ist, seit dem Erscheinen von Freuds *Drei Abhandlungen zur Sexualtheorie* (1905) Änderungen eingegangen. Unter anderem hatte Freud dem damaligen androzentrischen Zeitgeist gemäß vom »unkultivierte[n] Durchschnittsweib« (Freud 1972 [1905]) geschrieben, das auf einer infantilen Stufe verbleibe, und er hatte bei cisgeschlechtlichen Mädchen kein positiv besetztes Genital benannt, sondern insbesondere einen »Penisneid« feststellt, verbunden mit dem »wichtigen Wunsch [des Mädchens], auch ein Bub zu sein« (ebd., Kapitel 14). Unter anderem die Psychoanalytikerin Karen Horney, die »nicht die leidige frauenfeindliche Weiblichkeitstheorie Freuds nach[betete]«, kritisierte eine solche Vorstellung (vgl. fembio.org, Karen Horney; siehe auch Strauss & Röder 1983: Band II, S. 541). Sie hatte bei Kleinkindern vaginale Masturbation beobachtet und folgerte, dass auch die Vagina – bzw. vielmehr Vulva – als lustvoll anzunehmen sei (Horney 1951 [1939]). Darüber hinaus weist sie, stärker als Freud, auf die Bedeutung der Sozialisation hin. Horney wird der Gruppe der Neo-Psychoanalytiker*innen zugerechnet, die Freuds Beschreibungen des »Triebs« und der »Triebstruktur« als zu mechanisch und biologisch betrachteten und innerhalb der Psychoanalyse positive Perspektiven im Hinblick auf die Beziehungen und das Zusammenleben der Menschen gegenüber den als pessimistisch erachteten Vorstellungen eines »Todes- und Destruktionstriebs« stärken wollten.

Auch in Bezug auf sexuelle Orientierung gab es Kritik an Freuds Ausführungen. Er hatte angenommen, dass sich nach der sexuell offenen Phase in Kindheit und Jugend im Erwachsenenalter eine klare sexuelle Orientierung auf nur eines von zwei Geschlechter zeige – also Homo- oder Heterosexualität. Hier war früh Georg Groddeck anderer Auffassung. Er vertrat die Sichtweise,»daß Bisexualität die natürliche Form der Liebe« sei (Groddeck, nach: Wolff 1981 [engl. 1977]: 39]) und sie nicht nur in Kindheit und Adoleszenz die »normale« Sexualäußerung darstelle. In *Das Buch vom Es* (1923) schreibt Groddeck:

> »Der Mensch ist bisexuell sein Leben lang und bleibt es sein Leben lang, und höchstens erreicht dieses oder jenes Zeitalter als Konzession für eine modische Sittlichkeit hier und da, daß bei einem kleinen Teil – einem recht kleinen Teil – die Homosexualität verdrängt wird, womit sie aber nicht vernichtet, sondern nur eingeengt ist. Und ebensowenig wie es rein heterosexuelle Menschen gibt, ebensowenig gibt es rein homosexuelle...« (Groddeck, nach: Wolff 1981 [1977]: 42; vgl. Groddeck 2022 [1923]: Kapitel 27).

Hier scheinen noch deutlicher als in Freuds *Drei Abhandlungen zur Sexualtheorie* »Geschlechter- und Sexualitätsmischungen« auf, wie sie um 1900 in den verschiedenen wissenschaftlichen Disziplinen omnipräsent waren und wie sie etwa in der *Sexualerziehung* von Bohm und Hirschfeld (1930) für den pädagogischen Kontext dargestellt sind. Die Sexualwissenschaftlerin und Psychoanalytikerin Charlotte Wolff setzte an diese Theorien an und legte wegweisende Untersuchungen zu lesbischer Liebe und Bisexualität vor (vgl. fembio.org, Charlotte Wolff; siehe auch Strauss & Röder 1983: Band II, S. 1260).

Solche Anmerkungen sind in der obigen Skizze des Phasenmodells bereits berücksichtigt. Darüber hinaus ist bedeutsam, dass die Altersangaben im Phasenmodell der sexuellen Entwicklung nur ungefähre Angaben sind, da sich Entwicklung stets individuell und im Kontext der sozialen und der Lernumgebung vollzieht. Auch ist, wie Quindeau betont, »die Vorstellung von Stufen [...] missverständlich, denn die Lust- und Befriedigungsmodalitäten der Phasen lösen einander nicht ab, sondern bleiben lebenslang nebeneinander bestehen, wenn auch in unterschiedlicher Bedeutung und Intensität« (Quindeau 2014: 43).

Entsprechend dieser Sicht speist sich die Erwachsenensexualität aus Lust- und Erregungserfahrungen, die auf die Kindheit zurückgehen – das ist eine »zarte« Verbindungslinie zum oben beschriebenen homologen Modell der psychosexuellen Entwicklung. Aber auch bei dem kleinen Zugeständnis an die homologe Sicht bleibt die grundlegend heterologe Perspektive intakt: denn die kindlichen Regungen sind »sinnlich« und »unersättlich« und erfolgen »unbefangen« und »unspezifisch«, wenn sie auch vom jeweiligen Kind mit Blick auf das eigene Wohlbefinden mehr oder weniger intensiv gesucht werden (vgl. ebd.: 49).

Michel Foucaults Analyse, wie die Sexualität der Kinder bereits seit dem 18. Jahrhundert in der bürgerlichen Gesellschaft unter besondere Beobachtung gerät, bahnt den Weg zur zweiten Dimension der Ausprägung kindlicher Sexualität: Neben der zunächst auf sich selbst bezogenen mehr oder minder stattfindenden Lustbefriedigung steht gleichermaßen das *Erlernen von gesellschaftlichen Normen*, das sich auf die psychosexuelle Entwicklung, die Identitätsfindung, das Sexualwissen etc. auswirkt. Hierzu führt Anja Tervooren eindrücklich aus:

> »Sexuelle Sozialisation vollzieht sich lebenslang und Kindheit und Jugend sind besonders ›dichte Durchgangsstadien‹ des Erlernens von Sexualität. [...] Kinder erwerben ein sexuelles Körperwissen und entsprechende emotionale Strukturen zunächst im Kontext der Sozialbeziehungen ihres familialen Umfelds. Im Kontakt mit Erwachsenen und anderen Kindern entwickeln sie Interaktionsstile und Orientierungen, die sich auf geschlechtsangemessenes Verhalten, Fühlen und entsprechende Modelle des Begehrens beziehen« (Tervooren 2012: 178).

Dabei »büffeln« (Schmidt 2012: 65) Kinder und Jugendliche zum Beispiel die heterosexuelle Norm und das »Homosexualitätstabu«, das aus dem KMK-Beschluss von 1968 und der späten Abschaffung des § 175 im Jahr 1994 deutlich hervortritt und dementsprechend auch heute noch prägend ist. Daraus ergeben sich teilweise Mobbingstrukturen und für Kinder und Jugendliche ausweglos erscheinende Situationen (Kleiner 2020; Plöderl 2020). Ein Teil der Kinder und Jugendlichen lernt im Umgang mit Gleichaltrigen aber auch, mit Norm und Tabu ironisch-spielerisch umzugehen. Tervooren (2012) zeigt etwa in einer qualitativen empirischen Untersuchung für Berliner Jugendliche mit Zuwanderungsgeschichte, wie in der »Clique« mit dem westlichen Homosexualitätstabu umgegangen wird und »aktive und passive sexuelle Rollen spielerisch« eingenommen werden, »in das Spiel rund um homosexuelle Lust stimmen alle ein« (Tervooren 2012: 180).

Aufbauend auf Betrachtungen zur psychosexuellen Entwicklung und auf der Unterscheidung von Kinder- und Erwachsensexualität ist es möglich, sich mit Angeboten der Sexualpädagogik für die entsprechenden Altersgruppen zu befassen. Die sexualpädagogischen Anstrengungen orientieren dabei darauf, auch Fragen der körperlichen, geschlechtlichen und sexuellen Entwicklung des Kindes so zu begleiten, wie das Kind auch in Bezug auf andere Entwicklungs- und Lernprozesse begleitet wird.

Sexualpädagogik in der Kita

Gemäß der Entwicklungsbedarfe der Kinder und der skizzierten rechtlichen Regelungen für Kitas besteht für Fachkräfte – neben den Eltern – die Anforderung, die Kinder angemessen in ihrer Entwicklung zu begleiten und zu unterstützen. Das gilt auch hinsichtlich Geschlecht und Sexualität. Zur Unterstützung der Fachkräfte und der Eltern gibt es hierfür inzwischen vielfältiges sexualpädagogisches Material, das sachbezogen und reflektiert die erforderlichen Informationen zur Verfügung stellt und methodische Unterstützung bietet. Besonders empfehlenswert sind die Broschüren der BZgA *Liebevoll begleiten* und *Über Sexualität reden… Zwischen Einschulung und Pubertät* sowie die Broschüre der Landeszentrale für Gesundheitsförderung in Rheinland-Pfalz e. V. *Körpererfahrung und Sexualerziehung im Kindergarten* (LZG o. J.).

Kinder entwickeln sich dabei in ihrer Umgebung. Sie benötigen ein gutes Umfeld, das Bedürfnisse erkennt und darauf adäquat reagiert. Dadurch werden auch Entwicklungsschritte geprägt (etwa die Möglichkeit zur Ausbildung vertrauensvoller Bindungen), zugleich etabliert sich so nach und nach das Körper- und Sexualwissen der Kinder (zum Beispiel zu Schwangerschaft und Geburt). So an der sozialen und an der Lernumgebung orientiert, sind die ungefähren Entwicklungsschritte wie folgt zu charakterisieren (vgl. Tabelle 4) – in Ergänzung zum vorherigen knapp gefassten Phasenmodell:

Tab. 4: Körperliche und sexuelle Entwicklung nach Lebensjahren (LJ), orientiert an und weiterentwickelt aus: LZG o. J.

LJ	Entwicklungsschritte, abhängig von der sozialen und Lernumgebung	Sinnlich-sexuelle Erfahrungen mit dem eigenen Körper	Sinnliche Erfahrungen mit anderen sowie persönliche Grenzen, abhängig von der sozialen und Lernumgebung
ca. 1.	Erste körperliche Leistungen (saugen, verdauen, schlafen); erste psychische Leistungen (erstes Denken, erste Sprachlaute, erste Selbstwahrnehmung); erste Bindung zu Erwachsenen/den Eltern	Ausgeprägte Empfindsamkeit der Haut; Wahrnehmung von Zärtlichkeit, Nähe, Körperkontakt mit allen Sinnen; Saugen an Brust oder Flasche, Schnuller, Fingern; erste lustvolle Erfahrungen durch Berührung der sowie auch der Genitalien	Genuss von Körperkontakt beim Stillen, Getragenwerden; Erleben von Wohlgefühl, Nähe, Vertrauen; sinnliche Körpererfahrung im Rahmen nahen Körperkontakts und bei der Säuglingspflege; ebenso Auswirkungen grober und gewaltvoller Umgangsweisen
ca. 2.	Zunehmende Eigenständigkeit: Laufenlernen; erstes Sprechen; erste Einsicht über eigenen Willen (und Aushandlungen mit Eltern bzw. Bezugspersonen); entsprechend der	Bewusstes Festhalten und Loslassen des Stuhlgangs, woraus das Kind auch Lust schöpfen kann; Erforschen des eigenen Körpers, auch der Genitalien, auch mit Selbststimulation	Zunehmender Ausbau vertrauensvoller Beziehungen; interessiertes Erkunden der Umgebung; Wahrnehmung von Gemeinsamkeiten und Unterschieden eigener körperlicher Merkmale zu denen von

Tab. 4: Körperliche und sexuelle Entwicklung nach Lebensjahren (LJ), orientiert an und weiterentwickelt aus: LZG o. J. – Fortsetzung

LJ	Entwicklungsschritte, abhängig von der sozialen und Lernumgebung	Sinnlich-sexuelle Erfahrungen mit dem eigenen Körper	Sinnliche Erfahrungen mit anderen sowie persönliche Grenzen, abhängig von der sozialen und Lernumgebung
	sozialen Umgebung und vorhandener Normen werden u. a. Geschlechtskategorien erlernt		Bezugspersonen, auch im Hinblick auf Genitalien; entsprechend der sozialen Umgebung und vorhandener Normen erlernt das Kind Wissen zu Geschlechtsunterschieden und fragt danach
ca. 3.	Selbstwahrnehmung wächst (Möglichkeit zum Sprechen in »Ich«-Form); im Kontext der sozialen Umgebung und vorhandener Normen erste Artikulation eigener Geschlechtsidentität und ggf. Eltern-Kind-Spiele; Empathie für andere wird möglich; Stolz auf eigene Leistungen (auch auf Ausscheidungsprodukte); »Trotzphase« kann vorhanden sein	Neugier auf den eigenen Körper kann anwachsen, auch im Zusammenhang mit Sprache und vielfältigen Lernerfahrungen; kindliche Selbstbefriedigung kann bewusster werden	Schau- und Zeigelust kann vorhanden sein; ebenso Lust am Vergleichen mit anderen (Geschwistern, Gleichaltrigen); Schamhaftigkeit kann sich auszubilden beginnen; zahlreiche Wissens-Fragen werden gestellt; die Art der Beantwortung hat Auswirkungen darauf, wie Umgebung wahrgenommen wird und an welchen äußerlichen Merkmalen (Kleidung, Haare o. ä.) Differenzen zwischen Menschen beschrieben werden
Ca. 4. – 6.	Je nach sozialer sowie Lernumgebung beherrschen die meisten Kinder körperliche	Neugier erstreckt sich weiterhin auch auf das Körperliche und Geschlechtliche;	Je nach sozialer und Lernumgebung vergleichen sich Kinder zunehmend mit anderen;

Tab. 4: Körperliche und sexuelle Entwicklung nach Lebensjahren (LJ), orientiert an und weiterentwickelt aus: LZG o. J. – Fortsetzung

LJ	Entwicklungsschritte, abhängig von der sozialen und Lernumgebung	Sinnlich-sexuelle Erfahrungen mit dem eigenen Körper	Sinnliche Erfahrungen mit anderen sowie persönliche Grenzen, abhängig von der sozialen und Lernumgebung
	Vorgänge; wachsen Wissbegier, Selbständigkeit und Einfühlungsvermögen an; nach und nach lernen Kinder entsprechend der sozialen Umgebung und vorhandener Normen zwischen »richtig« und »falsch« zu unterscheiden und erlernen Grenzen	kindliche Selbstbefriedigung und »Doktorspiele« können stattfinden; ab etwa dem 5. und 6. LJ und wiederum eingebettet in die soziale Umgebung werden Rollen erprobt (z. B. Verkleiden), verfestigt sich die eigene (Geschlechts-)Identität und kann die Lust an Provokation (u. a. sexualisierte Sprache) zunehmen	können »Doktorspiele« mit Gleichaltrigen stattfinden; können im Kontakt mit anderen Kindern innige Freundschaften entstehen (auch mit Liebe, Nähe, Zärtlichkeit – oder auch unter Ablehnung von Liebe, Nähe, Zärtlichkeit); auch Eifersucht kann vorhanden sein; je nach Lernumgebung erlangen Kinder erstes Wissen über Schwangerschaft, Geburt

Die körperliche und sexuelle Entwicklung ist individuell unterschiedlich, von der sozialen Umgebung und von vorhandenen Normen abhängig. Je strikter Normen etwa in Bezug auf Geschlecht vorhanden sind und auf das Kind wirken, desto weniger frei und selbstbestimmt kann die Entwicklung und Erprobung der eigenen Identität erfolgen, und es können schon früh schwierige Situationen für das Kind entstehen (vgl. Kugler 2020). Und auch die Altersangaben und zugeordneten Entwicklungsschritte und Interaktionen können nur eine Orientierung bieten, das jeweilige Kind kann davon individuell abweichen.

Was ist nun die Aufgabe von Fachkräften im Hinblick auf Sexualpädagogik?

Die Rolle von Kita-Fachkräften lässt sich, orientiert am Programm *Bildung: elementar – Bildung von Anfang an* (MS 2013; vgl. auch: Hubrig 2014: 57, Wanzeck-Sielert 2004: 61), fokussiert ausdrücken: Fachkräften kommt die Verantwortung zu, einen guten und respektvollen Rahmen für die Kinder und deren Erfahrungen zu schaffen. Fachkräfte achten den Körper und die körperlichen Grenzen der Kinder, was »sich zum Beispiel in achtsamen Berührungen und wertschätzender Sprache ausdrückt« (MS 2013: 97). Ein solcher respektvoller Umgang zeigt sich etwa in intimen Situationen wie dem Wickeln und beim Toilettengang. Entsprechend sind Wickelplätze und Bäder so zu gestalten, dass Erwachsene nicht beiläufig Einblick erhalten. Sofern Kinder Signale geben, »dass sie andere in diese Situation einbeziehen wollen und Freude daran haben, [zum Beispiel] vom Geschwisterkind gewickelt zu werden oder mit der Freundin gemeinsam auf Toilette zu gehen«, ermöglichen die pädagogischen Fachkräfte solche Erfahrungen (ebd.).

Wichtig ist, dass Fachkräfte wissen, dass es bedeutsam ist, dass Kinder ihren eigenen Körper, auch in seiner Nacktheit erleben, damit sie ein positives Verhältnis zu ihm und insgesamt zu sich selbst entwickeln. Daher ist es relevant, dass in der Kita Gelegenheiten hierfür bestehen. Kinder sollen auch die Möglichkeit erhalten, sich zurückzuziehen und ihre Körperlichkeit und Nacktheit zu erforschen. Auf diese Weise erfahren sie, dass auch »ihre individuellen Bedürfnisse nach Intimität geachtet werden« (ebd.). Die Fachkräfte nehmen die Entwicklung jedes einzelnen Kindes wahr und führen mit ihm oder auch mit mehreren Kindern »sensible Gespräche über Gefühle wie Verletzlichkeit, Scham, Freude und Genuss« (ebd.), akzeptieren aber auch, wenn ein Kind in einer Situation nicht über den Körper oder Erfahrungen sprechen möchte.

Kinder vergleichen sich aber auch untereinander und nehmen – entsprechend der sozialen und Lernumgebung – Geschlechtsmerkmale als ähnlich und unterschiedlich wahr. Spätestens seit der Änderung im SGB VIII gilt es, hier auch positive Identifikationsangebote im Hinblick auf eine intergeschlechtliche Konstitution sowie transidente und nicht-binäre geschlechtliche Selbstverortung zu machen (vgl. auch Kugler 2020). Auch zuvor waren bereits Fragen vielfältiger Erscheinungsformen der Genitalien auch bei Kindern gleichen Geschlechts relevant. Fachkräfte geben Gelegenheit dazu, dass sich Kinder auch mit ihrem Körper beschäftigen und sich untereinander vergleichen können, haben aber im Blick, dass die Kinder gut miteinander umgehen, dass kein Kind zu etwas gezwungen wird, dass sie die eigenen Grenzen setzen und die der anderen Kinder achten. Kinder bekommen die Information, dass es »gute Geheimnisse« gibt, die sie für sich behalten können, dass es aber auch »schlechte« gibt, die Angst oder Bauchschmerzen machen und die weitergesagt werden sollen. Kinder dürfen »Nein!« sagen, und es wird vereinbart, dass das auch von Erwachsenen eingehalten wird (vgl. MS 2013: 97).

Der in der Einrichtung gestaltete Umgang und entsprechende »Regeln« werden im Kollegium besprochen, so dass einheitliche Umgangsweisen herrschen und Fachkräfte in vergleichbaren Situationen nicht grundlegend unterschiedlich reagieren. Das kollegiale Gespräch reflektiert auch die sexuelle Entwicklung der Kinder und ermöglicht den Austausch über vermutete Kindeswohlgefährdung oder über sexualisierte Gewalt, denen ein Kind ausgesetzt sein kann. Bei regelmäßigen Entwicklungsgesprächen mit den Eltern wird auch die körperliche, geschlechtliche und sexuelle Entwicklung des Kindes angesprochen. Fragen zur sexuellen Entwicklung und »Körpererkundungs-« bzw. »Doktorspielen« werden auch bei Elternabenden wiederkehrend thematisiert.

Um einen konsistenten Umgang in der Kita zu gewährleisten und Transparenz gegenüber allen Beteiligten zu erreichen, ist ein *sexualpädagogischer Handlungsleitfaden* sowie ein *Schutzkonzept zur Prävention von sexualisierter Gewalt* sinnvoll. In vielen Einrichtungen ist die Erarbeitung solcher Konzepte bislang erst auf dem Weg, was zu Unsicherheit auf Seiten der Kita-Fachkräfte im Umgang mit sexuellen Themen führen kann. Auch in der Ausbildung bzw. im Studium für Fachkräfte in Kitas sind die Themen Körper, Geschlecht sowie explizit Sexualität und sexuelle Entwicklung oft randständig oder tauchen gar nicht auf. Entsprechend besteht noch deutlicher

Nachholbedarf, damit den gesetzlichen Anforderungen im Kita-All-
tag Rechnung getragen werden kann. Das gilt auch hinsichtlich
geschlechtlicher Vielfalt: Der seit 2021 im SGB VIII verankerte Auftrag, *auch die Bedarfe transidenter, nichtbinärer und intergeschlechtlicher junger Menschen angemessen zu berücksichtigen,* setzt differenzierte Angebote der Aus-, Fort- und Weiterbildung voraus.

Materialempfehlungen für die Kita

Im Kontrast zu den noch deutlichen Lücken in der Aus-, Fort-
und Weiterbildung, wie auch in der Umsetzung »lebendiger« sexualpädagogischer und Schutzkonzepte in Einrichtungen, sind
die pädagogischen Materialien, die die sexuelle Entwicklung im
KiTa-Alter fördern, mittlerweile vielfältig und in Bezug auf viele
Aspekte gut. Sie zielen auf eine allgemeine gute Körperwahrnehmung, eine gute Ausdrucks- und Wahrnehmungsfähigkeit hinsichtlich eigener emotionaler Bedürfnisse sowie derjenigen der
anderen Kinder und auf eine angemessene Artikulationsfähig-
keit. Genitalien stehen nicht im Zentrum – aber es geht auch darum, dass Kinder positive Begriffe für ihre Genitalien haben, ihren Körper wahr- und annehmen und sich über ihn äußern
können. Wie breit das pädagogische Material inzwischen orientiert ist, wird exemplarisch einerseits aus dem empfehlenswer-
ten, mit vielfältigen Praxismethoden bestückten Buch von Silke
Hubrig *Sexualerziehung in Kitas: Die Entwicklung einer positiven Sexualität begleiten und fördern* (Hubrig 2014) sowie dem Überblicks-
band *Kindliche Sexualität in Kindertageseinrichtungen* (Bienia &
Kägi 2021) ersichtlich, andererseits aus der KiTa-Box *Entdecken,
schauen, fühlen!* der BZgA, die sowohl Fachinformationen für
Erwachsene als auch Spiele und methodische Materialien für
Kinder beinhaltet. Schließlich ist die KiTa-Box *ECHTE SCHÄTZE!*
des Kieler PETZE-Instituts hinsichtlich der Förderung sexueller
Selbstbestimmung und der Prävention von sexualisierter Gewalt
empfehlenswert.

Erst nach und nach tragen die Materialien auch geschlechtlicher Vielfalt Rechnung. Stärken allgemeine Materialien zu einer guten Körperwahrnehmung und zur Unterstützung emotionaler Kommunikationsfähigkeit alle Kinder, unabhängig vom Geschlecht, so ist es auch bedeutsam, gesellschaftliche Geschlechterstereotype kritisch zu begleiten und Kindern vielfältige Möglichkeiten der Identifikation zu ermöglichen, um (cis-)Mädchen und (cis-)Jungen verschiedene Rollenangebote zu machen, aber insbesondere, um transidenten, nichtbinären und intergeschlechtlichen Kindern Identifikationsangebote zu unterbreiten. Auch hierfür gibt es bereits professionelle und gute Zusammenstellungen von Materialien und Methoden. Beispielhaft kann der *Medienkoffer für Geschlechtervielfalt und die Vielfalt der Familienformen* des *Kompetenzzentrums geschlechtergerechte Kinder- und Jugendhilfe e. V.* (Magdeburg) (https://medienkoffer-kgkjh.de/) und die beim selben Verein angesiedelte Literatur-, Methoden- und Materialiensammlung *Vielfalt erfahrenswert* (https://vielfalt-erfahrenswert.de/) empfohlen werden. Mit intersektionalem Bezug ist schließlich die Kinderbuchliste von *I-Päd – Kompetenzstelle intersektionale Pädagogik* (https://i-paed-berlin.de/) beachtenswert.

Fokus: Körpererkundungs- bzw. »Doktorspiele«

»Doktorspiele« gehören im KiTa- und Grundschulalter zur sexuellen Entwicklung der Kinder dazu. Wie schon umrissen wurde, nehmen sich Kinder körperlich wahr, erkunden den eigenen Körper und den anderer. Um altersgemäße »Doktorspiele« von beginnender Grenzverletzung unterscheiden zu können, ist zu beachten:

»Doktorspiele sind Kinderspiele. Sie werden unter Kindern gleichen Alters oder gleichen Entwicklungsstandes mit maximal zwei Jahren Altersunterschied gespielt. Es sind gleichberechtigte und gegenseitige Spiele. Das heißt: Die Initiative geht dabei nicht nur von einem Kind aus, und kein Kind ordnet sich einem anderen unter.

Doktorspiele sind dann Übergriffe, wenn wiederholt oder gezielt die persönlichen Grenzen anderer Kinder verletz[t werden]. Einmalige unbeabsichtigte Verletzungen im Rahmen kindlicher Doktorspiele sind noch kein Grund zu allzu großer Besorgnis. Sie sollten jedoch mit den Kindern besprochen werden« (BMFSFJ 2018: 23).

Zartbitter Münster und die *Ärztliche Kinderambulanz Münster* (2007) definieren Übergriffe in Bezug auf Kinder genauer:

»Ein sexueller Übergriff unter Kindern liegt dann vor, wenn sexuelle Handlungen durch das übergriffige Kind erzwungen werden beziehungsweise das betroffene Kind sie unfreiwillig duldet oder sich unfreiwillig daran beteiligt. Häufig wird dabei ein Machtgefälle zwischen den beteiligten übergriffigen und betroffenen Kindern ausgenutzt, indem zum Beispiel durch Versprechungen, Anerkennung, Drohung oder körperliche Gewalt und ähnlichem Druck ausgeübt wird.

Zur Wahrscheinlichkeit des Vorkommens von sexuellen Übergriffen gilt folgende Faustregel: Überall, wo entweder rigide gegen kindliche sexuelle Aktivitäten vorgegangen wird oder die Kinder im sexuellen Bereich sich selbst überlassen werden und auf pädagogische Begleitung (und Kontrolle!) verzichtet wird, steigt, das Risiko« (Zartbitter Münster & Ärztliche Kinderambulanz Münster 2007).

Entsprechend kann man für »Doktorspiele« Grundregeln im Kopf haben, um die Handlungen der Kinder bewerten zu können und um sicher zu agieren. Aufgetretene Grenzverletzungen sollten dabei stets mit den beteiligten Kindern bearbeitet werden, so dass sie in der Folge vermieden werden können. Prinzipiell gilt in Bezug auf »Doktorspiele«:

* Jedes Kind bestimmt selbst, mit wem es Doktor spielen will.
* Jedes Kind entscheidet selbst, wo seine Grenze ist.
* Kein Kind steckt einem anderen etwas in den Po, in die Scheide, in den Penis, in den Mund, in die Nase oder ins Ohr.
* Größere Kinder, Jugendliche und Erwachsene haben bei »Doktorspielen« nichts zu suchen.

Inzwischen gibt es auch erste sexualwissenschaftliche Erhebungen, die sich mit Doktorspielen befassen. So wurden im Rahmen der Studie *PARTNER 5 Jugendsexualität* (Weller et al. 2021) die Jugendlichen auch danach gefragt, ob und wie sie rückblickend Doktorspiele einordnen. Erinnern konnten sich 35 % der 792 Personen, die diese Frage beantworteten; aus der Altersstreuung in Bezug auf das bewusste erste Doktorspiel zeigt sich die Relevanz für KiTa- und Grundschulalter gleichermaßen (Abb. 6). Bei der Frage, von wem die Initiative ausging, wird die große Einvernehmlichkeit deutlich, in geringem Maß aber auch die Bedeutung von Übergriffen (Abb. 7).

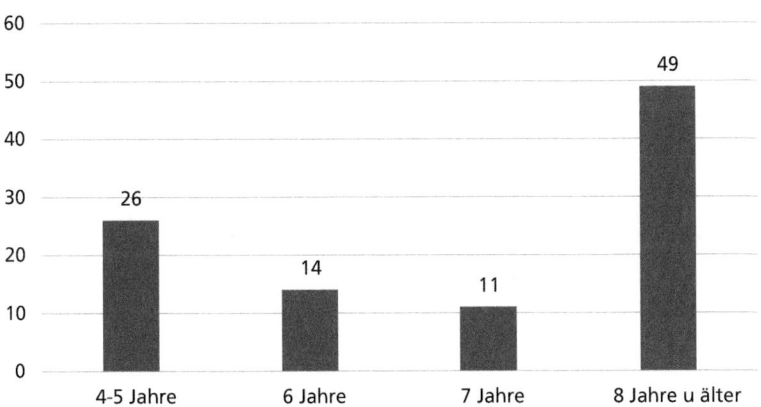

Abb. 6: »Alter beim ersten Doktorspiel (nur diejenigen mit Erinnerung)«, Ergebnisse der Studie PARTNER 5 Jugendsexualität, Angaben in Prozent (n = 253) (Weller et al. 2021)

Initiative beim ersten Doktorspiel (n = 268)

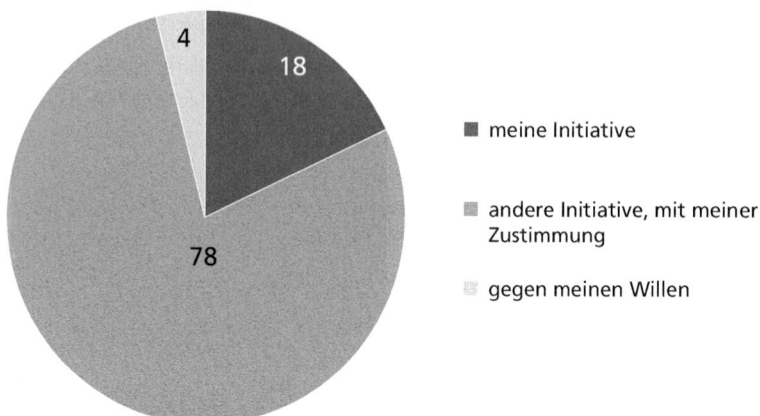

■ meine Initiative

■ andere Initiative, mit meiner Zustimmung

▨ gegen meinen Willen

Abb. 7: »Initiative beim ersten Doktorspiel (nur diejenigen mit Erinnerung)«, Ergebnisse der Studie PARTNER 5 Jugendsexualität, Angaben in Prozent (n = 268) (Weller et al. 2021)

Sexualpädagogik und Prävention sexualisierter Gewalt in der Schule

Spätestens seit den Aufdeckungen von sexualisierter Gewalt, die über Jahrzehnte an Internaten und weiteren Einrichtungen stattgefunden hat, ist die Thematisierung von Sexualität im schulischen Kontext unmittelbar mit Fragen der Prävention von sexualisierter Gewalt verknüpft. So machen sich derzeit im Rahmen der Kampagne *Schule gegen sexuelle Gewalt* zahlreiche Schulen auf den Weg, Schutzkonzepte zu erarbeiten – und überdenken dabei auch ihre sexualpädagogischen Angebote der Lebenskompetenzförderung für Kinder und Jugendliche (vgl. Abb. 8) (vgl. Urban et al. 2022).

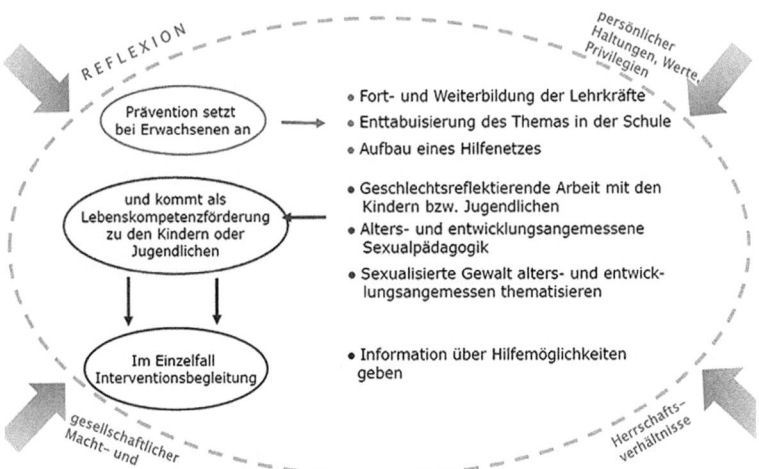

Abb. 8: Bausteine der Prävention von sexualisierter Gewalt (eigene Darstellung, orientiert an den Bildungsmaterialien des PETZE-Instituts Kiel)

Zugleich zeigen sich nun auch in den Bundesländern politische Entscheidungsträger*innen in größerem Maß interessiert, und sie treiben die Entwicklungen voran, was durch geförderte Projekte und veröffentlichte Materialien deutlich wird. Entsprechend gilt es, vor dem Hintergrund der erforderlichen Präventionsanstrengungen die Breite der sexualpädagogischen Angebote im Blick zu behalten, also auch positive, Sexualität bejahende Perspektiven zur Förderung sexueller und geschlechtlicher Selbstbestimmung angemessen zu berücksichtigen. Hier bestehen traditionell Lücken.

Um dem aktuellen Weg der Thematisierung Rechnung zu tragen, werden im Folgenden zunächst einige Reflexionen zur Prävention von sexualisierter Gewalt getroffen, um anschließend die sexualpädagogischen Angebote in den verschiedenen Schulformen zu thematisieren.

Die Thematisierung von sexualisierter Gewalt: Warum gerade in Bezug auf Schule?

Dass in Bezug auf die Prävention von sexualisierter Gewalt gerade Schule in den Fokus rückt, ist verständlich: Hier kommen alle Kinder zusammen – unabhängig von sozialer Schicht, gesellschaftlicher Zugehörigkeit, familiärem Hintergrund, Kultur und Religion. Die Kinder bringen dabei die Sozialisation aus ihren Elternhäusern mit, auch aus familiären Kontexten, die nicht günstig für das Erlernen von Grenzen sind, etwa weil die Kinder dort selbst Übergriffe oder andere Grenzverletzungen erfahren.

In der Schule findet also einerseits soziales Lernen statt, und es können Defizite familiärer Strukturen ein Stück weit ausgeglichen werden. Andererseits ist der schulische Kontext, da aufgrund der geltenden Schulpflicht hier alle Kinder erreicht werden, besonders prädestiniert dafür, Bildungsangebote und vertrauensvolle Gesprächsräume zu schaffen: Gewalt und sexualisierte Gewalt, die Kinder außerschulisch erleben, können hier einen Raum haben, um angesprochen zu werden. Kinder können sich Hilfe holen.

Und schließlich ist die Schule nicht nur ein möglicher »Schutzort«, sondern auch ein möglicher »Tatort«: Unter den Kindern können sich Übergriffigkeiten und Mobbingstrukturen ausprägen und Kinder können auch von Übergriffen durch Erwachsene betroffen sein – auf dem Schulweg, durch den Fahrdienst, durch Pädagog*innen etc. Die *Speak!-Studie* (Maschke & Stecher 2018) zeigt auf, dass Schulen bei nicht-körperlichen sexuellen Übergriffen mit über 50 % auf Platz 1 der risikoreichen Orte liegen. Zu dieser Form der Übergriffe zählen neben sexualisierten Verbalangriffen auch die Viktimisierung im Internet und die Konfrontation mit sexuellen Handlungen auf exhibitionistische Weise oder via Bild und Ton. Bei körperlichen sexuellen Übergriffen liegt der »Tatort« Schule mit 24 % immerhin noch auf Platz 3. Schulen haben also einiges zu tun, um zu einem Schutzraum für Kinder und Jugendliche zu werden – und bei der Schule und den dort tätigen Fachkräften liegt auch im Hinblick auf Übergriffe eine besondere Verantwortung.

Neben der Chance, die die gesetzliche Schulpflicht bietet, resultiert aus ihr auch ein »Zwangscharakter«, der die Verantwortung des pädagogischen Personals abermals erhöht: Kinder müssen zur Schule – sie werden von ihren Eltern dorthin gebracht; »schwänzen« die Kinder, so gibt es Sanktionen, die sogar beinhalten können, dass sie von der Polizei zur Schule gebracht werden etc. Das bedeutet, dass klassische Strategien, sich zum Beispiel Übergriffen Gleichaltriger oder Erwachsener zu entziehen, in Bezug auf Schule eingeschränkt sind: Es besteht nicht oder kaum die Möglichkeit, der Schule fernzubleiben und auf diese Weise etwaigen Übergriffen zu entgehen.

Zugleich ist die Schule in ihrer Organisationsstruktur hierarchisch angelegt: Die Schulleitung und die Lehrkräfte verfügen nicht nur über mehr Wissen und Erfahrung, wie es allgemein für das Machtverhältnis zwischen Erwachsenen und Kindern zutrifft, sondern auch über Sanktions- und Disziplinierungsmöglichkeiten gegenüber Kindern. Von Kindern können Schulen damit tatsächlich als eine Art »totale Institution« erlebt werden, also als Einrichtung, die allumfassend ist und vor der es kein Entrinnen gibt – und die deshalb in besonderer Weise Vorkehrungen dafür treffen muss, dass es Möglichkeiten gibt, sich anzuvertrauen, ohne dass Restriktionen, Machtmissbrauch oder Bestrafungen befürchtet werden müssen. Kinder müssen gute Möglichkeiten haben, mitzuteilen, wenn ihnen familiär oder im schulischen Kontext, durch Gleichaltrige, Ältere oder Erwachsene etwas – zum Beispiel ein Übergriff – widerfährt. Dafür benötigen sie einerseits Begriffe und Wissen über ihren Körper, auch Geschlechtliches und Sexuelles betreffend; sie müssen andererseits eine Kommunikationskultur vorfinden und mitgestalten können, in der sie auch negative Erfahrungen ansprechen können; und sie benötigen Fachkräfte, die aufmerksam sind – auch hinsichtlich geschlechtlicher und sexueller Themen –, die über Präventions- und Interventionswissen verfügen und die gut strukturell eingebunden sind. Es sind also »lebendige« Schutzkonzepte erforderlich (vgl. auch Urban 2019; Urban et al. 2022).

Was ist ein »Schutzkonzept« und wie ist der Weg dorthin?

Durch die Initiativen des *Unabhängigen Beauftragten für Fragen des sexuellen Kindesmissbrauchs bei der Bundesregierung (UBSKM)*, Johannes-Wilhelm Rörig und seiner Nachfolgerin Kerstin Claus, und durch die sich anschließenden Aktivitäten in den 16 Bundesländern sind seit 2018/19 alle Schulen aufgerufen, sogenannte »Schutzkonzepte« zu entwickeln. Ein »Schutzkonzept« ist dabei weniger ein »Konzept« im Sinne eines Schriftstücks, vielmehr ein Reflexions- und Entwicklungsprozess in der Einrichtung.

Zunächst: Wie ist sexualisierte Gewalt bzw. sexueller Missbrauch definiert?

Sexualisierte Gewalt bzw. sexueller Missbrauch liegt vor, wenn gegen den Willen der Betroffenen an oder vor ihnen sexuelle Handlungen vollzogen werden. Ein Indiz ist, dass die übergriffige Person körperlich, seelisch, geistig oder sprachlich überlegen ist und diese Machtposition ausnutzt, um eigene Bedürfnisse zu befriedigen. Aufdeckungen werden dadurch erschwert, dass betroffene Kinder und Jugendliche keine einheitlichen Symptome zeigen. Sie können sich sehr angepasst verhalten, so dass ihre Not übersehen werden kann. Oder sie verhalten sich sehr auffällig – und auch dieses Verhalten kann missverstanden werden. Einige Betroffene entwickeln keine Traumafolgestörung, andere sind durch die erlebte sexualisierte Gewalt bis ins Erwachsenenalter schwer beeinträchtigt.

Wenn Kinder und Jugendliche sich anvertrauen, sollten sie immer ernstgenommen werden – unabhängig davon, wer sich anvertraut und wie sich das Kind oder die jugendliche Person üblicherweise verhält.

Wie kommt es zu sexualisierter Gewalt?

In Fällen von sexualisierter Gewalt steht nicht das gewaltvolle Ausleben von Sexualität im Vordergrund, sondern die Gewalt selbst, die durch sexuelle Mittel ausgeübt wird. Das bedeutet, dass es übergriffigen Personen selten um die Befriedigung von Lust geht, sondern darum, Schwächeren gegenüber Macht auszuleben. Das betrifft auch sexualisierte Übergriffe auf oder zwischen Kinder(n) und Jugendliche(n), da hier Beziehungen besonders von ungleichen Machtverhältnissen geprägt sein können. Die Übergriffe bewegen sich auf einem Kontinuum zwischen strafrechtlich relevanten Handlungen und nicht strafrechtlich verfolgbaren Grenzverletzungen, die mitunter jedoch nicht weniger traumatisch sind. Unabhängig von der Strafbarkeit haben Betroffene die Definitionsmacht darüber, ob sie das Erlebte als sexualisierte Gewalt einordnen.

Was ist ein »Schutzkonzept«?

Ein Schutzkonzept »beschreibt grundsätzlich alle Maßnahmen, die auf die Erreichung von Schutz aller beteiligten Akteure in Organisationen abziel[en]« (Oppermann et al. 2018). Es beinhaltet verschiedene Maßnahmen zur Prävention, Intervention und Nachsorge bei sexualisierter Gewalt. Ein wichtiges Merkmal von Schutzkonzepten ist, dass sie einrichtungsspezifisch und individuell entwickelt, prozesshaft etabliert und im Arbeitskontext flexibel umgesetzt werden. Sie lassen sich demnach nicht von einer Schule auf die andere eins zu eins übertragen. Im Fokus stehen die Analyse von Risiken und Gefährdungssituationen sowie Maßnahmen, um diesen entgegenzuwirken. Die Inhalte, Methoden und »Bausteine« sind je nach Organisation und Art der Einrichtung unterschiedlich ausgestaltet und an den Bedarfen und Ressourcen der Kinder und Jugendlichen, aber auch der Fachkräfte ausgerichtet.

Wozu dient ein Schutzkonzept und was beinhaltet es?

Ein Schutzkonzept ist eine Haltungs- und Handlungsleitlinie im Umgang mit und zur Prävention von sexualisierter Gewalt. Es handelt sich nicht um ein vorgefertigtes, anzuwendendes

Konzept, sondern um einen Qualitätsentwicklungsprozess, der das Ziel verfolgt, professionelles Handeln zu gewährleisten und eine achtsame und grenzwahrende Kultur in der Einrichtung zu etablieren, die von allen Beteiligten mitgelebt wird und stets veränderlich bleibt. Schutzkonzepte bieten einen Rahmen für Maßnahmen, die auf institutioneller Ebene allen Beteiligten Schutz bieten können – in Schulen schließt das Schüler*innen ein, aber auch die pädagogischen Fachkräfte und das nichtpädagogische Personal. Die große Chance von Schutzkonzepten liegt also darin, dass sie einrichtungsspezifisch entwickelt und flexibel umgesetzt werden. Wichtig ist, sie als partizipativen Prozess zu verstehen, dessen wesentlichstes Merkmal die Beteiligung der Adressat*innen darstellt.

Die Bestandteile des institutionellen Schutzkonzeptes richten sich jeweils an die Adressat*innen, die Fachkräfte, die Leitungsebene oder die gesamte Einrichtung und beinhalten präventive Elemente ebenso wie intervenierende Maßnahmen im Verdachtsfall. Als grundlegender Teil gelingender Prävention zählt auch, dass jede Schule über ein sexualpädagogisches Konzept verfügt, um Schüler*innen in ihrer selbstbestimmten Sexualentwicklung zu unterstützen. Erst wenn und nur dort, wo über Sexualität gesprochen werden kann, können auch Grenzverletzungen und Übergriffe thematisiert werden.

Wie macht sich eine Schule (oder andere Einrichtung) auf den Weg?

Schutzkonzepte können nicht von einzelnen, engagierten Fachkräften umgesetzt werden, sondern müssen von allen Akteur*innen einer Einrichtung getragen und erarbeitet werden.

In der Verantwortung ist die Leitung, es müssen aber alle Mitarbeitenden mit an Bord: Das gilt nicht nur für das pädagogische, sondern für das gesamte Personal – auch den Fahrdienst und die Reinigungskräfte. Auch sie nehmen die Kinder und Jugendlichen wahr und können auf Anzeichen sexualisierter Gewalt aufmerksam werden. Schließlich sollten von Anfang an Eltern und die Kinder und Jugendlichen selbst in den Entwicklungsprozess einbezogen werden. Denn: Ein Schutzkonzept kann nur Wirksamkeit entfalten, wenn alle seine Inhalte kennen und umsetzen können – also Schüler*innen etwa über Beschwerdemöglichkeiten Bescheid wissen und wissen, dass sie ernstgenommen werden.

Wie geht es los?

Gerade für den Bereich Schule gibt es eine wirklich nützliche Grundlage: Als interessierte Einrichtung kann man sich an der Homepage www.schule-gegen-sexuelle-gewalt.de orientieren. Dort ist der Reflexions- und Entwicklungsprozess zur Prävention von sexualisierter Gewalt genau beschrieben, von der Entscheidung für den Prozess, über Ideen der Partizipation bis hin zu inhaltlichen Impulsen für einen gelingenden Auftakt. Danach folgen die Potenzial- und Risikoanalyse – spezifisch für die Einrichtung. Anschließend geht es nach und nach voran – vom Leitbild bis zu den Ansprech- und Beschwerdestrukturen. Wichtig ist, sich als Kollegium für den Prozess zu entscheiden. Und: Man sollte sich zumindest für die ersten Schritte eine Fachberatungsstelle aus der Region zur Unterstützung hinzuholen. Sie kann dabei helfen, auf »blinde Flecken« aufmerksam zu werden und den Reflexions- und Entwicklungsprozess zur Prävention von sexualisierter Gewalt so anzulegen, dass er für die Schule (oder andere Einrichtung) gut passt.

Sexualisierte Gewalt ist keine Einzelerscheinung, sondern findet in großem Maß statt. Es ist jeweils davon auszugehen, dass in jeder Schulklasse zwei bis drei Kinder sind, die bereits von sexualisierter Gewalt betroffen waren oder aktuell davon betroffen sind (vgl. für einen Studienüberblick: Urban 2019). Zuletzt wiesen Weller et al. (2021) auf die große Verbreitung sexualisierter Gewalt hin. Von den in der Studie befragten 16- bis 18-jährigen Jugendlichen gaben 24 % der Mädchen, 39 % der Diversgeschlechtlichen und 7 % der

Jungen an, bereits selbst einen Vergewaltigungsversuch erlebt zu haben (siehe Abb. 9).

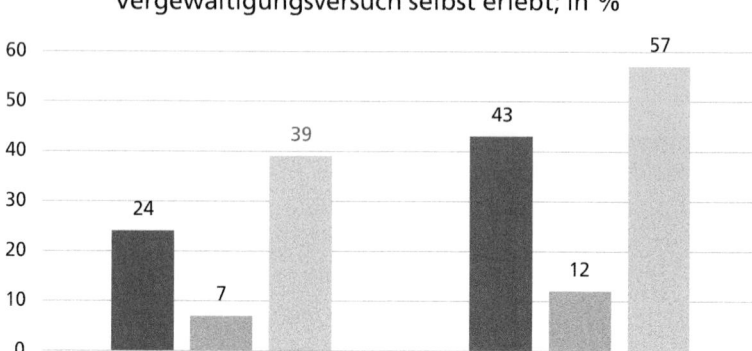

Abb. 9: Antwort auf die Frage »Haben Sie das Folgende erlebt? Jemand versuchte, mich zum Geschlechtsverkehr oder anderen sexuellen Handlungen zu zwingen.« Dargestellt sind die Antworten mit »Ja« in Prozent (n [Jugendliche] = 861 Personen; n [Erwachsene] = 3.466 Personen). (Weller et al. 2021)

Auch die groß angelegte Schweizer Optimus-Studie mit n = 6.700 befragten Schüler*innen der 9. Klassen bestätigt die große Betroffenheit (noch mit binär-geschlechtlichem Fokus): 8 % der befragten Jungen und 22 % der befragten Mädchen gaben an, einen sexuellen Übergriff mit Körperkontakt erlebt zu haben. Zugleich wurde im Rahmen der Optimus-Studie die Täter*innenschaft differenziert erhoben. Wie Abb. 10 darstellt, ist im Vorschulalter in fast der Hälfte der Fälle (45 %) der Vater der Täter; unter Heranwachsenden ist die Gruppe der Gleichaltrigen mit 35 % die bedeutsamste Täter*innengruppe; insgesamt ist auch der Anteil der Mutter nicht zu bagatellisieren und erreicht im Primarschulalter mit 8 % den höchsten ermittelten Wert (Schmid 2012; vgl. Abb. 10).

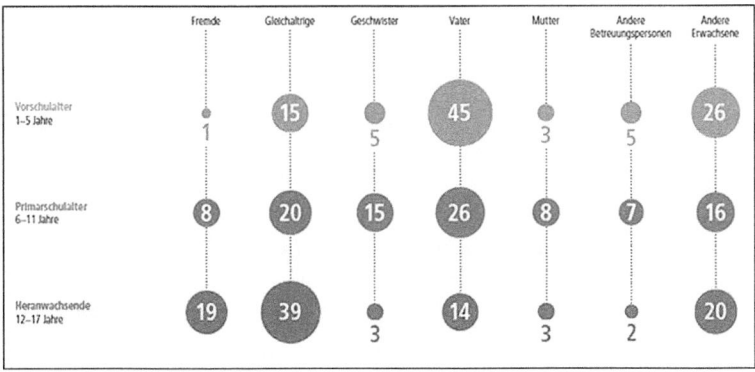

Abb. 10: Dargestellt ist, in welcher Beziehung die betroffene Person zum*zur Täter*in steht, unterschieden nach Altersgruppen der betroffenen Personen (links aufgetragen), in Prozent (Schmid 2012: 60).

Schulische Fachkräfte sollten sich der Verbreitung und der möglichen Täter*innengruppen bewusst sein; sie sollten sich thematisch gut aus-, fort- und weiterbilden, um professionell und angemessen agieren zu können (vgl. Urban et al. 2022).

Sexualpädagogik in der Grundschule/Primarstufe

Die Schule ist ein Kontext, in dem alle Kinder zusammenkommen. Er ist in großem Maß gesellschaftlichen Normen unterworfen, was auch aus der starken gesellschaftlichen Regulation gerade des schulischen Kontextes mit Vorgaben sowohl für die organisatorische Gestaltung als auch für den Lehrplan deutlich wird.

Kinder kommen in der Schule entsprechend nicht nur in einem für einige Kinder – solche ohne Kita-Erfahrungen – ganz neuem kollektiven Kontext mit weitgehend beständigen Gruppen zusammen, sondern sie erlernen auch die Differenzmarker der bestehenden Gesellschaft. Ein Kind, das sich vorher noch nicht als »anders« erlebt hat, kann hier nun Marginalisierungserfahrungen machen, etwa aufgrund von geistigen und körperlichen Fähigkeiten, geringen ökonomischen Möglichkeiten der Eltern, wegen eines nicht-binären Geschlechts, der Abneigung gegenüber unangekündigten körperlichen Berührungen (etwa am Arm) oder der Zugehörigkeit zu einer marginalisierten gesellschaftlichen Gruppe, etwa als *Schwarzes*, jüdisches Kind, als Sintize oder Romnja. Ist ein Kind mit Fluchterfahrung in der Klasse, macht es einen Unterschied, ob es auch von der eigenen familiären Geschichte erzählen kann, in der zum Beispiel auch Städte Afghanistans oder Syriens vorkommen, ob dann interessierte Nachfragen etwa nach Flüssen und Bergen kommen und die ganze Klasse sich damit befasst und das Kind, das vielleicht schon rassistische Bemerkungen in Deutschland hören musste, mit dem eigenen Wissen »glänzen« kann – oder ob solche Erfahrungen übergangen oder sogar »verlacht« werden. Lernen zum Beispiel alle Kinder ihren Namen auch auf Paschto oder Dari schreiben, weil ein oder mehrere Kinder der Gruppe das können? Oder ist der einzige interkulturelle Akzent »der Gemüsehändler« im Mathematikbuch, der selbstverständlich als türkisch vorgestellt wird, während die »Computer-Spezialistin« in einer anderen Rechenaufgabe weiß und mehrheitsdeutsch ist? Zu einer aktuellen Broschüre der Bundeszentrale für politische Bildung äußerte etwa eine interviewte Person in einem intersektionalen Projekt zu sexualisierter Gewalt: »Weißt du, die machen da halt rassistische Bilder rein – Wohnwagen, Kristallkugel und noch eine dritte Sache war drin. Also ganz schlimmes Material, auch die diskriminierende Bezeichnung wird halt permanent reproduziert. Es wird immer geredet, als ob keine Roma in der Klasse sind« (Sweetapple et al. 2020: 50). Und eine andere befragte Person äußert: »Wie früh, wie massiv, wie intensiv haben ich und meine Familie hier Rassismus erlebt! [...] Das ist ein bisschen vergleichbar mit trans* Personen oder auch Menschen, die nicht genderkonform sind [...] und die seit ihrer Kindheit ständige Beeinträchtigungen, körperliche Beeinträchtigungen, so alltäglich, so massiv erlebt haben – Benachteiligungen oder auch Beleidigungen und so weiter. Für sie ist diese Form der Diskriminierung im Vordergrund« (ebd.: 37f.).

Vielmehr noch als in den Lebensphasen zuvor, in denen nicht alle Kinder in eine kollektive Einrichtung gehen mussten und Kinder aus ALG-2-Haushalten oder von Eltern mit Fluchtbiografie teils auch nicht in die Kita gehen durften, weil sie keinen Kita-Platz bekamen, können Kinder im schulischen Kontext Ausschlüssen und Diskriminierungserfahrungen ausgesetzt sein. Erst nach und nach verändert sich das, da nun die Akzeptanz gegenüber Vielfalt und die Förderung von geschlechtlicher und sexueller Selbstbestimmung in den Lehrplänen für den Unterricht und in der Ausbildung der Fachkräfte Gewicht bekommen.

Konzepte psychosexueller Entwicklung müssen dieser hohen Bedeutung gesellschaftlicher Normen im schulischen Kontext – und insgesamt im schulfähigen Alter – Rechnung tragen, sonst würden wesentliche Entwicklungsaspekte mit großer Relevanz für die Kinder und Jugendlichen verkannt. Für die Primarstufe sind so die folgenden Schritte psychosexueller Entwicklung zu konstatieren (Tab. 5).

Tab. 5: Körperliche und sexuelle Entwicklung, orientiert an Schulklassen und mit ungefährer Angabe der Lebensjahre (LJ)

Klasse und LJ	Entwicklungsschritte, abhängig von der sozialen und Lernumgebung	Sinnlich-sexuelle Erfahrungen mit dem eigenen Körper	Sinnliche Erfahrungen mit anderen sowie persönliche Grenzen, abhängig von der sozialen und Lernumgebung
1./2. Klasse, ca. 7./ 8. LJ	teils deutliche Entwicklungsunterschiede der Kinder sind vorhanden; wesentliche Anforderung ist das Einlassen auf den und das Funktionieren im Klassenverband, womit physische und psychische Herausforderungen verbunden sind; Diskriminierungen können	die Neugier an sich selbst und an anderen Kindern setzt sich fort und erstreckt sich auch auf genitale Merkmale; Selbstbefriedigung kann auch zur Stressregulation eingesetzt werden; »Doktorspiele« finden weiterhin statt;	die Reaktion auf den Umgang der Kinder, der Umgang mit Nacktheit etc. prägt die Umgangsweisen der Kinder untereinander; die Kinder können von Schule und Elternhaus teils widersprüchliche Signale zum Umgang erhalten; entsprechend sind die

Tab. 5: Körperliche und sexuelle Entwicklung, orientiert an Schulklassen und mit ungefährer Angabe der Lebensjahre (LJ) – Fortsetzung

Klasse und LJ	Entwicklungsschritte, abhängig von der sozialen und Lernumgebung	Sinnlich-sexuelle Erfahrungen mit dem eigenen Körper	Sinnliche Erfahrungen mit anderen sowie persönliche Grenzen, abhängig von der sozialen und Lernumgebung
	stattfinden und müssen von den Kindern verarbeitet werden	Schamhaftigkeit nimmt im Zusammenhang mit den umgebenden sozialen Signalen zu	Kinder stärkende Lehrinhalte, eigene Bedürfnisse (auch gegen eine Mehrheit oder Erwachsene) artikulieren zu können, bedeutsam
3./4. Klasse, ca. 9./10. LJ	die »Zwangsgemeinschaft« Klassenverband wurde mehr oder minder gut angenommen; Erlernen gesellschaftlicher Norm und des eigenen Bezugs/Umgangs mit ihr; oft intensiver Versuch, der Norm z. B. im Hinblick auf Geschlecht zu entsprechen; Entwicklungsschritte sind von den gemachten Erfahrungen (Wertschätzung, Vertrauen vs. Marginalisierung) abhängig; Leistungsniveaus und Resilienzen gegenüber Diskriminierungen und Übergriffen können sich ausbilden oder es können schwierige Situationen entstehen (Mobbingerfahrungen)	zunehmend Unterscheidung zwischen »öffentlich« und »eigen«/»privat«, bei Differenzierung der Handlungen, die jeweils möglich sind; in der Regel Rückgang oder kaum Auftreten von »Doktorspielen«; oft ist nun den gesellschaftlichen Normen gemäße Schamhaftigkeit ausgeprägt	zunehmendes Funktionieren in den Erwartungshaltungen von Elternhaus, Schule, Gesellschaft; Ein- und oft Unterordnung eigener Bedürfnisse in diesen Rahmen; die schulische Sexualerziehung setzt hier an; wichtig ist aber auch bereits ein Bezug zu geschlechtlicher Vielfalt und der Vielfalt von Familienformen

Der Bildungsprozess in der Primarstufe lässt sich auch hinsichtlich der sexualpädagogischen Inhalte in zwei Phasen gliedern – in die *frühe Phase (1. und 2. Klassenstufe)*, in der die Kinder mit ihren heterogenen Hintergründen im schulischen Kontext ankommen und die dort gültigen Normen kennenlernen; und in die *späte Phase (3. und 4. Klassenstufe)*, in der die Normen bekannt sind, oft eingeübt werden oder – sofern Diskriminierungs- und Marginalisierungserfahrungen auftreten – ein Umgang mit diesen gefunden wird.

Wie zuvor in der Kita, haben Fachkräfte die Aufgabe, eine möglichst gut mit vielfältigen Erfahrungsräumen angereicherte Bildungsumgebung für die Kinder zu schaffen. Einige Kinder hatten weniger kreative Umgebungen im familiären Kontext und werden besonders profitieren, die anderen Kinder, die auch zuvor vielfältige Erfahrungsräume hatten, werden von der weiteren Kreativität und dem sozialen Umgang ebenfalls profitieren und ihre Fähigkeiten weiter schulen. Bildung als »aktiver, sozialer und vor allem [...] sinnlicher und manchmal auch lustvoller Prozess der Aneignung von Welt« (Wanzeck-Sielert 2009) wird so pädagogisch durch eine reichhaltige Umgebung unterstützt.

Sexualpädagogisch wird in der *frühen Phase* an die heterogenen Vorerfahrungen der Kinder angeschlossen, die sie im Elternhaus und ggf. in der Kita gemacht haben. Inhalte, Methoden und Materialien ähneln denen der Kita. Es geht darum, dass die Kinder im Klassenverband zusammenfinden und einen guten Umgang miteinander finden. Dabei spielt eine wichtige Rolle, dass sich jedes Kind angenommen fühlt und einen wertschätzenden Umgang erfährt. So kann sich eine Vertrauensbasis einerseits zu den Fachkräften und zu den übrigen Kindern – und damit auch insgesamt zur Schule – ausbilden. Als Themen spielen gerade Fragen rund um den Körper, Berührungen, Gefühle und auch Gefühle des Verliebtseins, wichtige Rollen. Wahrnehmungen des eigenen Körpers und Begriffe für ihn werden aktualisiert oder neu gelernt, so wird ein selbstbewusster und selbstbestimmter Umgang mit dem eigenen Körper und mit den eigenen Bedürfnissen entwickelt. Vielfältigkeit sollte zum Thema gemacht werden, um den Kindern zu ermöglichen, dass sie sich in ihrer Individualität im Gruppenverband wahrgenommen fühlen. Das Lernen der Kinder ist dabei nicht selten auch ein Lernen für das Elternhaus, weil die Eltern eigene Erfahrungen in der Schule gemacht haben – auch verbunden mit Zurücksetzung und Diskriminierung. Um zu vermeiden, dass gegensätzliche Signale von Elternhaus und Schule an die Kinder gesendet werden, ist eine gute Information der Eltern und eine vertrauensvolle Zusammenarbeit mit dem Elternhaus günstig. Dadurch wird vermieden, dass ein Kind ganz unterschiedlichen Erwartungen ausgesetzt ist und damit überfordert wird.

Beim Lernen in der *späten Phase* spielen die Gleichaltrigen eine große Rolle. Kinder orientieren sich an ihnen und üben mit ihnen gesellschaftliche Normen (zum Beispiel in Bezug auf Geschlecht) ein. Je nach Signalen aus Gesellschaft und Elternhäusern, der unterbreiteten pädagogischen Angebote sowie der eigenen Selbstverortung kann sich eine Aufteilung entlang binärer Geschlechternormen ergeben – Mädchen auf der einen Seite, Jungen auf der anderen. Diese eigene Findung von Identität im Gruppenverband kann dabei stetig von kreativen Angeboten tangiert werden. Um Marginalisierungserfahrungen zu vermeiden, sollte aber auch darauf geachtet werden, dass in gutem Maß geschlechtergemischte Formate vorhanden sind und Angebote unterbreitet werden, die Geschlechterstereotypen zuwiderlaufen: die »taffe Prinzessin«, die sich schmutzig macht und Abenteuer bewältigt, der »einfühlsame« Junge, der auch weinen darf. Vielfältige Angebote ermöglichen es hier, dass sich auch solche Kinder aufgehoben fühlen, die sich selbst jenseits binärer Geschlechternorm verorten. Entsprechende Informationen – auch empowernde für Kinder der verschiedenen Geschlechter, ihren Gefühlen zu trauen und sich selbst gut zu finden – kommen dabei inzwischen auf vielen Wegen bei den Kindern an: über Fernsehen und Hörspiele, Bücher und Spiele aller Art. Allerdings sind auch in solchen Formaten oft noch stereotype Erwartungshaltungen präsent, die dafür sorgen, dass sich Kinder schlecht fühlen, weil sie ihnen entsprechen sollen – aber es nicht können oder sich anders wahrnehmen. Ein vielfältiges Angebotsformat unterstützt die Kinder, sich selbst zu verorten und zu finden. Die sexualpädagogischen Themen in der späten Phase orientieren, neben dem Stärken der Selbstwirksamkeit der Kinder, auf die folgenden konkreten Wissensbestände, wobei es wesentlich ist, dass Kinder jeweils einen Selbstbezug zum Thema herstellen können: Schwangerschaft und Geburt; Benennen und Wahrnehmen des Körpers; Geschlecht und Geschlechterrollen in der Gesellschaft, bei Akzeptanz von Vielfältigkeit und Individualität; Freundschaften auch im Hinblick auf Gleich- und Andersgeschlechtlichkeit; Gefühle, Flirten und Liebeskummer; körperliche Veränderungen; Schönheitsideale und Selbstwert (vgl. auch: Wanzeck-Sielert 2009).

Kinder probieren sich im Schulalter aus, machen Erfahrungen mit Freundschaft, Verliebtsein und in Auseinandersetzungen mit anderen Kindern. Begriffe wie »Sex« finden sie oft »eklig«, suchen aber zuweilen auch die Provokation, etwa über sexualisierte Sprache. Für Fachkräfte kann das als herausfordernd wahrgenommen werden, so dass es wichtig ist, möglichst in der Ausbildung – sowohl im Studium als auch im Referendariat – entsprechende Lehrinhalte zu verankern. Gleichzeitig ist das Themenfeld aktuell gesellschaftlich sehr agil: Mehr als noch vor zwanzig Jahren haben die Lehrkräfte den Auftrag, die Selbstbestimmung der Kinder – auch die geschlechtliche und die sexuelle – zu fördern; sexuelle Übergriffe sollen wirksam bearbeitet werden und ihnen soll im pädagogischen Kontext durch Präventionsangebote möglichst vorgebeugt werden; zudem sind Inklusion und Intersektionalität Thema. Zur Unterstützung wird pädagogisch wertvolles Material u. a. von Schulbuchverlagen und Medienanstalten geliefert, das die Kreativität der Kinder fördern hilft. Das bedeutet, dass es heute mehr denn je für Lehrkräfte und weitere Fachkräfte erforderlich ist, sich stetig auf dem aktuellen Stand zu halten – auch was Fragen der sexualpädagogischen Arbeit betrifft.

Materialempfehlungen für die Primarstufe

Spezifisch mit Blick auf die Grundschule gibt es einiges recht aktuelles, doch schon bewährtes Material, unter anderem *Sexualerziehung ist (k)ein Kinderspiel: Materialien für den Unterricht in der Grundschule* (Maurer 2021), *Einmal Aufklärung, bitte! Sexualerziehung in der Grundschule* (Buchholtz 2021), *Sexualkunde in der Grundschule: Vielseitiges Übungsmaterial rund um Liebe, Sexualität und Pubertät* (Jebautzke 2020), *Lernwerkstatt: Körper – Liebe – Kinderkriegen Fächerübergreifende Materialien zur Sexualerziehung* (Möckel 2008) und die Ausstellung *Echt Klasse!* des Kieler PETZE-Instituts mit den Begleitmaterialien zu ihr.

Im Hinblick auf geschlechtliche und diversitätsbezogene Selbstbestimmung ist das Schulbuch *Alles Divers: Sexualkunde und Demokratieerziehung* (Rosen & Rosen 2022) grundschulgerecht und empfehlenswert, und es enthalten unter anderem der *Medienkoffer für Geschlechtervielfalt und die Vielfalt der Familienformen* des *Kompetenzzentrums geschlechtergerechte Kinder- und Jugendhilfe e. V.* (Magdeburg) (https://medienkoffer-kgkjh.de/), die dort verortete Literatur-, Methoden und Materialiensammlung *Vielfalt erfahrenswert* (https://vielfalt-erfahrenswert.de/) sowie die Zusammenstellung von Hintergrundtexten, Materialien und Unterrichtsbausteinen *Schule lehrt/lernt Vielfalt* (Spahn & Wedl 2019a, 2019b) umfassende, qualitativ hochwertige Empfehlungen.

Sexualpädagogik in der Sekundarstufe

In der Grundschule wurden die Kinder an die strukturellen Lernbedingungen gewöhnt, die auf das weitere, stärker leistungsbezogene Lernen vorbereiten. Sie können meist mit der durch die Schule geprägten Tagesstruktur umgehen, auch über einen längeren Zeitraum stillsitzen und sich auf Inhalte konzentrieren – andernfalls wurden sie und werden sie noch immer an den schulischen Förderbereich übergeben (was mit Marginalisierungserfahrungen verbunden sein kann). Als weiteres Resultat der Grundschule haben sich Kinder mit den geschlechtlichen und sexuellen Normen der Gesellschaft arrangiert. Sie ordnen sich selbst zu und ordnen sich im Verhältnis zu den anderen Kindern ein. Mit möglichen Diskriminierungs- und Marginalisierungserfahrungen haben sie einen – mehr oder weniger gelingenden – Umgang gefunden; es können aber auch weiterhin schwierige Situationen (etwa Mobbing) vorliegen, die noch nicht bearbeitet sind. Je nach Lernumgebung verfügen die Kinder zudem über ein Sexual-Grundwissen, das sich auf den eigenen Körper, Gefühle und Grenzen bezieht, aber auch auf Schwangerschaft, Geburt, Geschlecht und Geschlechtsmerkmale.

Die Sekundarstufe ist nun leistungsorientierter und bereitet auf die Lebens- und Arbeitsbedingungen der modernen kapitalistischen Leistungsgesellschaft vor. Sich hieraus ergebende Anforderungen, die ggf. vom Elternhaus und vom weiteren sozialen Umfeld noch unterlegt werden, sind zu bewältigen, ebenso größere physische und physiologische Veränderungen der Vorpubertät und Pubertät. Daraus ergeben sich umfassende psychische Herausforderungen. Der Umgang mit Peers kann hier einerseits entlastend wirken, andererseits – gerade in Bezug auf Diskriminierung und Marginalisierung – zu weiteren Herausforderungen führen.

Tab. 6: Körperliche und sexuelle Entwicklung, orientiert an Schulklassen und mit ungefährer Angabe der Lebensjahre (LJ)

Klasse und LJ	Entwicklungsschritte, abhängig von der sozialen und Lernumgebung	Sinnlich-sexuelle Erfahrungen mit dem eigenen Körper	Sinnliche Erfahrungen mit anderen sowie persönliche Grenzen, abhängig von der sozialen und Lernumgebung
5./6. Klasse, ca.	Vorpubertät: beginnende Ausbildung sekundärer	Wahrnehmung der körperlichen Veränderungen;	Umgang mit Gleichaltrigen (Peerverhalten) in der Schule

Tab. 6: Körperliche und sexuelle Entwicklung, orientiert an Schulklassen und mit ungefährer Angabe der Lebensjahre (LJ) – Fortsetzung

Klasse und LJ	Entwicklungsschritte, abhängig von der sozialen und Lernumgebung	Sinnlich-sexuelle Erfahrungen mit dem eigenen Körper	Sinnliche Erfahrungen mit anderen sowie persönliche Grenzen, abhängig von der sozialen und Lernumgebung
11./ 12. LJ	Geschlechtsmerkmale (Beginn individuell unterschiedlich); Zunahme von Vergleich mit Gleichaltrigen, Schönheitshandeln im Kontext gesellschaftlicher Normen; Zunahme sexueller Empfindungen; Auseinandersetzung mit eigener Geschlechtsidentität; je nach Passung zur Norm und sozialer Passung in der Gruppe der Gleichaltrigen können Diskriminierungs- und Marginalisierungserfahrungen und damit verbundene psychische Belastungen vorkommen (ansteigende Vulnerabilität)	Auseinandersetzung mit dem neu entstehenden Körperbild; Umgang mit sexuellen Erregungen genitaler Sexualität oder auch die Wahrnehmung, nicht der sexuellen Norm zu entsprechen (Asexualität, Aromantik)	und außerschulisch nimmt einen zunehmenden Raum ein; in dem Kontext Vergleiche und Messen mit den Peers – grundlegendes Erlernen eines sozialen Umgangs (auch bei widrigen familiären Kontexten); neue Möglichkeiten der Unterstützung durch die Peers, aber auch von Grenzverletzungen, Ausgeschlossensein; die vorpubertären Veränderungen und die individuelle Auseinandersetzung damit können Spannungen insbesondere mit Eltern, Lehrkräften etc. bedingen
7./8. Klasse, ca. 13./ 14. LJ	Pubertät: Menarche und Ejakularche liegen im Durchschnitt bei 12,5 bis 13 Jahren; sexuelle Fantasien nehmen zu; Auseinandersetzung mit den eigenen genitalen Impulsen (sofern sie	Gesteigerte Wahrnehmung der körperlichen Veränderungen; Zunahme sexueller Erregung; Ablehnung und Annahme eigener	Zunehmendes Peerverhalten mit positiven sozialen Erfahrungen und Erfahrungen von Ausschluss und punktuellen Grenzüberschreitungen;

Tab. 6: Körperliche und sexuelle Entwicklung, orientiert an Schulklassen und mit ungefährer Angabe der Lebensjahre (LJ) – Fortsetzung

Klasse und LJ	Entwicklungsschritte, abhängig von der sozialen und Lernumgebung	Sinnlich-sexuelle Erfahrungen mit dem eigenen Körper	Sinnliche Erfahrungen mit anderen sowie persönliche Grenzen, abhängig von der sozialen und Lernumgebung
	vorhanden sind), je nach gesellschaftlicher und sozialer Norm; Fragen von geschlechtlicher Identität und sexueller Orientierung werden im Rahmen der Normen individuell bearbeitet – je nach Abweichung können Diskriminierungen und Marginalisierungen auftreten; im Zusammenhang mit den zu bearbeitenden körperlichen und physiologischen Veränderungen können psychische Belastungen in besonderem Maß wahrgenommen werden und unlösbar erscheinen (erhöhtes Suizidrisiko)	genitaler Impulse; Selbstbefriedigung	erste (freiwillige oder unfreiwillige) Liebes-, Petting- und sexuelle Erfahrungen; Erfahrungen mit Zurückgewiesensein, und ggf. Eifersucht etc.; je nach umgebender gesellschaftlicher und sozialer Norm können Spannung und Herausforderungen entstehen; Aushandlungen mit dem Elternhaus bzw. den Sorgeberechtigten um Freiräume für Peeraktivitäten und ggf. Freundschafts- und Liebesbeziehungen; sexuelles Interesse, sofern vorhanden, äußert sich auch medial: Ausprobieren der Nutzung von Pornografie, sexueller und liebesbezogener Informationsquellen
9. Klasse, ca. 15. LJ und	Fortsetzen und in der Regel zunehmendes Lösen der pubertären Aufgaben; Verfestigung	Selbstbefriedigung findet verbreitet statt (mittlerweile bei allen	Aufgaben der Phase der Pubertät werden zunehmend bearbeitet; Liebes- und

177

Tab. 6: Körperliche und sexuelle Entwicklung, orientiert an Schulklassen und mit
ungefährer Angabe der Lebensjahre (LJ) – Fortsetzung

Klasse und LJ	Entwicklungsschritte, abhängig von der sozialen und Lernumgebung	Sinnlich-sexuelle Erfahrungen mit dem eigenen Körper	Sinnliche Erfahrungen mit anderen sowie persönliche Grenzen, abhängig von der sozialen und Lernumgebung
folgend	eigener Identität auch im Hinblick auf Geschlecht und sexuelle Orientierung; in der Regel sich lösender Umgang mit Diskriminierungs- und Marginalisierungserfahrungen	Geschlechtern); Umgang mit Schönheitsnormen und sinnlicher Umgang mit dem eigenen Körper	sexuelle Beziehungen und Erfahrungen können an der Tagesordnung sein; auch (sexuelle) Übergriffe durch Peers finden zunehmend statt und werden bearbeitet – Unterstützungsbedarfe können gegeben sein, Resilienzen können sich stärker ausbilden (bzw. auf vergangene kann zurückgegriffen werden); sofern möglich, zunehmende Verselbständigung gegenüber dem Elternhaus und Sorgeberechtigten, ggf. verbunden mit Spannungen

Im Rahmen der Sekundarstufe geht die Schule und gehen Fachkräfte mit den zunehmend differenzierten Peer-Erfahrungen der Kinder und Jugendlichen um, wobei Freundschafts-, Liebes- und sexuelle Erfahrungen relevant sind. Die Entwicklungsaufgaben, die im Rahmen der Vorpubertät und Pubertät bewältigt werden müssen, sind für die jungen Menschen einerseits physisch und psychisch herausfordernd, sorgen andererseits aber auch dafür, dass

Wissensbedarfe ansteigen und – mehr oder weniger deutlich – artikuliert werden. Eine zunehmend sexualisierte Sprache, Mediennutzung auch in Bezug auf Themen zu Liebe und Sexualität sind ein Ausdruck – und sie finden sich auch beim Umgang auf dem Schulhof, in der Kommunikation in Sozialen Medien und anderen digitalen Diensten, auch in Zeichnungen auf Schulbänken und in Toilettenanlagen. Mit der stärkeren Thematisierung von Sexualität sind auch Kinder und Jugendliche konfrontiert, die kein Bedürfnis in sexueller Richtung verspüren – mit sich daraus ergebenden spezifischen Aushandlungen und ggf. Bedarfen.

Eine klare Haltung der Fachkräfte, auch hinsichtlich eines positiven und respektvollen Verständnisses von Sexualität, ist wichtig. Zu einer guten Entwicklung der Kinder- und Jugendlichen ist es darüber hinaus bedeutsam, dass sie in ihrer Selbstbestimmung auch im Hinblick auf das Geschlechtliche und Sexuelle gestärkt werden. Das beinhaltet auch eine Akzeptanz von Individualität und Vielfalt; gerade Kinder und Jugendliche, die nicht den gesellschaftlichen Normen heterosexueller cisgeschlechtlicher Jungen und Mädchen entsprechen, können Bedarfe haben, die mitunter auch nur schwer zu artikulieren sind. Positive Signale in Richtung der Wertschätzung von Vielfalt können hier wichtige Räume eröffnen und signalisieren, dass Fachkräfte ansprechbar sind.

Als Themen kommen nun in aller Breite diejenigen auf, die von der BZgA im Sinne der Sexualaufklärung aufbereitet wurden. Es geht nun inhaltlich um körperliche Vorgänge, individuelle Sexualentwicklung, Identitätsfindung, Geschlechterrollen, Partnersuche und Partnerschaft, um unterschiedliche sexuelle und nicht-sexuelle Lebensentwürfe, Gestaltung erfüllter Sexualität, auch im Sinne asexueller und aromantischer Bedürfnisgestaltung, um sexuelle und reproduktive Gesundheit und damit verbundene Rechte, um Grenzverletzungen und sexualisierte Gewalt, um Schwangerschaft und Schwangerschaftsabbruch, Empfängnisverhütung, sachgerechte Anwendung von Verhütungsmitteln, sexuell übertragbaren Infektionen (STI).

Dabei ist die Vermittlung der Inhalte mit Vermittlungen von Kompetenzen verbunden, die Kommunikations- und Handlungsmöglichkeiten in den Bereichen Partnerschaft, Familienplanung, Sexualität sowie für die Gestaltung von Nähe und Distanz eröffnen; Konflikt- und Handlungsfähigkeiten auch im Zusammenhang sexueller Interaktionen stärken; ein gutes Körper- und Selbstwertgefühl unterstützen.

Wichtig ist hierfür eine interaktive Unterrichtsgestaltung, die wiederholt und interdisziplinär Themen aus dem Kontext Geschlecht, Sexualität, Liebe und Beziehung aufgreift und auf einer sachlichen Ebene bearbeitet. Konkrete Formen des Umgangs können dabei einfließen. Wichtig ist es wieder, dass es ein gemeinsames Verständnis des Kollegiums zur Bearbeitung der Themen und zum Umgang mit ihnen im Schulalltag gibt, damit die Kinder und Jugendlichen nicht gegensätzliche Signale erhalten, sondern die Haltung der Fachkräfte abgestimmt ist und die Schule ein Ort ist, an dem auch positiv über Sexuelles gesprochen werden kann. Nur wo positiv über Sexualität kommuniziert werden kann und Kinder und Jugendliche das wissen und es nutzen können, haben sie auch die Möglichkeit, bei erfahrenen Grenzverletzungen und Übergriffen Rat und Unterstützung zu finden.

Aktuelle Inhalte – angesagte Serien, Debatten wie #metoo und #aufschrei, Diskussionen über geschlechtergerechte Sprache und über die geschlechtliche Selbstbestimmung von tin Personen – können aufgegriffen und für den Schulunterricht aufbereitet werden. Dabei ist davon auszugehen, dass Kinder bzw. Jugendliche in der Klasse sind, die von Diskriminierungs- und Marginalisierungserfahrungen betroffen sind. Entsprechend sensibel sollte die Thematisierung sein, um herausfordernde Situationen nicht zu verstärken, sondern eher Unterstützungsmöglichkeiten zu eröffnen. Auch Kinder und Jugendliche, die durch »robustes Verhalten« Auseinandersetzungen suchen, können Bedarfe haben. Zu vermeiden sind »Beschämungen« von einzelnen Kindern bzw. Jugendlichen oder der ganzen Klasse (Blumenthal 2014), stattdessen sollte stets Sachlichkeit im Mittelpunkt stehen. Eigene persönliche Erfahrungen sollten zurückgehalten werden. Für den direkten Erfahrungsbezug können hingegen externe Aufklärungsprojekte sowohl in Bezug auf sexuelle Entwicklung, Empfängnisverhütung, STI als auch in Bezug auf sexuelle und geschlechtliche Vielfalt einbezogen werden – diese ermöglichen einen unbefangeneren Austausch der Kinder bzw. Jugendlichen zu den entsprechenden Themen.

Materialempfehlungen für die Sekundarstufe

Für die Vorbereitung der Fachkraft und zur Unterrichtsgestaltung sind für die Sexualpädagogik in der Sekundarstufe zunächst *Sexualität: Hintergrundwissen, Materialien und Methoden für die schulische Praxis* (Heyne 2020) sowie *Sexuelle Bildung in der Schule: Themenorientierte Einführung und Methoden* (Martin & Nitschke 2017) empfehlenswert, ebenso die Methoden-Seite der BZgA Liebesleben (www.liebesleben.de). Daran anschließend gibt es inzwischen zunehmend reflektierte Materialien, die auch in der Gestaltung bereits den Aspekten von geschlechtlicher und sexueller Selbstbestimmung Rechnung tragen und dabei Inhalte zu lesbischer, schwuler oder bisexueller Orientierung Cisgeschlechtlicher sowie Bedarfe von trans*- und intergeschlechtlichen wie auch von geschlechtlich nicht-binären Personen berücksichtigen, unter anderem: *Schule lehrt/lernt Vielfalt* (Spahn & Wedl 2019a, 2019b), *Sexualerziehung mit Generation Z: Zeitgemäßer Biologieunterricht nach den aktuellen Richtlinien in den Klassen 5–10* (Rosen 2018), *Vielfalt in Sexualität und Geschlecht: Themenhefte Sekundarstufe Biologie* (Lotz 2020), *Diversität im Klassenzimmer: Geschlechtliche und sexuelle Vielfalt in Schule und Unterricht* (Palzkill et al. 2020) und die Ausgaben der Zeitschrift *Unterricht Biologie* (Nr. 471 und 472 [2022, Friedrich-Verlag]), außerdem die Material- und Methodensammlung *Vielfalt erfahrenswert* des *Kompetenzzentrums geschlechtergerechte Kinder- und Jugendhilfe e. V.* (Magdeburg) (https://vielfalt-erfahrenswert.de/). Darüber hinaus stellt das *Regenbogenportal* (www.regenbogenportal.de) des BMFSFJ umfassendes Informations- und methodisches Material bereit, ebenso die Projektseite *Vielma – Vielfältige Materialien* (www.vielma.at). Wenn auch noch recht binär, aber dennoch weiterhin sehr gut für die sexualpädagogische Arbeit mit Jugendlichen geeignet, ist die Ausstellung *Echt krass!* mit den zugehörigen Begleitmaterialien des Kieler *PET-ZE-Instituts*.

Kinder und Jugendliche mit Behinderungen

»Kinder und Jugendliche mit Behinderungen« meint insbesondere, dass es heute in der Gesellschaft noch Umgangsweisen und Begrenzungen gibt, die Menschen mit spezifischen Fähigkeiten an der selbstbestimmten und gleichberechtigten Teilhabe hindern. Menschen mit Behinderungen haben dieselben Menschenrechte und damit auch dieselben sexuellen Rechte wie Menschen ohne Behinderungen. Diese Rechte beinhalten die Möglichkeit, positive sexuelle Erfahrungen zu machen – bzw. sie nicht zu machen, sofern sie nicht gewünscht sind –, vor sexuellen Übergriffen geschützt zu sein, die Gründung einer Familie, die Entscheidung über die Anzahl und den Abstand von Kindern, den Erhalt der Fruchtbarkeit und der reproduktiven Gesundheit, den Zugang zu Gesundheitssystemen und den Zugang zu Angeboten der Sexualpädagogik und der Sexuellen Bildung (vgl. UN-Konvention über die Rechte von Menschen mit Behinderungen, §§ 23, 25).

Aufgrund gesellschaftlich verbreiteter stereotyper, diskriminierender Sichtweisen ist es in Bezug auf eine gelingende Sexualpädagogik für Kinder und Jugendliche mit Behinderungen besonders bedeutsam, Eltern und Fachkräfte – Pflegepersonen, Lehrkräfte, aber im Weiteren auch in der Erwachsenenbildung – entsprechend zu informieren und auszubilden. Das gilt auch im Hinblick auf die inklusive Schule.

Hinsichtlich der körperlichen Entwicklung gibt es zwischen Menschen mit und ohne Behinderungen keine grundsätzlichen

Unterschiede. Sexuelle Wünsche, Empfindungen, Orientierungen und geschlechtliche Identitäten treten in ähnlicher Verteilung auf wie bei Menschen ohne Behinderungen. Die gesamten Themen der Sexualpädagogik finden sich in ihrer Vielfalt wieder.

Ebenso wie andere Kinder und Jugendliche benötigen auch solche mit Behinderungen zur Ausbildung ihrer Persönlichkeit von Geburt an Unterstützung und Förderung ihrer psychosexuellen Fähigkeiten. Das bedeutet auch, dass die Bedürfnisse durch die betreuenden Personen wahrgenommen werden müssen; hingegen sollten nicht die Bedürfnisse der Betreuungspersonen – zum Beispiel nicht mit Themen zu Geschlecht und Sexualität konfrontiert zu sein – im Vordergrund stehen. Für die Entwicklung und Weiterentwicklung sozialer Kompetenzen, zur realistischen Einschätzung eigener Möglichkeiten und zur Herausbildung von Handlungsfähigkeit benötigen Kinder und Jugendliche mit Behinderungen in besonderem Maß Unterstützung, da sie im Kontext gesellschaftlicher Zuschreibungen und sozialer Interaktionen oft in größerem Maß Diskriminierungs- und Marginalisierungserfahrungen gemacht haben und infolge dessen ihr Selbstbild und Selbstwertgefühl beeinträchtigt sein kann. Durch die starke Abhängigkeit von den Bezugspersonen sind Möglichkeiten der eigenen Identitätsfindung im Kontext von Vorpubertät und Pubertät gefährdet, zugleich können durch die starke Abhängigkeit, aber auch im Zusammenhang mit Pflege- und Unterstützungsmaßnahmen, Grenzüberschreitungen – etwa im Hinblick auf das Schamgefühl – erfolgen und sexuelle Übergriffe begünstigt werden.

Sowohl im Hinblick auf die Inhalte als auch auf die Kompetenzen sind die Ziele der Sexualpädagogik in Bezug auf Kinder und Jugendliche mit und ohne Behinderungen gleich. Es ist erforderlich, die sexuellen Wünsche und Bedürfnisse von Kindern bzw. Jugendlichen mit und ohne Behinderungen gleichermaßen im Unterricht (und in weiteren sexualpädagogischen Angeboten) zu berücksichtigen. Wie in jedem Gruppenkontext sind die entsprechenden Inhalte angepasst an die psychosexuelle Entwicklung und anstehenden Entwicklungsaufgaben wie auch an die kognitiven Eigenschaften so aufzubereiten, dass abwechslungsreiche, multimethodische und an vielfältigen Materialien orientierte Wege der Vermittlung genutzt werden können.

Im Hinblick auf das inklusive Arbeiten ist besonders zu berücksichtigen:

◆ vielseitige Material- und Methodenauswahl, die vielfältige Zugänge zu den behandelten Themen gestattet;
◆ Bereitstellung barrierefreier oder -armer Informationen zu den bearbeiteten Inhalten, aber auch im Hinblick auf die jeweilige Kompetenzentwicklung;
◆ aktive Auseinandersetzung mit der individuellen Beeinträchtigung, um spezifische Möglichkeiten und Grenzen zu erkennen und die Ausbildung eines positiven Selbstbilds zu unterstützen;
◆ Angebote, um das Selbstbild, die Selbstbestimmung, die Selbstkompetenz und die Autonomie zu stärken, sollten in besonderem Maß eingesetzt werden;
◆ Erfahrungen unter Gleichaltrigen mit und ohne Behinderungen (Peergroup-Erfahrungen) sollten ermöglicht und unterstützt werden;
◆ im Hinblick auf die Eltern und Sorgeberechtigten sollte beachtet werden, dass auch diese oft zu Körper, Geschlecht und Sexualität der Kinder und Jugendlichen Bezüge und Unsicherheiten haben, so dass eine gute und vertrauensvolle Information über Bildungsangebote und eventuell auch die Einbeziehung der Eltern und anderer wichtig sind.

Wie deutlich wird, unterscheiden sich die Themen kaum von denen anderer Kinder und Jugendlicher, vielmehr kann die inklusive und damit an noch vielfältigeren Bedarfen orientierte Ausgestaltung von Angeboten ein Gewinn für Kinder und Jugendliche *mit und ohne Behinderungen* sein.

Materialempfehlungen für Sexualpädagogik im Kontext Behinderung

Auch im Kontext Behinderung sind mittlerweile vielfältige gute sexualpädagogische Materialien und Hinweisgeber zu finden, die allerdings noch in besonderem Maß binärgeschlechtlich verhaftet sind. Zur guten Einführung sind geeignet: *Behinderung und Sexualität: Grundlagen einer behinderungsspezifischen Sexualpädagogik* (Ortland 2020) und *Sexualität leben ohne Behinderung: Das Menschenrecht auf sexuelle Selbstbestimmung* (Clausen & Herrath 2012). Direkt Materialien und Hinweise für den Unterricht beinhalten die Bände *Sexualerziehung bei Jugendlichen mit körperlicher und geistiger Behinderung* (Ehlers 2022) und *Sexualpädagogische Materialien für die Arbeit mit geistig behinderten Menschen* (Bundesvereinigung Lebenshilfe e. V. 2014). Ein gutes Aufklärungsbuch ist *Schöne Gefühle: Ein Aufklärungsbuch in leichter Sprache* (Tewes 2022); ebenfalls empfehlenswert ist *Ich bestimme mein Leben ... und Sex gehört dazu* (Fegert et al. 2007). Darüber hinaus sind die Ausstellungen des *PETZE-Instituts* Kiel *Echt stark!* und *Echt mein Recht!* und die zugehörigen Begleitmaterialien empfehlenswert, ebenso die im Projekt *TRASE – Sexualität und Behinderung* entwickelten Materialien und Methoden und das Curriculum zur Fort- und Weiterbildung (https://traseproject.com). TRASE greift dabei auch Fragen geschlechtlicher und sexueller Individualität und Vielfalt auf.

Sexualpädagogik in der Kinder- und Jugendarbeit – Fachkräftefortbildungen

Auch in den weiteren Feldern der Kinder- und Jugendhilfe, der Kinder- und Jugendarbeit, sind sexualpädagogische Themen an der Tagesordnung. Die Inhalte und Methoden orientieren sich prinzipiell an den altersgemäßen Darstellungen für den schulischen

Kontext, wobei einrichtungsspezifisch besondere Themen im Fokus stehen können. Die Sozialpädagogische Familienhilfe etwa bringt andere Herausforderungen für Fachkräfte mit sich, als sie mit der Hort- und der Schulsozialarbeit oder mit den ambulanten und stationären Angeboten der Kinder- und Jugendhilfe verbunden sind. Schließlich haben Angebote des Kinder- und Jugendsports, der Kinder- und Jugendfeuerwehren, der – oft ehrenamtlich organisierten – Ferienfreizeiten und die der Pfadfinder*innen noch einmal andere Schwerpunktthemen und andere Bedarfe.

Auch für die eben genannten und andere Kontexte der Sozialen Arbeit und für die darin Tätigen gilt, wie zuvor schon für Kita-Fachkräfte und Lehrkräfte, dass bislang Inhalte zur sexualpädagogischen Arbeit und zur Prävention von sexualisierter Gewalt nicht oder nur randständig vorkommen, das gilt für die Ausbildung und für die Fort- und Weiterbildungen gleichermaßen (vgl. Altenburg 2015; Krolzik-Matthei et al. 2020). In den Einrichtungen selbst kommt das Themenfeld erst nach und nach stärker in den Blick – auch da gesetzliche Anforderungen an den Kinder- und Jugendschutz zunehmend geschärft werden und die Einrichtungen dem Rechnung tragen müssen.

Grundlegende Prämisse sollte künftig sein, dass überall dort, wo Kinder oder Jugendliche betreut werden, Fachkräfte und ehrenamtlich Tätige über sexualpädagogische Grundlagen, über Basisinformationen zur Prävention von sexualisierter Gewalt und Intervention bei sexualisierter Gewalt verfügen sollten. Die entsprechenden wissenschaftlichen Ausarbeitungen und Curricula liegen vor – allein noch mangelt es an der Umsetzung, für die der Wille der Entscheidungsträger*innen in den jeweiligen (Bildungs-)Institutionen und auf der politischen Ebene erforderlich ist. Für einen Überblick über den wissenschaftlichen Sachstand seien empfohlen: Wazlawick et al. 2019; Krolzik-Matthei et al. 2020; Voß et al. 2020; Böhm et al. 2021; Urban et al. 2022).

7

Sexuelle Bildung als lebenslanger Prozess der Selbstaneignung

Wie für die verschiedenen Altersstufen deutlich wurde, sind Bildung und Erziehung auch mit Blick auf Fragen zu Körper, Geschlecht und Sexualität als wechselseitig miteinander verbunden zu verstehen. Im Wesentlichen handelt es sich darum, dass sich Kinder und Jugendliche ihre Wahrnehmung und ihren Weltzugang selbst aneignen. Das geschieht in einem sozialen Rahmen, in dem von früh an andere Menschen – etwa Eltern, Sorgeberechtigte, Kita-Fachkräfte – auf das Aufwachsen und die Bedingungen der kindlichen Selbstaneignung einwirken. Sowohl die schnelle oder langsame Reaktion auf das Schreien eines Kleinkindes als auch der liebevolle oder grobe Umgang der erwachsenen Personen untereinander und mit dem Kind sind von Einfluss. Die bereitgestellten Spiele, Bücher, Kleidungsstücke etc. und die über sie vermittelten Normen – auch die geschlechtlichen und sexuellen – wirken sich auf die Wahrnehmungen und die Selbstverortung der Kinder aus. Kinder leben sich so nach und nach in die gesellschaftlichen Normen hinein, finden – ggf. auch einen widerspenstigen – Umgang mit ihnen. Dabei ist schon im Rückgriff auf Michel Foucaults Überlegungen zur »Biopolitik« verstanden worden, dass seit der europäischen »Moderne« die Gewöhnung der Menschen an die gesellschaftlichen Normen und Werte – also ihre Disziplinierung – nicht vordergründig durch Strafen erfolgt, sondern durch gesellschaftliche Institutionen, wie Schulen oder auch das Elternhaus. Louis Althusser führt in seinem Essay *Ideologie und ideologische Staatsapparate* (frz. 1970, dt. 1971) aus, dass das unhinterfragte Tun – zum Beispiel das geschlechtliche – in der Gesellschaft gerade jene »Ideologie« bilde, die Menschen nach und nach annehmen würden. Bisher sind etwa die Norm der Zweigeschlechtlichkeit und der klaren Verortung im Kontext sexueller Orientierung als »heterosexuell«, »homosexuell« oder »bisexuell« solche gesellschaftlich weithin geteilten »Ideologien«. »Schule und die Kirchen« »dressieren« dabei zwar auch repressiv »mit den entsprechenden Methoden der Strafe, des Ausschlusses, der Auswahl usw.« (Althusser 1971 [1970]), überwiegend werden die Kinder dort aber nicht-repressiv in die ideologische Struktur der Gesellschaft eingebunden. Sie werden in Schule, Kirchen etc. zu Subjekten geformt.

So gesehen, gibt es in der menschlichen Gesellschaft keine vollständig autonome Selbstaneignung von Wissen und Kompetenzen, sei es im Bereich des Geschlechtlichen und Sexuellen oder in jedem beliebigen anderen Themenfeld. Dennoch macht es Sinn, wie zu Beginn des Buches mit Blick auf die begriffliche Unterscheidung von Sexualpädagogik, Sexualerziehung und Sexueller Bildung ausgeführt, bewusste, intendierte Formen pädagogischer Einflussnahme von Formen der »Selbstaneignung« zu unterscheiden. Bereits in frühen Arbeiten wird für die Differenzierung die Unterscheidung der Begriffe »Sexualerziehung« und »Sexuelle Bildung« genutzt. Das zeigte sich unter anderem in den Arbeiten von Hirschfeld & Bohm (1930) und Grassel (1978a, 1978b); im Buch »Sexuelle Bildung und Erziehung« der Gesellschaft zur Verbreitung wissenschaftlicher Kenntnisse (1962) ist die begriffliche Differenzierung direkt in den Titel eingegangen. Mit »Sexueller Bildung« werden so die vielfältigen Möglichkeiten des Kindes und des*der Jugendlichen – und später auch des*der Erwachsenen – adressierbar, sich selbst zu informieren und selbstbestimmt Erfahrungen zu machen. Grassel (1978a: 51) stellt die Einwirkung weiterer Informationsquellen und Bezugspersonen, konkret für die Entwicklung sexuellen Verhaltens, wie folgt dar (Abb. 11).

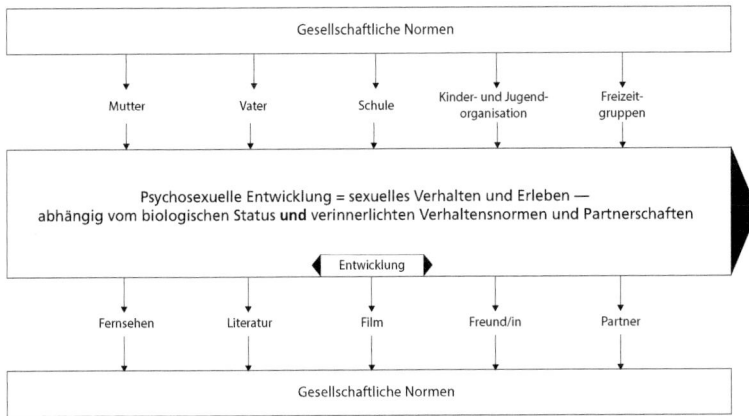

Abb. 11: Bedingungen der Entwicklung sexuellen Verhaltens (Grassel 1978a: 51)

Grassel spricht von den »Miterziehern«, derer sich eine Sexualpädagogik bewusst sein solle und deren Qualität und Informationsgehalt Einfluss auf die jeweilige Entwicklung habe. Heute würden wir das Schema vor dem Hintergrund neuer Informationstechnologien aktualisieren (vgl. etwa Döring 2017a, 2017b; Döring 2019). So wurden in ▶ Abb. 4 die vielfältigen Informationsquellen deutlich, die Jugendliche heute digital nutzen. Neben den vergleichsweise neuen

Möglichkeiten des Internets und Sozialer Medien, dort insbesondere Youtuber*innen bzw. Influencer*innen, spielt weiterhin in hohem Maß die analoge und digitale Kommunikation unter Peers – sowohl Freund*innen als auch Partner*innen – eine große Rolle. Vielfältige kulturelle, mediale Angebote, die etwa geschlechtliche und sexuelle Selbstbestimmung in kind- und jugendgerechter Weise aufgreifen oder »vorleben«, bieten entsprechend Identifikationsangebote für ein positives Selbstbild und Selbstverständnis an. Sie sind gleichzeitig auch geeignet, Sexualwissen angemessen zu vermitteln. Durch die vielfältigen Angebote ist dabei auch klar, dass Kinder und Jugendliche nach und nach erlernen müssen, »vertrauenswürdige« Angebote, mit sachgerechten und wahrheitsgemäßen Botschaften, von solchen mit »Falschinformationen« zu unterscheiden. Bedeutsam ist Medienkompetenz. Sie ist auch erforderlich, damit Sexting – der digitale erotische Bild- und Nachrichtenaustausch – gelingen kann und keine oder begrenzbare negative Erfahrungen (etwa Mobbing) gemacht werden müssen. Einen umfassenden Überblick über mediale Möglichkeiten und Einflussfaktoren vermitteln die Beiträge des Sammelbandes *Geschlechtliche und sexuelle Selbstbestimmung durch Kunst und Medien* (Katzer & Voß 2019).

Seit einigen Jahren rücken auch die Bedarfe von Erwachsenen im Themenfeld der Selbstbildung – der Sexuellen Selbstbildung – in den Blickpunkt. Orientieren sich bereits seit Jahrzehnten Angebote der Sexualberatung und Sexualtherapie spezifisch auf Fragen und Probleme Erwachsener – sei es in Bezug auf partnerschaftliche Herausforderungen, Fragen gelingender sexueller Interaktion oder Fragen der eigenen sexuellen oder geschlechtlichen Identität (vgl. für einen Überblick etwa Maß & Bauer 2016; Sztenc 2020) –, so regt Valtl (2005, 2013) an, daneben auch das Konzept der »Sexuellen Bildung« stärker als Chance zu begreifen, um »unterstützende« pädagogische Angebote auch für Fragen Erwachsener im sexuellen Bereich zu konzipieren. Die Fragen Erwachsener können hierbei vielfältig sein, und sie sind *biografisch eingebunden*:

- Physische und physiologische Veränderungen, die sich kontinuierlich auch in den verschiedenen Lebensaltern des Erwachsenseins vollziehen. Dabei können Erfahrungen des Alterns und des sich damit wandelnden Körperbildes, aber auch Erkrankungen, die direkt den Genitalbereich betreffen, als auch solche, die andere Organe oder Gewebe beeinflussen, Relevanz haben.

- Biografische berufliche Entscheidungen und Lebenswege: Ausbildung oder Studium; Berufseinstieg, Quantität der beruflichen Tätigkeit und Auswirkungen auf den »privaten«, familiären und den sexuellen Bereich. Soll etwa das Sexualleben nach einem stressigen Arbeitstag auch noch »funktionieren«; Zusammenziehen mit einer*einem Partner*in; großstädtisches oder kleinstädtisch-dörfliches Leben; Eintritt ins Rentenalter und neue Perspektivsuche etc.

- Pflege von Freundschaftsbeziehungen und mit beruflicher und familiärer Eingebundenheit verknüpfte Herausforderungen für freundschaftliche Beziehungen aller Art, mit verschiedenen Formen von Nähe und Zärtlichkeit; darüber hinaus sich veränderndes Ausgehverhalten (Party- und Clubkultur, Theaterbesuche, Bildungsveranstaltungen etc.) und sich damit verändernde Sozialkontakte.

- Aspekte der Lebens- und Familienplanung. Hier ist etwa in langjährigen Beziehungen ein ansteigender Grad an Vertrautheit bedeutsam, der einen Einfluss auf die sexuelle Zufriedenheit haben kann.

- Trennungen und wechselnde Beziehungen, ebenso Partnersuche im fortschreitenden Lebensalter sowie Singledasein in allen Lebensphasen.

- Fragen rund um die Geburt oder den Einzug (Adoption) von Kindern (sowie das Aufwachsen und später der Auszug des Nachwuchses) und die Auswirkungen auf den sexuellen Bereich; Fragen der Sterilisierung bei »abgeschlossener Familienplanung«.

- Der Umgang mit Affären in offenen oder geschlossenen Zweierbeziehungen; Fragestellungen zu Liebes- und Beziehungsgestaltung in polyamoren Beziehungsmodellen; Fragen rund um se-

xuelle Aktivitäten in offenen schwulen oder lesbischen Zweierbeziehungen.

+ Erfahrungen mit verbaler, körperlicher oder sexueller Partner-
gewalt sowie weitere Erfahrungen mit sexuellen Belästigungen
und sexuellen Übergriffen und der mehr oder minder gelingende Aufbau von Resilienzen. Stichworte: #metoo, #aufschrei.

+ Identitätsfragen rund um im Lebenslauf wechselnde individuelle
anders-, gleichgeschlechtliche oder bisexuelle sexuelle Verortung; aber auch innerhalb einer Identität ändern sich Verständ-
nisse (das Verständnis eigener Homosexualität im Alter von 23
Jahren ist anders als mit 45 oder 72 Jahren).

+ Etc.

Die biografischen Herausforderungen sind vielfältig und individuell unterschiedlich. Wichtige Faktoren, wie sie viele Erwachsene
prägen, sind das Eingehen und Wechseln von Partnerschaften, körperliche Veränderungen und gesundheitliche Fragen, Erfahrungen
und Umgang mit sexueller Belästigung und Übergriffen, Berufseinstieg, Kinderwunsch und Familienplanung, Eintritt ins Rentenalter
und neue Perspektivsuche. Daneben spielen explizit *Erfahrungen
und Wissensbedarfe in Bezug auf sexuelle Interaktion* eine Rolle:

+ Sexspielzeuge beim Solosex oder mit Sexpartner*innen.
+ Erproben verschiedener Stellungen bei der sexuellen Interak-
tion mit einer*einem Partner*in.
+ Erfahrungen mit Cruising, Klappensex, Sauna, Swingerclub von
Subgruppen, ggf. Gruppenaktivität.
+ Wechselnd gleichgeschlechtliche oder andersgeschlechtliche se-
xuelle Erfahrungen.
+ Erfahrungen mit Subordinanz, Dominanz, BDSM.
+ Erfahrungen sowohl mit analogem als auch digitalem eroti-
schem und sexuellem Austausch (Cybersex; [Amateur-]Porno-
grafie etc.).
+ ggf. Sexunfälle.
+ Etc.

Es entwickelt sich eine eigene Sexualbiografie, in deren Verlauf jeweils Fragen auftreten können, die geklärt werden sollen, was durch verschiedene Informationsquellen – von der Onlinerecherche bis zum Seminar und zur Sexualberatung – gelingen kann. Gleichzeitig können durch mediale Darstellungen und Workshopformate auch Anregungen gegeben werden und neue sexuelle Wünsche und Interessen in den Blick kommen. *Orte bzw. Medien der Sexuellen Bildung Erwachsener* können sein:

- Kommunikation mit Freund*innen und Partner*innen.
- Wissensbasierte Informationsquellen digital oder analog in Text, Ton, Video.
- Soziale Medien und Datingangebote zur Partnersuche oder für sexuelles Dating.
- Digitale und analoge Pornografie; gedruckte Magazine; digitale Sexseiten.
- Filme, Serien, Computerspiele etc.
- Kunst und ihre Orte; Musik, Theater, Clubbing und ihre Orte; Literatur und ihre Orte; Religion und ihre Orte.
- Orte für Sex und Dating, ob digital oder analog; Sexshops etc.
- Bildung im Austausch mit Sexarbeiter*innen, im Umgang mit Sexualassistenz, in Tantraseminaren, in der Sexualberatung etc.; auch in nicht explizit auf Sexuelles bezogenen körpernahen Angeboten wie Massage.
- Theoretische oder körperbasierte pädagogische Angebote der Sexuellen Bildung im Freizeitbereich.
- Angebote zur sexuellen Gesundheit in der Schwangerschafts(konflikt)beratung, STI-Beratung, Familienberatung; gynäkologische und urologische Sprechstunden und empfohlene Regeluntersuchungen.
- Professionelle Angebote zu Sexualpädagogik und Prävention sexualisierter Gewalt im beruflichen Kontext (für Lehrkräfte, Erzieher*innen, Polizeibeamt*innen etc.).
- Bildungsangebote für den Umgang und im Umgang mit Klient*innen im Kontext der Sozialen Arbeit oder von pädagogischen

Tätigkeiten (u. a. Sozialpädagogische Familienhilfe, inklusive oder spezifische Angebote im Kontext der Behindertenhilfe, verpflichtende oder freiwillige Angebote für erwachsene Personen mit Fluchterfahrung).

◆ Etc.

Deutlich werden sowohl die Vielfalt der möglichen Bedarfe als auch die differenzierten Arten und Weisen und die unterschiedlichsten Orte Sexueller Bildung. Sexuelle Sozialisation – Sexualisation – bedeutet ein lebenslanges Lernen und ein lebenslanges Sich-Entwickeln. Auch Erwachsene sind, wie Kinder und Jugendliche, herausgefordert, mit neuen Situationen umzugehen. Und es kann lohnend sein, sich eine vielfältige, die Neugier fördernde Lernumgebung zu erhalten. Das gilt auch für den sexuellen Kontext, was inzwischen auch pädagogisch erkannt wird. Zielten bislang Angebote der Sexualpädagogik und Sexuellen Bildung vor allem auf das Kinder- und Jugendalter und das frühe Erwachsenenalter, seit zwei, drei Jahrzehnten dann zusätzlich auch auf die Alterssexualität, wird nun zunehmend auch das mittlere Lebensalter relevant, und es entstehen nach und nach differenzierte Angebote (vgl. Starke 2013; Starke 2017; Böhm et al. 2022).

Zugänge zur Sexuellen Bildung im Erwachsenenalter

Wegweisende erste Zugänge, die auf die Sexuelle Bildung Erwachsener fokussiert sind (und die erfreulicherweise auch kostenlos als Open Access verfügbar sind), liegen mit den Bänden *Wir reden zu wenig! Angebote zur sexuellen Bildung Erwachsener* (Pampel 2019), *Körperorientierte Ansätze für die Sexuelle Bildung junger Frauen: Eine interdisziplinäre Einführung* (Sparmann 2015) und *Lustvoll körperwärts: Körperorientierte Methoden für die Sexuelle Bildung von Frauen* (Sparmann 2018) vor. Einen ersten Überblick über Weisen Sexueller Bildung gibt darüber hinaus das *Praxishandbuch Sexuelle Bildung im Erwachsenenalter* (Böhm et al. 2022).

Gute inhaltliche Zusammenstellungen oder zielgruppenspezifische Informationen bieten darüber hinaus unter anderem die Websites von pro familia (www.profamilia.de), der Deutschen Aidshilfe (www.aidshilfe.de), das *Regenbogenportal* des BMFSFJ (www.regenbogenportal.de), das *Bisexuelle Netzwerk* (www.bine. net) und der *Bundesverband Trans** (www.bundesverband-trans. de). Darüber hinaus sind Zugänge vielfältig und können exemplarisch Projektseiten angeführt werden: *Sex Workers* (www.sexworkers.de), *Schwules Museum* (www.schwulesmuseum.de), die Ausstellung *Sexualitäten* im *Deutschen Hygiene-Museum Dresden* (www.dhmd.de), *Viva la Vulva-Kunst!* (www.vulvani.com), *Vielma – Vielfältige Materialien* (www.vielma.at) etc.

8

Sexualpädagogik und Sexuelle Bildung intersektional fortentwickeln

Seit einigen Jahren wird klarer ersichtlich, dass Sexualpädagogik und Sexuelle Bildung auch der Verschränkung von gesellschaftlichen Herrschaftsverhältnissen – von Rassismus, dem Klassen- und dem Geschlechterverhältnis – Rechnung tragen müssen. Das gilt, wie sich in den vorangegangenen Darstellungen im Hinblick auf Diskriminierungserfahrungen im schulischen Kontext zeigte, für den aktuellen Anwendungsbezug: Hier ist es erforderlich, dass sexualpädagogische Fachkräfte Stereotype reflektieren und diskriminierungsarm arbeiten. Ein weiteres Handlungsfeld tat sich historisch auf: Die Auslöschung der Bezüge zu jüdischer Theoriebildung – insbesondere der »Geschlechteroffenheit« und »Geschlechtermischung« – seit der Nazi-Zeit, mit Wirkung auch über 1945 hinaus, gilt es in der Sexualpädagogik (und in der Sexualwissenschaft) zu reflektieren, und es ist mit der Reintegration der verloren gegangenen Inhalte in die Theoriebildung zu beginnen. Im Folgenden werden beide Felder skizziert – begonnen beim aktuellen Anwendungsbezug.

Heterogenität wahrnehmen lernen

Stereotype Vorannahmen durchziehen auch aktuelle pädagogische Angebote zu Sexualpädagogik und Sexueller Bildung (vgl. Çetin & Taş 2014; Saadat-Lendle & Çetin 2014; Voß 2020). Das wurde besonders deutlich, als im Jahr 2015 durch den Krieg in Syrien einige Geflüchtete mehr als zuvor Schutz in Deutschland suchten. In der Gesellschaft wurden alte Stereotype einer potenziell größeren sexuellen Übergriffigkeit *Schwarzer* Männer aufgewärmt (vgl. Hark & Villa 2017), zugleich wurden die geflüchteten Menschen insgesamt – und auch die Kinder und Jugendlichen – als homogene Gruppe wahrgenommen. Auch in der pädagogischen Arbeit tauchten Fragen auf, ob man denn mit diesen Jugendlichen und jungen Erwachsenen Sexualpädagogik machen könne und was sie aufgrund ihrer kulturellen Herkunft brauchen würden (vgl. Voß 2020).

Rassistische Vorurteile in medial verbreiteten Untersuchungen angrenzender Disziplinen

Einige vorurteilsbeladene Studien haben weitreichende Wirkungen in sexualpädagogischen Arbeiten hinterlassen. Dazu gehören:
    »Simon-Studie«: Die Untersuchung von Bernd Simon *Einstellungen zur Homosexualität: Ausprägungen und psychologische Korrelate*

bei Jugendlichen ohne und mit Migrationshintergrund stammt aus dem Jahr 2008. In dieser Studie zeigten sich bereits in den zu Grunde gelegten Hypothesen Vorannahmen, die durchweg negativ gegenüber Jugendlichen mit russischem oder türkischem Migrationshintergrund ausfielen. Diesen Jugendlichen wurden »Religiosität« und eine größere »Akzeptanz traditioneller Männlichkeitsnormen« zugeschrieben und daraus folgernd mehr »homosexuellenfeindliche« Einstellungen. Damit unterschieden sie sich von der weiß-deutschen bzw. mehrheitsdeutschen Gesellschaft, die zunehmend »homosexuellenfreundlich« sei. Den Jugendlichen mit aus Russland oder der Türkei stammenden Eltern oder Großeltern (88 % der Jugendlichen »mit Migrationshintergrund« waren in Deutschland geboren) wird per se mehr Traditionsverhaftung zugeschrieben als den Jugendlichen mit »deutschen Ahnen«. Weder die Sozialisation noch Möglichkeiten zur Bildung oder Erfahrungen mit Rassismus und/oder Antisemitismus wurden in der Studie von Bernd Simon erhoben. Immerhin gab auch Simon an, dass es sich nicht um eine repräsentative Untersuchung handele – dennoch erhielt sie breite Aufmerksamkeit und prägt insbesondere populäre Debatten bis heute. (Vgl. Çetin & Taş 2014: 26-30; Saadat-Lendle & Çetin 2014: 240f.)

»Pfeiffer-Studie«: Eine zweite notwendigerweise kritisch diskutierte Studie ist die von Dirk Baier, Christian Pfeiffer u. a. im Kontext des Kriminologischen Forschungsinstituts Niedersachsen e. V. durchgeführte Untersuchung *Jugendliche als Opfer und Täter von Gewalt* aus dem Zeitraum 2010/2011. Auch bei dieser Studie, die auf Berlin fokussiert, wurden keine repräsentativen Daten erhoben, und es zeigen sich sowohl methodisch problematische Zugänge als auch entsprechende Ableitungen. Im Kontext unserer Fragestellung besonders problematisch ist, dass die Interviewten kulturalistisch und biologistisch vorsortiert wurden und dann *unterschiedliche Fragebögen (!)* erhielten. Aus einer Kritik der Publizisten Koray Yılmaz-Günay und Salih Alexander Wolter (2010) wird das Ausmaß der durch die Methode herge-

stellten Verzerrung deutlich: »Beantworten sollen [die Jugendlichen, die als »mit Migrationshintergrund« einsortiert wurden, Anm. HV] Fragen wie diese: ›Wie oft wurdest du in den letzten zwölf Monaten, weil du kein Deutscher bist, unhöflich behandelt?‹ Weil du kein Deutscher bist. Wer durchgehend so adressiert wird und schließlich bei Frage 90 des Bogens für ›Nicht-Deutsche‹ ankreuzt, dass er sich ›Deutschland verbunden‹ fühlt, muss etwas begriffsstutzig sein – offenbar ein Indikator für gelingende Integration.« (Yılmaz-Günay & Wolter 2010)

Aus forschungsethischer Perspektive ist methodisch problematisch, dass minderjährige Schüler*innen offenbar ohne Aufklärung über Inhalte und Ziele der Studie und ohne Einwilligung der Erziehungsberechtigten befragt wurden; zudem werden im Ergebnisbericht Schüler*innen, die im Rahmen ihrer Selbstbestimmung die Teilnahme an der Studie verweigerten, von den Forschenden sogar noch kritisiert (vgl. Çetin & Taş 2014: 23-35).

»Zwangsverheiratungen in Deutschland«: Die im Auftrag des Bundesministeriums für Familie, Senioren, Frauen und Jugend durch die Lawetz-Stiftung, das Büro für Sozialpolitische Beratung und in Kooperation mit Terre des Femmes durchgeführte Untersuchung *Zwangsverheiratungen in Deutschland - Anzahl und Analyse von Beratungsfällen* aus dem Jahr 2011 baut nicht weniger manipulativ auf mehrheitsdeutschen Vorurteilen auf. In dieser Studie wurden nicht etwa Personen befragt, die von »Zwangsheirat« bedroht oder betroffen sind, sondern die Fachkräfte in Beratungs- und Schutzeinrichtungen. Gleichzeitig sehen sich die Berater*innen bevollmächtigt und autorisiert, »die Heiratsverhältnisse der Beratungssuchenden nach ihren eurozentrischen Vorstellungen als Zwangsverheiratung zu definieren und somit eine Definitionsmacht zu besitzen« (Çetin & Taş 2014: 38). Die Perspektive der Ratsuchenden taucht in der Studie nicht auf. Zugleich wird Zwangsverheiratung als nicht aus Deutschland stammendes Phänomen aus der Bundesrepublik ausgela-

gert und insbesondere islamischer Religion in »Herkunftsländern« zugeschrieben (ebd.: 37ff.). Dass es gerade in Deutschland Zwänge gibt, anders- oder gleichgeschlechtliche Ehen zu schließen, um den legitimen Aufenthalt zu sichern, bleibt in der Studie gänzlich aus dem Blick. Nicht bedacht wird etwa, dass in Deutschland eine solche eheliche Gemeinschaft »eine bis ins antike Extrem einer hausväterlichen Gewalt über Leben und Tod gesteigerte Abhängigkeit für den ausländischen Partner bedeutet«, insofern der (oder die) »deutsche Massa« »seineN ausländischeN GeliebteN jederzeit mit Beendigung der Beziehung und also mit sofortiger Abschiebung durch die deutsche Exekutivgewalt bedrohen« kann (Klauda 2000: 52). Statt der Auseinandersetzung in Deutschland wird durch die Studie das Problem Zwangskontexte und Gewalt in Ehen in andere Staaten ausgelagert. Parallel zur Veröffentlichung der Studie wurden im Jahr 2011 durch die Regierungskoalition Gesetzesverschärfungen beschlossen, die Zwangsehen sogar begünstigen:

»Perfiderweise unter dem Titel ›Gesetz zur Bekämpfung der Zwangsheirat und zum besseren Schutz der Opfer von Zwangsheirat...‹ wurde die nötige Sperrfrist [für einen eigenständigen Aufenthalt, Anm. HV] von zwei auf drei Jahre erhöht und wird dann zunächst nur ein eigenständiger Aufenthalt über ein Jahr erteilt. So werden selbst Menschen, die in einer Ehe oder einer Eingetragenen Lebenspartnerschaft Gewalt erleiden, durch die deutsche Regierung dazu gezwungen, länger in einer solchen Zwangsbeziehung zu leben. Entgegen dem Gesetzestitel fördert die Bundesregierung so Zwangsehen und Zwangsverhältnisse« (Voß 2011c).

LSVD-Studie und MANEO-Studien: Die vom Lesben- und Schwulenverband in Deutschland in Auftrag gegebene und sehr deutlich zu Ungunsten von Lesben und Schwulen mit Migrationserfahrungen präsentierte Studie *Doppelt diskriminiert oder gut integriert? Zur Lebenssituation von Lesben und Schwulen mit Migrationshintergrund*, die von Melanie Steffens durchgeführt wurde, nimmt vorurteilsbehaftete Zuschreibungen vor. So geht Steffens davon aus, dass Lesben und Schwule mit Migrationshintergrund einen »Spagat zwischen unterschiedlichen kulturellen Subgruppen *mit unvereinbaren Wertesystemen*« (nach: Çetin & Taş 2014: 31; Herv. HV) unternehmen müssten. Die Studie ist so angelegt, die Situation in Deutschland als positiv und »homosexuellenfreundlich« auszuweisen, hingegen den Migrationshintergrund als damit unvereinbar darzustellen. Dennoch erscheinen die Lesben und Schwulen mit Migrationshintergrund in einem positiven Licht, da sie sich durch ihre Homosexualität als »modern« auswiesen; heterosexuelle Jugendliche mit gleichem Migrationshintergrund werden hingegen als zu ihnen gegensätzlich – als patriarchal und traditionell – zugeschrieben. Wird von Steffens das Coming-out als lesbisch oder schwul als »Goldstandard« gelingenden Lebens und gelingender Integration entwickelt (kritisch dazu: Çetin & Voß 2016), so wird auch die bei den Befragten mit Migrationshintergrund festgestellte *größere Lebenszufriedenheit* (im Kontrast zur Vergleichsgruppe von Lesben und Schwulen ohne Migrationshintergrund) von der Autorin wieder negativ eingeholt. Diese Lebenszufriedenheit könne durch ein späteres Coming-out bedroht sein. »Migrationshintergrund« wird in der Studie einzig als ein »Risikofaktor« entwickelt – und direkt so benannt (vgl. Çetin & Taş 2014: 30ff.).

Die genannten Studien und der gesamtgesellschaftliche Diskurs erzeugen ein »Hintergrundrauschen« (vgl. auch Wolter 2011), vor dem es auch in der Sexualpädagogik schwierig ist, von den gesellschaftlich verbreiteten Vorurteilen gegenüber Personen abzuweichen, die als »migrantisch/muslimisch« eingeordnet wurden und stattdessen *von den eigenen Prämissen einer individuell und ressourcenorientiert basierten pädagogischen Arbeit auszugehen.* Wenn auch nicht mit der gleichen methodischen Nachlässigkeit wie die vorgenannten Studien, so ziehen sich dennoch insbesondere zwei problematische Herangehensweisen auch durch zahlreiche sexualpädagogische Publikationen: (1) Kinder und Jugendliche mit Migrationshintergrund werden als die »Anderen« markiert und mit stereotypen Gruppen-Zuschreibungen – wie »patriarchal«, »religiös«, »traditionell« – belegt. (2) Die individuell oder gruppenspezifisch als problematisch angesehenen »Eigenschaften« (die vielmehr Zuschreibungen sind) werden in »Herkunftsländer« ausgelagert, als positiv bewertete Zuschreibungen – wie »homofreundlich«, »emanzipatorisch«, »leistungsorientiert« – werden hingegen einem »modernen« Deutschland zugeordnet.

Es dauerte, bis Pädagogik und Soziale Arbeit feststellten: Die Herkünfte der Schutzsuchenden sind so vielfältig wie diese selbst; ihre Aufwachsbedingungen, Elternhäuser, »kulturellen Hintergründe« sind höchst different, nicht zuletzt ihre eigenen geschlechtlichen Identitäten, sexuellen Orientierungen und – mit Fragen zu Geschlecht und Sexualität – verbundenen Wertvorstellungen. Klar wurde, *dass zwischen Kindern und Jugendlichen mit und ohne Flucht- und Migrationserfahrung kaum bzw. keine Unterschiede in den Themen und Anlässen Sexueller Bildung bestehen* (Haase 2017, S. 340).

Entsprechend brauchte Sexualpädagogik per se keine Neuorientierung, da sie stets mit heterogenen Zielgruppen arbeitet und daran gewöhnt ist, die Heterogenität im Bildungsprozess produktiv zu machen, so dass die Kinder oder Jugendlichen voneinander lernen. Hinderlich sind lediglich stereotype Zuschreibungen. Sie behindern den Bildungsprozess, da die Vorannahmen der anleitenden Fachkraft dabei die Heterogenität der Zielgruppe übersehen und das gemeinsame Arbeiten so unmöglich gemacht wird. Dabei ist es wichtig wahrzunehmen, dass stereotype Zuschreibungen im Allgemeinen nicht böswillig erfolgen – niemand ist gern rassistisch oder antisemitisch (vgl. Burgenlandkreis et al. 2019, 2022).

Vielmehr sind stereotype Vorstellungen tief in den europäischen und deutschen gesellschaftlichen Verhältnissen verwurzelt. Seit dem ausgehenden 19. Jahrhundert wurden Juden oft als besonders »weiblich« (effeminiert) und »unberechenbar« zugeschrieben; arabische und muslimische Männer wahlweise einmal als besonders effeminiert, ein anderes Mal als besonders »männlich«, »bedrohlich« (Said 2003 [1978]; Davis 1982 [1981]: 88f, 165ff; El-Tayeb 2012 [2003]: 130f; Castro Varela/Dhawan 2005b: 48f; AG Gender Killer 2005; Petzen 2011 [2005]; Voß & Wolter 2013). Diese Zuschreibungen kamen auch um das Jahr 2015 wieder medial zum Vorschein (vgl. Hark & Villa 2017) und verstellten eine unvoreingenommene Sicht auf die klassische sexualpädagogische Arbeit. Selbstreflexion und Hinterfragen von »Gewissheiten« ist der zentrale und notwendige erste Schritt, um sich angemessen einer gelingenden interkulturellen und intersektionalen Sexualpädagogik zu widmen.

Neben der grundlegenden Forderung, den Blick auf die Ähnlichkeit der sexualpädagogischen Anliegen der jeweiligen Altersgruppen zu richten und die Heterogenität von individuellen Perspektiven zuzulassen, sind einige Merkmale für die Gruppe Schutzsuchender dennoch besonders. Spezifisch – aber ebenfalls individuell verschieden – können Belastungen sein, die mit der Kriegssituation bzw. der Verfolgung im Herkunftsland, die zur Flucht führten, verbunden sind. Auch die Flucht selbst war risikoreich und ist oft mit Erfahrungen von Gewalt und auch sexualisierter Gewalt verbunden (vgl. Hashemi et al. 2017; Linke et al. 2018). Dabei ist zu beachten, dass inzwischen auch Jungen und Männer im Zusammenhang mit kriegerischen Konflikten oft sexuellen Demütigungen und sexualisierter Gewalt ausgesetzt sind (Stemple 2009; vgl. Linke et al. 2018). Schließlich waren für viele der Schutzsuchenden auch die Aufnahmebedingungen in Deutschland gewaltvoll, und sie konnten hier sowohl in den Aufnahmeeinrichtungen, zum Beispiel von Seiten des Sicherheitspersonals, aber auch im hierarchievollen Umgang mit der Ausländerbehörde Gewalt und auch sexualisierter Gewalt ausgesetzt sein (ebd.).

Konkret gelten mit Blick auf pädagogische Angebote allgemein und sexualpädagogische Angebote im Besonderen die folgenden Spezifika für zahlreiche Personen der betreffenden Zielgruppe:

- 40 % der Schutzsuchenden weisen behandlungsbedürftige Traumatisierungen auf; ein Großteil – auch der Männer – hat im Kriegsgeschehen sexualisierte Gewalt erlebt.
- Familienangehörige und Freund*innen fehlen. Sie sind im Herkunftsland zurückgeblieben, über sie ist nichts bekannt oder sie sind gestorben.
- Individuell spezifisch können in Deutschland marginale kulturelle und religiöse Hintergründe eine Rolle spielen. Hieraus können nen Diskriminierungserfahrungen resultieren.
- Junge Geflüchtete können Angst haben, mit Erreichen des 18. Lebensjahrs abgeschoben zu werden.
- Im jeweiligen Herkunftsland kann Sexuelle Bildung weniger institutionalisiert stattfinden, so dass das Thema Sexualität in »der Schule« überrascht (vgl. Hashemi et al. 2017; Linke et al. 2018).

Dass etwaige Traumatisierungen professionell bearbeitet werden, ist eine Grundbedingung für gelingende sexualpädagogische Angebote (ebd.). Ebenso ist es bedeutsam, dass Kindern und Jugendlichen zumindest partiell die Sorge vor einer möglichen Abschiebung genommen werden kann – sei es durch die Aussicht auf eine Ausbildungsförderung, die auch nach dem 18. Lebensjahr greift, oder durch regional zu treffende Zusicherungen, die erfahrungsgemäß gerade dann gewährt werden, wenn es örtlich an Fachkräften für Industrie und Handwerk fehlt. Auf viele dieser Punkte haben Fachkräfte, die sexualpädagogisch arbeiten, keinen Einfluss – es ist wichtig, sie »im Hinterkopf« zu haben, weil sie Auswirkungen darauf haben, ob Interessierte an entsprechenden Angeboten überhaupt teilnehmen können und sicherlich auch auf die Motivation zur aktiven Teilnahme.

Intersektionalität und der wichtigste Schritt: Selbstreflexion

İpek İpekçioğlu, eine bekannte DJ aus Berlin, schildert im Buch *Westberlin: ein sexuelles Porträt* ihre Perspektive auf Homosexualität und Trans* in Deutschland. Sie schreibt:

>»Perception of Westberlin. Bülent Ersoy war gerade da, im Krankenhaus. Da habe ich sie einmal besucht, also meine Mutter hat sie mit mir besucht. Oder Hatay Engin, Berliner Pendant zu Zeki Müren. Damals war der ›Türkische Basar‹ im Hochbahnhof Bülowstraße. Da habe ich die ersten Belly Dance machenden Männer gesehen. In Berlin, in Westberlin, habe ich über die türkische Community die Genderreisen schon mitbekommen. Das waren die wichtigen Personen der türkischen ersten und zweiten Generation. *Also wir haben damals schon Transgender-Personen gekannt, als es in Deutschland noch gar kein Thema war. Und wir haben schon mit dieser Genderfluidness gelebt.* Was es heute im Vergleich zu früher einfacher macht, ist, dass wir heute mehr Begriffe haben, um etwas zu beschreiben, wie Genderfluidness« (İpekçioğlu 2021; Hervorhebung HV).

Für viele Personen mit einer mehrheitsdeutschen Biografie, die also keinen Migrationshintergrund haben, ist diese Perspektive schwer nachvollziehbar, da der allgemein in Deutschland erzählte Emanzipationsdiskurs anders läuft: Hier wird auf die (west)deutsche Frauen- und Lesbenbewegung sowie die Schwulenbewegung im Hinblick auf die Emanzipation des Sexuellen und Geschlechtlichen geblickt. Die emanzipatorischen Bezüge zu den weiteren Erfahrungen türkei- und kurdischstämmiger Personen gehen unter und müssen erst ins Bewusstsein gerückt werden. Denn tatsächlich ist es so, wie es İpekçioğlu (2021) persönlich wahrnimmt. So konnte Yener Bayramoğlu (2018) im Vergleich der Boulevardzeitungen *Bild* (Deutschland) und *Hürriyet* (Türkei) nachweisen, dass Trans* in der türkischen *Hürriyet* schon breit diskutiert wurde, als in Deutschland darüber noch kaum gesprochen wurde. Verbunden mit der Transition Bülent Ersoys wird Trans* in der *Hürriyet* seit 1980 – nicht selten »progressiv« (im Rahmen der Möglichkeiten von Boulevardmedien) – aufgegriffen, hingegen in der *Bild* erst seit den 2000ern.

Perspektiven zu wechseln bringt also Ertrag – für das eigene Verständnis und Vorankommen und für das Verständnis für Perspektiven von Ratsuchenden und von Zielgruppen. Um das eigene Verständnis zu erweitern und stereotype Sichtweisen abzubauen, gibt es mittlerweile verschiedene Reflexionsangebote – zum Beispiel diversitätssensibilisierende Formate, darüber hinaus intersektionale.

Intersektionalität, der wir uns hier etwas genauer zuwenden wollen, hat einen bewegungsgeschichtlichen Ausgangspunkt – sowohl in Deutschland als auch in den USA. In Deutschland liegt ein wesentlicher Ausgangspunkt für intersektionale Betrachtungen in der *Schwarzen* deutschen Frauenbewegung. Bedeutsam ist hier insbesondere das Buch *Farbe bekennen: Afro-deutsche Frauen auf den Spuren ihrer Geschichte* (Oguntoye et al. 1997 [1986]). Der erstmals 1986 erschienene Band gilt als wichtiger Auftakt der *Schwarzen* deutschen Frauenbewegung, – er bündelt Diskussionen, die schon zuvor zwischen weißen, mehrheitsdeutschen Frauen und Frauen of Color in Deutschland geführt wurden. Zentral in den Aushandlungen war die Einsicht, dass Frauen of Color sowohl vom Geschlechterverhältnis – und der mit ihm verbundenen Diskriminierung und Gewalt gegen Frauen – als auch von Rassismus negativ betroffen sind. Diese spezifische Situation führte dazu, dass Frauen of Color in Deutschland sowohl in Selbstorganisationen von Leuten of Color als auch in der deutschen Frauen- und Lesbenbewegung von Diskriminierungen betroffen waren – und eine eigenständige, empowernde Aushandlung erforderlich wurde (vgl. etwa Arbeitsgruppe Frauenkongreß 1985; Sozialwissenschaftliche Forschung und Praxis für Frauen e. V. 1990).

Dieser Ausgangspunkt intersektionaler Perspektiven, die die Überschneidung von Herrschaftsverhältnissen in Deutschland in den Blick nehmen, geht in der deutschen akademischen Literatur oft verloren. Hier wird im Anschluss an den Band Winker & Degele (2009) die *Schwarze* deutsche Geschichte vernachlässigt und Intersektionalität im Sinne eines »Theorieimports« aus den USA vorgestellt. Das ist deshalb problematisch, weil es so aus deutschsprachiger Perspektive leicht ist, sich den entsprechenden Hinweisen und Kritiken zu entziehen, unter Verweis darauf, dass die USA eine andere Rassismus-Geschichte habe. Aus dem Band *Farbe bekennen* (Oguntoye et al. 1997 [1986]) wird deutlich, wie massiv die Rassismus-Geschichte in Deutschland ist – zum Beispiel einerseits mit Blick auf den deutschen Kolonialismus, andererseits in Bezug auf Debatten im Deutschen Bundestag, in denen (der Hitlerfaschismus war gerade vorbei und die BRD neu gegründet) ernsthaft darüber nachgedacht wurde, wie die *Schwarzen* Menschen aus Deutschland »entsorgt« werden könnten. Die Verschiebung der Debatte in Richtung USA ist fatal und behindert hierzulande Analysen.

Korrekt ist, dass der Begriff »Intersektionalität« selbst in den USA geprägt wurde. Auch dort erfolgte dies im bewegungsorientierten Kontext. Bei Entlassungswellen großer Konzerne waren *Schwarze* Frauen erwerbslos geworden. Klagen wegen Diskriminierung griffen nicht: Die Unternehmen konnten nachweisen, dass sie nicht sexistisch diskriminiert hatten, schließlich hatten sie die weißen Frauen behalten; und sie konnten nachweisen, dass sie nicht rassistisch diskriminiert hatten, da die *Schwarzen* Männer beschäftigt geblieben waren. Die *Schwarzen* Frauen, die ja tatsächlich gebündelt entlassen worden waren, waren vor dem Gesetz quasi »unsichtbar«. Die Juristin Kimberlé Crenshaw entwickelte im Anschluss an diese arbeitsrechtlichen Auseinandersetzungen den Begriff der »Intersektionalität« und veranschaulicht ihn:

> »Wenn an einer Kreuzung ein Unfall passiert, kann er durch Autos aus jeder beliebigen oder manchmal aus allen Richtungen verursacht sein. In ähnlicher Weise könnte, wenn eine Schwarze Frau geschädigt wird, weil sie sich auf einer Kreuzung befindet, ihre Verletzung aus geschlechtlicher oder aus rassistischer Diskriminierung herrühren. [...] Aber es ist nicht immer leicht, einen Unfall zu rekonstruieren: Manchmal deuten die Bremsspuren und Verletzungen darauf hin, dass Verschiedenes gleichzeitig geschah, und es gelingt nicht, den Schuldigen zu ermitteln« (Crenshaw 1989: 149; dt. Übersetzung nach Sweetapple et al. 2020).

»Intersektionalität« bezeichnet also die Überschneidung und das Zusammenwirken von Herrschaftsverhältnissen. Zentral sind in den klassischen intersektionalen Analysen Rassismus, Geschlechterverhältnis und Klassenverhältnis – mittlerweile differenzieren sich die entsprechenden Konzepte aus (siehe ausführlich: Sweetapple et al. 2020). Für Angebote der interkulturellen und intersektionalen Sexualpädagogik und Sexuellen Bildung ist es nun bedeutsam, wahrzunehmen, dass die Betroffenheit von Rassismus sowie stereotype rassistische Sichtweisen die sexualpädagogische Arbeit beeinflussen. Diese Erkenntnis war ein zentraler Ausgangspunkt für das *Interkulturelle und intersektionale Rahmenkonzept Sexueller Bildung des Burgenlandkreises*, das im Folgenden vorgestellt wird. Dort äußerte ein Teilnehmer an einem sexualpädagogischen Angebot plastisch:

> »Zu Hause war ich ein erwachsener Mann, hier bin ich immer der Ausländer.«

Das Interkulturelle und intersektionale Rahmenkonzept des Burgenlandkreises

Das *Interkulturelle und intersektionale Rahmenkonzept des Burgenlandkreises* lief im Jahr 2016 an und zielte darauf, die Fachkräfte in Einrichtungen für Geflüchtete allgemein und für unbegleitete minderjährige Geflüchtete im Besonderen auch hinsichtlich möglicher Fragen zu Sexualität gut vorzubereiten. Hintergrund ist auch, dass der Burgendlandkreis – wie viele andere Landkreise in der Bundesrepublik – nicht soviel Geld hat, um kontinuierlich freie Bildner*innen für Veranstaltungen einzukaufen, vielmehr sollten Multiplikator*innen-Schulungen die angestellten Mitarbeiter*innen dazu befähigen, auch in Bezug auf das Themenfeld Sexualität professionell und sicher agieren zu können. Entsprechend wurden Multiplikator*innen-Schulungen entwickelt und umgesetzt. Sie waren erfolgreich: Die Multiplikator*innen gaben einen hohen Kompetenzgewinn an, aber auch die Zielgruppe zeigte, dass die dann von den Multiplikator*innen unterbreiteten Angebote auf gute Zustimmung trafen. Sie brachten jeweils Freundinnen bzw. Freunde zu Folgeveranstaltungen mit – der Nutzen der Veranstaltungen sprach sich herum. Mittlerweile gibt es die dritte Runde der Multiplikator*innen-Schulungen – die teilnehmenden Fachkräfte haben nun je zur Hälfte keinen Migrationshintergrund, zur anderen Hälfte eigene Fluchterfahrung. Dass die Multiplikator*innen-Kurse erfolgreich waren, basiert auf dem umgesetzten Bildungskonzept: Etwa die Hälfte der Inhalte befassten sich mit »dem eigenen Koffer«, also mit einer Selbstreflexion eigener Normen und Werte im Hinblick auf Geschlecht und Sexualität; Ängste und Befürchtungen wurden artikuliert und miteinander besprochen; Sichtweisen auf die als »neu« wahrgenommene Zielgruppe wurden ebenso thematisiert. Dadurch wurde es möglich, sensibel für die eigenen Normen und Werte zu sein – und sich bewusst zu machen, dass »die Zielgruppe« nicht homogen ist, dass Überzeugungen und Bedarfe individuell unterschiedlich sein können und alle Beteiligten Hürden empfinden, über das gesellschaftlich noch tabuisierte Themenfeld Sexualität zu sprechen.

Die Fachkräfte, die oft in einem guten und vertrauensvollen Kontakt zu den Schutzsuchenden stehen und damit auch bei Fragen zu Körper, Geschlecht und Sexualität erste Ansprechpersonen sein können, gewannen durch die Kurse Sicherheit. Zugleich wurden für die Beteiligten die Prämissen nachvollziehbar, dass sich die Themen und Anlässe Sexueller Bildung nicht danach unterscheiden, ob ein Migrationshintergrund vorliegt oder nicht, und dass jeder Mensch ein Recht auf sexuelles Wohlergehen hat, wie es in den *sexuellen und reproduktiven Rechten* formuliert ist.

Materialempfehlungen für die intersektionale Sexualpädagogik und Sexuelle Bildung

Die Inhalte des Rahmenkonzepts und das Curriculum der Multiplikator*innen-Schulungen ist inzwischen in zwei aufeinander aufbauenden Broschüren nachlesbar: *Sexuelle Bildung in Einrichtungen: Interkulturelles und intersektionales Rahmenkonzept* (Burgenlandkreis et al. 2019), *Handreichung zur interkulturellen und intersektionalen Sexuellen Bildung: Schwerpunktländer Afghanistan, Eritrea und Syrien* (Burgenlandkreis et al. 2022).

Abb. 12: Cover der Broschüren zu intersektionaler Sexualpädagogik des sachsen-anhaltinischen Burgenlandkreises

Die Broschüren stellen fachlich im Hinblick sowohl auf Intersektionalität als auch auf Sexualpädagogik und Sexuelle Bildung den aktuellen Stand der Forschung dar (sie sind abrufbar unter www.ifas-home.de/burgenlandkreis). Darüber hinaus bietet pro familia auch einige gute intersektionale Materialien, zunehmend auch mehrsprachige, an (www.profamilia.de); das gilt auch für das Portal *Zanzu* der BZgA (www.zanzu.de), das ebenfalls mehrsprachig – und mittlerweile diskriminierungsarm – Informationen zu Körper, Geschlecht und Sexualität bereitstellt. GLADT und die im Projekt *HeJ – Handreichungen für emanzipatorische Jungenarbeit* (http://hej.gladt.com/) erstellten, wie auch zahlreiche Materialien von *I-Päd – Kompetenzstelle intersektionale Pädagogik* (https://i-paed-berlin.de/) waren und sind auch für die methodische Arbeit zu Geschlecht, Sexualität und Identität wegweisend. *Vielma – Vielfältige Materialien bietet intersektional orientierte methodische Materialien* (www.vielma.at).

Die historische Dimension intersektionaler Reflexion der Sexualpädagogik: Anschluss an die jüdische Theoriebildung der »Geschlechtermischung«

Durch die gesetzlichen Veränderungen mit Blick auf Homosexualität (1994), auf Trans* (seit 2010), den Geschlechtseintrag »divers« (2017), das (grundsätzliche) Verbot von geschlechtszuweisenden und geschlechtsvereindeutigenden medizinischen Eingriffen bei intergeschlechtlichen Minderjährigen (2021) und durch die Verankerung auch der Schutz- und Unterstützungswürdigkeit von transidenten, intergeschlechtlichen und nicht-binären Kindern und Jugendlichen im SGB VIII (2021) wurden und werden nach und nach Bedingungen erreicht, auf deren Basis Sexualpädagogik zur Förderung geschlechtlicher und sexueller Selbstbestimmung – bei Akzeptanz von Vielfalt und Individualität – möglich ist (vgl. zuletzt Böhm & Timmermanns 2020).

Es war ein langer Weg. Und es hätte einfacher sein können, wenn nach 1945 an die vorherige Theorietradition der »Geschlechterwandlung und -mischung« angeschlossen worden wäre. Stattdessen wurde nach 1945 sowohl in der BRD und Westberlin als auch in der DDR ausschließlich der sexualpädagogische Strang fortgesetzt, der – gemäß der Kriterien der Nazis – die »normale«, »normgemäße« Sexualität fördern, das »Anormale« hingegen verhindern oder beseitigen wollte. Im Zentrum stand die klare Geschlechterordnung, in der »die Reinheit des Geschlechtscharakters gewahrt« werden sollte (Ritter 1936: 337), hingegen waren die Konzepte der »Geschlechterwandlung und -mischung«, die von jüdischen Wissenschaftler*-innen vertreten worden waren, für die deutsche Sexualpädagogik verschollen und wurden bislang nicht wieder hervorgeholt.[15] Dasselbe gilt für Reflexionen psychosexueller Entwicklung: Hier kommt man gewiss nicht an Sigmund Freud vorbei – auch wenn Heinz Hunger das wollte –, aber die internationalen Fortentwicklungen, wie sie oben mit Hinweis auf die Arbeiten von Karen Horney und Charlotte Wolff nur kurz angerissen werden konnten, wurden in Deutschland nicht aufgenommen. Fast schon dogmatisch wird in der deutschen Sexualpädagogik das mittlerweile 120 Jahre alte Modell psychosexueller Entwicklung ohne Wahrnehmung der Fortentwicklung rezipiert, und es wird – klassisch – auf entweder weibliches oder männliches Geschlecht zugespitzt. Am Ende steht jeweils der »reine« Geschlechtscharakter. Von diesem aus mühen »wir« Sexualpädagog*innen uns schließlich wieder ab, um auch Möglichkeiten von sexueller (und geschlechtlicher) Vielfalt zu postulieren, wobei wir im Übrigen auch diese wieder klar identitär fassen.

Günstiger wäre es, sich die Konzepte der »Geschlechterwandlung und -mischung« von Magnus Hirschfeld, Richard Goldschmidt etc. neu anzusehen, ebenso die interessanten Ausarbeitungen Ruth Künkels, Karen Horneys, Charlotte Wolffs und anderer, in deren Folge Bisexualität konstitutiv denkbar wurde – anstatt nur als »Abwei-

---

15 Es gibt in den Arbeiten bis heute tatsächlich keinerlei in diese Richtung weisende Rezeption.

chung« monosexueller Norm. Statt mühsam zu erklären, »es gäbe ja Jungen und Mädchen, aber da sei ja noch etwas anderes möglich«, ließe sich auf diesen Theorien aufbauend sagen: Geschlecht ist jeweils individuell. Wir sollen Kinder nicht so malträtieren, dass sie klar als »Junge« oder »Mädchen« erscheinen, sondern vielmehr das Lernfeld geschlechteroffen gestalten und warten, bis sich das Kind selbst zu Geschlecht äußert – oder es eben auch lässt. Die Ausführungen von Bohm & Hirschfeld (1930) zur »Geschlechtspersönlichkeit« des Kindes sind in dieser Richtung bemerkenswert – und zeitlich früh. Ein solches Denken würde der heutigen Forschung und Pädagogik aber abverlangen, sexuelle Orientierung und geschlechtliche Identität nicht so »identitär« zu denken, sondern sich quasi unbedarft auf die Äußerungen des Kindes oder Jugendlichen zu seiner variablen, vielfältigen, nicht kategorisierbaren Geschlechtspersönlichkeit zu freuen. Auf diese Weise würde sexuelle und geschlechtliche Selbstbestimmung in einer ganz neuen Qualität möglich.

Neben diesen konkreten aktuellen Auswirkungen wäre eine Relektüre der sexualpädagogischen Geschichtsschreibung relevant. Bei Hinwendung zu den *verbrannten und verschollenen* Büchern, zu den in Deutschland abgebrochenen Karrieren von Wissenschaftler*innen und weiteren Autor*innen, die ermordet wurden oder in anderen Fällen emigrieren mussten/konnten, würden alternative Möglichkeiten einer Konstruktion der Geschichte der Sexualpädagogik möglich. Welche Wege eröffnen sich an den unterschiedlichen »Entscheidungsknoten«, wenn die Nicht-Rezeption der verbrannten und verschollenen Perspektiven der »Geschlechterwandlung und -mischung« berücksichtigt wird? Welche kritischen oder auch unterstützenden Einwände kommen von Emigrant*innen? Eine *intersektionale Geschichtsschreibung der Sexualpädagogik*, die von den Lücken und Auslassungen her denkt, wäre lohnend – und steht bislang vollständig aus.

Literatur

AG Gender Killer (2005): Antisemitismus und Geschlecht: Von »effiminierten Juden«, »maskulinisierten Jüdinnen« und anderen Geschlechterbildern. Münster: Unrast Verlag.

Altenburg, A. (2015): Sexualität und Soziale Arbeit. Zur Notwendigkeit Sexueller Bildung im Studium der Sozialen Arbeit. Merseburg: Hochschulverlag Merseburg.

Althusser, L. (1971 [frz. 1970]): Ideologie und ideologische Staatsapparate. Online: https://www.agpolpsy.de/wp-content/uploads/2014/08/Althusser-Ideologie-und-ideologische-Staatsapparate.pdf (Zugriff: 1.4.2022).

Amendt, G. (1970): Sexfront. Frankfurt/Main: März Verlag.

Amendt, G. (1979): Das Sex-Buch. Dortmund: Weltkreis-Verlag.

Apel, L. (2011): Der Nachwuchs der Revolte. Die Schülerbewegung der 1960er Jahre am Beispiel der Hamburger Gruppe des Aktionszentrums Unabhängiger und sozialistischer Schüler AUSS. In: Baader, M. S.; Herrmann, U. (Hg.): 68 – Engagierte Jugend und kritische Pädagogik – Impulse und Folgen eines kulturellen Umbruchs in der Geschichte der Bundesrepublik. Weinheim/München: Juventa 2011. S. 14–29.

Arbeitsgruppe Frauenkongreß (Hg., 1985): Sind wir uns denn so fremd? Ausländische und deutsche Frauen im Gespräch. Berlin: sub rosa Frauenverlag.

Baader, M. S. (2018): Der Diskurs um Pädosexualität und die Erziehungs-, Sozial- und Sexualwissenschaften der 1970er bis 1990er Jahre. In: Retkowski, A., Treibel, A., Tuider, E. (Hg.): Handbuch Sexualisierte Gewalt und pädagogische Kontexte. Theorie, Forschung, Praxis. Beltz: Weinheim. S. 70–80.

Bach, K. R. (1974 [EA 1973]): Geschlechtserziehung in der sozialistischen Oberschule: Entwicklung und Realisierung eines Programms zur systematischen Geschlechtserziehung in den Klassen 1 bis 10 der Oberschule der DDR – ein Beitrag zur Vorbereitung der Heranwachsenden auf Ehe und Familie. Berlin: VEB Deutscher Verlag der Wissenschaften.

Bagel-Bohlan, A., Salewski, M. (Hg., 1990): Sexualmoral und Zeitgeist im 19. und 20. Jahrhundert. Wiesbaden: Springer VS.

Bajohr, S. (2003): Sexualaufklärung im proletarischen Milieu, Geschlechtskrankheiten und staatliche Eheberatung 1900 bis 1933. In: Pasteur, P., Niederacher, S., Mesner, M. (Hg.): Sexualität, Unterschichtenmilieus und ArbeiterInnenbewegung. Leipzig: Akademische Verlagsanstalt. S. 59–69.

Balibar, É., Wallerstein, I. (1992 [frz. 1988]): Rasse – Klasse – Nation. Ambivalente Identitäten. Hamburg: Argument Verlag.

Bathke, G.-W., Weller, K., Kruber, A., Voß, H.-J. (Hg., 2021): PARTNER 5. Jugendsexualität 2021. Tabellenband. Merseburg: Hochschule Merseburg.

Baumgart, A., Kroschel, K. (2022): (un)sichtbar gemacht: Perspektiven auf Aromantik und Asexualität. Münster: edition assemblage.

Bayramoğlu, Y. (2018): Queere (Un-)Sichtbarkeiten: Die Geschichte der queeren Repräsentationen in der türkischen und deutschen Boulevardpresse. Bielefeld: Transcript-Verlag.

Bayrische Landeszentrale für politische Bildungsarbeit (o.J.): Klassen-Kämpfe. Schülerproteste 1968–1972. Materialien einer Ausstellung. München.

Bebel, A. (1950 [Erstausgabe 1879]): Die Frau und der Sozialismus (Die Frau in der Vergangenheit, Gegenwart und Zukunft). Stuttgart: Verlag von J. H. W. Dietz.

Becker, T. (2005): Mann und Weib – schwarz und weiß. Die wissenschaftliche Konstruktion von Geschlecht und Rasse 1650–1900. Campus Verlag, Frankfurt/Main, New York.

Beemyn, B. G. (2007 [engl. 2006]): Nord- und Südamerika: Von der Kolonialzeit bis zum 20. Jahrhundert. In: Aldrich, R. (Hg.): Gleich und anders: Eine globale Geschichte der Homosexualität. Hamburg: Murmann Verlag, S. 145–166.

Beiler, A. (1971): Sexualerziehung vom 1.–10. Schuljahr. Unterrichtspraktische Aufgliederung der Empfehlungen der Ständigen Konferenz der Kultusminister vom 3.10.1968. Wuppertal: Aussaat Verlag.

Bienia, O. & Kägi, S. (Hg., 2021): Kindliche Sexualität in Kindertageseinrichtungen: Pädagogische, psychologische, soziologische und rechtliche Zugänge. Weinheim: Beltz Juventa.

BIL (Berliner Institut für Lehrerfort- und -weiterbildung und Schulentwicklung, 1999): »...die vielen Morde...« Dem Gedenken an die Opfer des Nationalsozialismus. Teetz: Hentrich & Hentrich.

Bittner, M. (2011): Geschlechterkonstruktionen und die Darstellung von Lesben, Schwulen, Bisexuellen, Trans* und Inter* (LSBTI) in Schulbüchern. Eine gleichstellungsorientierte Analyse mit einer Materialsammlung für die Unterrichtspraxis. Frankfurt: Gewerkschaft Erziehung und Wissenschaft.

Black, E. (2003): War Against the Weak: Eugenics and America's Campaign to Create a Master Race. New York etc.: Four Walls Eight Windows.

Blumenthal, S.-F. (2014): Scham in der schulischen Sexualaufklärung: Eine pädagogische Ethnographie des Gymnasialunterrichts. Wiesbaden: Springer VS.

Blom, G., Blom, K. (1940): Ein Wort an junge Kameradinnen. Berlin: Verlag Neues Volk.

Böhm, M. (2019): Sexualwissenschaft und Sexualpädagogik. In: Briken, P. (Hg.): Perspektiven der Sexualforschung. Gießen: Psychosozial-Verlag. S. 521–530.

Böhm, M., Timmermanns, S. (Hg., 2020): Sexuelle und geschlechtliche Vielfalt: Interdisziplinäre Perspektiven aus Wissenschaft und Praxis. Weinheim: Beltz Juventa.

Böhm, M., Christmann, B., Dekker, A., Wazlawik, M. (Hg., 2020): Perspektiven auf sexualisierte Gewalt: Einsichten aus Forschung und Praxis. Wiesbaden: Springer.

Böhm, M., Kopitzke, E., Herrath, F., Sielert, U. (Hg., 2022): Praxishandbuch Sexuelle Bildung im Erwachsenenalter. Weinheim: Beltz Juventa.

Borutta, M., Verheyen, N. (Hg., 2010): Die Präsenz der Gefühle: Männlichkeit und Emotion in der Moderne. Bielefeld: Transript-Verlag.

Borrmann, R. (1962): Die sexuelle Belehrung der Kinder und Jugendlichen. Berlin: Volk und Wissen volkseigener Verlag.

Breddermann, H. (1968): Über Sexualaufklärung in der Schule – eine Dokumentation. In: Amendt, G. (Hg.): Kinderkreuzzug – oder beginnt die Revolution in den Schulen? Reinbek bei Hamburg: Rowohlt. S. 127–154.

Bretschneider, W. (1957): Sexuell aufklären: rechtzeitig und richtig. Ein Ratgeber für sexuelle Erziehung. Leipzig: Urania-Verlag.

Brisson, L. (2002): Sexual Ambivalence – Androgyny and Hermaphroditism in Graeco-Roman Antiquity. Translation by J. Lloyd. University of California Press, Berkley u. a.

Broder, H. M., Lang, M. R. (1979): Fremd im eigenen Land: Juden in der Bundesrepublik. Frankfurt/Main: Fischer Taschenbuch Verlag.

Brückner, H. (1966): Bevor ein Kind geboren wird. Berlin: Kinderbuchverlag.

Brückner, H. (1968): Das Sexualwissen unserer Jugend. Berlin: VEB Deutscher Verlag der Wissenschaften.

Brückner, H. (1976): Denkst du schon an Liebe? Fragen des Reifealters dargestellt für junge Leser. Berlin: Kinderbuchverlag.

Brüggemann, O. (1967): Sexuelle Konflikte in Gymnasien. Heidelberg: Quelle & Meyer Verlag.

Buchholtz, A. (2021): Einmal Aufklärung, bitte! Sexualerziehung in der Grundschule. Eine Lernwerkstatt für Klasse 3-4. Augsburg: Lernbiene Verlag.

Bundesstiftung Aufarbeitung (2009): Neubert, Rudolf; 31.1.1898–13.5.1992; Sozialhygieniker. Online: https://www.bundesstiftung-aufarbeitung.de/de/recherche/kataloge-datenbanken/biographische-datenbanken/rudolf-neubert?ID=2486 (Zugriff: 8.3.2022).

Bundesvereinigung Lebenshilfe e. V. (2014): Sexualpädagogische Materialien für die Arbeit mit geistig behinderten Menschen. Weinheim: Beltz Juventa.

Burgenlandkreis, Heyne, K., Pampel, R., Voß, H.-J., Zodehougan, S. und unter Mitarbeit von Berger, D.; Kindinger, J. (Hg., 2019): Sexuelle Bildung in Einrichtungen: Interkulturelles und intersektionales Rahmenkonzept. Online auf: www.ifas-home.de.

Burgenlandkreis, Heyne, K., Pampel, R., Voß, H.-J., Zodehougan, S. (Hg., 2022): Handreichung zur interkulturellen und intersektionalen Sexuellen Bildung: Schwerpunktländer Afghanistan, Eritrea und Syrien. Online auf: www.ifas-home.de.

Busch, U. (2020): Familienplanung im Wandel. In: Voß, H.-J. (Hg.): Die deutschsprachige Sexualwissenschaft. Gießen: Psychosozial, S. 123–153.

BZgA (1969): Sexualkunde-Atlas: Biologische Informationen zur Sexualität des Menschen. Opladen: C. W. Leske Verlag.

BZgA (1995): Familienplanung und Sexualpädagogik in den neuen Bundesländern. Eine Expertise im Auftrag der BZgA von Harald Stumpe und Konrad Weller. Köln.

BZgA (2004): Richtlinien und Lehrpläne zur Sexualerziehung: Eine Analyse der Inhalte, Normen, Werte und Methoden zur Sexualaufklärung in den sechzehn Ländern der Bundesrepublik Deutschland. Köln.

BZgA (2008 [EA 2004]): Richtlinien und Lehrpläne zur Sexualerziehung: Eine Analyse der Inhalte, Normen, Werte und Methoden zur Sexualaufklärung in den sechzehn Ländern der Bundesrepublik Deutschland. Köln.

BZgA (2015): Jugendsexualität – Die Perspektive der 14–25 Jährigen. Ergebnisse einer aktuellen Repräsentativen Wiederholungsbefragung. Köln.

BZgA (2016 [EA 1994]): Rahmenkonzept zur Sexualaufklärung. Köln. Online: https://publikationen.sexualaufklaerung.de/themen/sexualaufklaerung/rahmenkonzept-zur-sexualaufklaerung/ (Zugriff: 3.4.2022).

BZgA (2020): Neunte Welle der BZgA-Studie »Jugendsexualität«. Bundesweite Repräsentativbefragung – Zentrale Studienergebnisse. Info-Blatt. Online: https://www.bzga.de%2Ffileadmin%2Fuser_upload%2FPDF%2Fpressemitteilungen%2Fdaten_und_fakten%2FInfoblatt_Jugendsexualitaet_Neunte_Welle_barrierefrei.pdf (Zugriff: 24.2.2022).

BZgA (2022): Broschüren (»Liebevoll begleiten«, »Über Sexualität reden… Zwischen Einschulung und Pubertät«, »Über Sexualität reden… Die Zeit der Pubertät«. Online zugänglich über www.bzga.de (Zugriff: 13.3.2022).

Casper, J. L. (1852). Ueber Notzucht und Päderastie und deren Ermittelung seitens des Gerichtsarztes. Vierteljahresschrift für gerichtlicheMedicin (Berlin), Bd.1, 21–78. http://reader.digitale-sammlungen.de/de/fs1/object/display/bsb10290168_00025.html (14.07.2016).

Castro Varela, M., Dhawan, N. (2005): Postkoloniale Theorie. Eine kritische Einführung. Bielefeld: Transcript Verlag.

Çetin, Z. (2012): Homophobie und Islamophobie. Intersektionale Diskriminierungen am Beispiel binationaler schwuler Paare in Berlin. Bielefeld: Transcript Verlag.

Çetin, Z., Voß, H.-J., Wolter, S. (Hg., 2012): Interventionen gegen die deutsche »Beschneidungsdebatte«. Münster: Edition Assemblage.

Çetin, Z., Taş, S. (2014). Kontinuitäten einer Kooperation: Antimuslimischer Rassismus in Zivilgesellschaft, Wissenschaft und Staat. In: Hafez, F. (Hg.): Jahrbuch für Islamophobieforschung. Wien: New Academic Press, S. 19–41.

Çetin, Z., Voß, H.-J. (2016): Schwule Sichtbarkeit – schwule Identität: Kritische Perspektiven. Gießen: Psychosozial-Verlag.

Charité (2015): Ärztinnen im Kaiserreich: Meta Holland. Online: https://geschichte.charite.de/aeik/biografie.php?ID=AEIK00456 (Zugriff: 11.3.2022).

Clausen, J., Herrath, F. (2012): Sexualität leben ohne Behinderung: Das Menschenrecht auf sexuelle Selbstbestimmung. Stuttgart: Kohlhammer-Verlag.

Council of Europe Publishing (2011). Discrimination on grounds of sexual orientation and gender identity in Europe. Straßburg: Council of Europe Publishing. http://www.coe.int/t/Commissioner/Source/LGBT/LGBTStudy2011_en.pdf (28.3.2022).

Davis, A. (1982 [engl. 1981]): Rassismus und Sexismus: Schwarze Frauen und Klassenkampf in den USA. Berlin (West): Elefanten Press.

Denz, L. (2016): Sexualpädagogik in der Vorschule: Die Bildungspläne der Bundesländer im Vergleich. Merseburg: Hochschulverlag.

Deutscher Ethikrat (2012): Stellungnahme Intersexualität. Online: https://www.ethikrat.org/fileadmin/Publikationen/Stellungnahmen/deutsch/DER_StnIntersex_Deu_Online.pdf (Zugriff: 3.4.2022).

DeWinter, C. (2021): Das asexuelle Spektrum: Eine Erkundungstour. Hamburg: MartaPress.

Dobers, E. (1939): Biologie. In: Dobers, E., Higelke, K. (Hg.): Rassenpolitische Unterrichtspraxis: Der Rassengedanke in der Unterrichtsgestaltung der Volksschulfächer. Leipzig: Julius Klinkhardt. S. 207–254.

Dohm, H. (1974 [EA 1902]): Die Antifeministen. Ein Buch der Verteidigung. Frankfurt/Main: Verlag Arndtstraße.

Döring, N. (2017a): Männliche Sexualität im Digitalzeitalter: Aktuelle Diskurse, Trends und Daten. In: Bardehle, D., Voß, H.-J., Klotz, T., Staudenmeyer, B., Stiftung Männergesundheit (Hg.): Dritter deutscher Männergesundheitsbericht: Sexualität von Männern. Gießen: Psychosozial-Verlag. S. 39–75.

Döring, N. (2017b) Vom Internetsex zum Robotersex: Forschungsstand und Herausforderungen für die Sexualwissenschaft. Zeitschrift für Sexualforschung, 30(1), S. 35–57.

Döring, N. (2019): Jugendsexualität heute: Zwischen Offline- und Online-Welten. In: Katzer, M., Voß, H.-J. (Hg., 2019): Geschlechtliche und sexuelle Selbstbestimmung durch Kunst und Medien: Neue Zugänge zur Sexuellen Bildung. Gießen: Psychosozial-Verlag. S. 221–244.

DWDS (Der deutsche Wortschatz von 1600 bis heute, o. J.): Pädagogik. Online: https://www.dwds.de/wb/P%C3%A4dagogik (Zugriff: 1.8.2021).

Ehlers, C. (2022): Sexualerziehung bei Jugendlichen mit körperlicher und geistiger Behinderung. Hamburg: Persen-Verlag.

El-Tayeb, F. (2012 [EA 2003]): Begrenzte Horizonte. Queer Identity in der Festung Europa. In: Steyerl, H., Gutiérrez Rodríguez, E. (Hg.): Spricht die Subalterne deutsch? Migration und postkoloniale Kritik. Münster: Unrast Verlag, S. 129–145.

Enders, U. (2012): Grenzen achten: Schutz vor sexuellem Missbrauch in Institutionen – Ein Handbuch für die Praxis. Köln: Kiepenheuer und Witsch.

Faltermaier, M. (Hg., 1969 [EA 1967]): Für eine Revision der Sexualpädagogik. München: Juventa Verlag.

Fegert, J. M., Bütow, B., Fetzer, A. E., König, C., Ziegenhain, U., Pemberger, B. (2007): Ich bestimme mein Leben ... und Sex gehört dazu. Ulm: Schirmer.

Fembio.org (2022): Frauenbiografieforschung. Online: https://www.fembio.org/ (Zugriff: 3.4.2022).

Förster, G. (2012): Die sexuelle Aufklärung der Jugend im Kontext der Sexualreform in der Weimarer Republik. Sexuologie, 19 (1–2), S. 55–65.

Foucault, M. (1983, frz. 1976): Der Wille zum Wissen – Sexualität und Wahrheit 1. Suhrkamp, Frankfurt/Main.

Foucault, M. (2007 [frz. 1984]): Zur Genealogie der Ethik: Ein Überblick über die laufende Arbeit. Übersetzt von H.-D. Gondek. In: Defert, D., Ewald, F., Lagrange, J. (Hrsg.): Michel Foucault – Ästhetik der Existenz: Schriften zur Lebenskunst. Suhrkamp, Frankfurt/Main, S. 191–219.

Fout, J. C. (2002): Homosexuelle in der NS-Zeit: Neue Forschungsansätze über Alltagsleben und Verfolgung. In: Jellonnek, B., Lautmann, R. (Hrsg.): Nationalsozialistischer Terror gegen Homosexuelle. Paderborn etc.: Schöningh. S. 163–172.

FR (Frankfurter Rundschau, 2018): Schülerproteste:»Sie staunen, dass Jugendliche so viel Power haben«. Von Peter Hanack, 23.5.2018. Online: https://www.fr.de/politik/sie-staunen-dass-jugendliche-viel-power-haben-10989196.html (Zugriff: 27.2.2022).

Freud, S. (1972 [EA 1905]): Drei Abhandlungen zur Sexualtheorie. Frankfurt/Main: Fischer. Online: http://gutenberg.spiegel.de/buch/drei-abhandlungen-zur-sexualtheorie-910/1 (Zugriff: 28.2.2022).

Fundamental Rights Agency (2014): Being Trans in the European Union: Comparative analysis of EU LGBT survey data. Wien.

Fundamental Rights Agency (2020): A long way to go for LGBTI equality. Wien.

Furian, M. (1978): Für eine integrierte Sexualerziehung. In: Furian, M. (Hg.): Sexualerziehung kontrovers: Analysen – Perspektiven – Hilfen. Fellbach: Verlag Adolf Bonz. S. 13–17.

Gesellschaft zur Verbreitung wissenschaftlicher Kenntnisse (1962): Sexuelle Bildung und Erziehung – Bestandteil der Erziehung zur sozialistischen Persönlichkeit.

Glombek, G. (1984): Schulische Sexualerziehung aus der Sicht der Richtlinien und Lehrpläne. In: Kluge, Norbert (Hg.): Handbuch der Sexualpädagogik – Band 2. Düsseldorf: Schwann Verlag. S. 247–262.

Goldstein., M., McBride, W. (1970): Lexikon der Sexualität. Wuppertal: Jugenddienst-Verlag.

Göttinger Institut für Demokratieforschung (2016): Die Unterstützung pädosexueller bzw. päderastischer Interessen durch die Berliner Senatsverwaltung. Studie im Auftrag der Berliner Senatsverwaltung für Bildung, Jugend und Wissenschaft. Berlin. Online: https://www.berlin.de/sen/bjf/aktuelles 2/kentler-gutachten.pdf (Zugriff: 28.2.2022).

Gottron, H. A. (1938): Sexualerziehung der Jugend. Deutsches Ärzteblatt, 68. Jg., Nr. 13, S. 220–225.

Gould, S. J. (1983 [engl. 1981]): Der falsch vermessene Mensch. Aus dem Amerikanischen übersetzt von G. Seib. Birkhäuser Verlag, Basel u. a.

Grassel, H. (1967 [als Habilitation 1964]): Jugend Sexualität Erziehung: Zur psychologischen Problematik der Geschlechtserziehung. Berlin: Staatsverlag der DDR.

Grassel, H. (1978a): Der Ablauf der Entwicklung des sexuellen Verhaltens. In: Hesse, P. G., Harig, G., Kaul, F. K., Kuckhoff, A.-G. (Hg.): Sexuologie. Band 3. Leipzig: Hirzel Verlag. S. 49–60.

Grassel, H. (1978b): Der Stand der Geschlechtserziehung. In: Hesse, P. G., Harig, G., Kaul, F. K., Kuckhoff, A.-G. (Hg.): Sexuologie. Band 3. Leipzig: Hirzel Verlag. S. 60–73.

Grassel, H., Bach, K. R. (1979): Kinder- und Jugendsexualität. Berlin: VEB Deutscher Verlag der Wissenschaften.

Grau, G. (2002): »Unschuldige Täter«. Mediziner als Vollstrecker der nationalsozialistischen Homosexuellenpolitik. In: Jellonnek, B., Lautmann, R. (Hg.): Nationalsozialistischer Terror gegen Homosexuelle. Paderborn etc.: Ferdinand Schöningh. S. 209-235.

Groddeck, G. (2022 [EA 1923]): Das Buch vom Es. Leipzig. Online: http://gutenberg.spiegel.de/buch/das-buch-vom-es-1485/1 (Zugriff: 28.2.2022).

Groß, M., Niedenthal, K. (Hg., 2021): Geschlecht divers: Die »Dritte Option«« im Personenstandsgesetz – Perspektiven für die Soziale Arbeit. Bielefeld: Transcript Verlag.

gsp (Gesellschaft für Sexualpädagogik, 2017): FAQs zu Helmut Kentler. Online: https://gsp-ev.de/faqs-zu-helmut-kentler/ (Zugriff: 28.3.2022).

Günther, H. F. K. (1941): Gattenwahl zu ehelichem Glück und erblicher Ertüchtigung. München: J. F. Lehmanns Verlag.

Haase, M. (2017): Sexuelle Bildung und Migration in der Kinder- und Jugendhilfe. In: Sielert, U. et al (Hg.).: Sexualität und Gender im Einwanderungsland. Öffentliche und zivilgesellschaftliche Aufgaben – Ein Lehr- und Praxishandbuch. Berlin/Boston: De Gruyter.

Hanke, C. (2007): Zwischen Auflösung und Fixierung – Zur Konstitution von ›Rasse‹ und ›Geschlecht‹ in der physischen Anthropologie um 1900. transcript Verlag, Bielefeld.

Hansen, S., Jensen, J. (1971 [EA 1969]): Das kleine rote schülerbuch. Frankfurt/Main: Verlag Neue Kritik.

Haase, M. (2017): Sexuelle Bildung und Migration in der Kinder- und Jugendhilfe. In: Sielert, U., Marburger, H., Griese, C. (Hg.): Sexualität und Gender im Einwanderungsland. Öffentliche und zivilgesellschaftliche Aufgaben – Ein Lehr- und Praxishandbuch. Berlin/Boston: De Gruyter.

Hark, S., Villa, P.-I. (2017): Unterscheiden und herrschen. Ein Essay zu den ambivalenten Verflechtungen von Rassismus, Sexismus und Feminismus in der Gegenwart. Bielefeld: Transcript Verlag.

Hashemi, F., Linke, T., Voß, H.-J. (2017): Migration, Flucht und sexuelle Gesundheit von Männern. In: Bardehle, D.; Voß, H.-J., Klotz, T., Staudenmeyer, B., Stiftung Männergesundheit (Hg.): Dritter deutscher Männergesundheitsbericht: Sexualität von Männern. Gießen: Psychosozial-Verlag. S. 211–219.

Haug, F. (2002): Zur Theorie der Geschlechterverhältnisse. Das Argument, 27. 3.2002. Online: http://www.linksnet.de/de/artikel/18052 (Zugriff: 9.6.2013).

Heil, J., Kramer, S. J. (Hg.): Beschneidung: Das Zeichen des Bundes in der Kritik – zur Debatte um das Kölner Urteil. Berlin: Metropol Verlag.

Heinsohn, D. (2005): Physikalisches Wissen im Geschlechterdiskurs. Thermodynamik und Frauenstudium um 1900. Campus Verlag, Frankfurt/Main, New York.

Heitzmann, D., Houda, K. (Hg.) (2020): Rassismus an Hochschulen: Analyse – Kritik – Intervention. Weinheim: Beltz Juventa.

Henke, K.-D. (2008): Tödliche Medizin im Nationalsozialismus. Von der Rassenhygiene zum Massenmord. Köln: Böhlau.

Henningsen, A., Tuider, E., Timmermanns, S. (Hg.) (2016): Sexualpädagogik kontrovers. Weinheim: Beltz Juventa.

Herbst, U., Kerscher, I. (1978): Bibliographie zur Sexualpädagogik. Weinheim: Beltz Verlag.

Hermannsen, W. (1939): Ein Wort an junge Kameraden. Frankfurt/Main: Armanen-Verlag.

Hermannsen, W., Blome, K. (1942 [EA 1939]): Warum hat man uns das nicht früher gesagt? Ein Bekenntnis deutscher Jugend zu geschlechtlicher Sauberkeit. München: J. F. Lehmanns Verlag.

Herrn, R. (1997): Magnus Hirschfeld (1868–1935). In: Erler, H., Ehrlich E. L., Heid, L. (Hg.): »Meinetwegen ist die Welt erschaffen«: Das intellektuelle Vermächtnis des deutschsprachigen Judentums – 58 Portraits. Frankfurt/Main: Campus Verlag. S. 173–178.

Herzer, M. (1992): Magnus Hirschfeld – Leben und Werk eines jüdischen, schwulen und sozialistischen Sexologen. Frankfurt/Main: Campus Verlag.

Herzer, M. (1998): Hirschfelds Utopie, Hirschfelds Religion und das dritte Geschlecht der Romantik. In: Mitteilungen der Magnus-Hirschfeld-Gesellschaft, Nr. 28. Online: http://www.sexarchive.info/BIB/herzer01.htm (Zugriff: 3.4.2022).

Herzog, D. (2005 [Engl. 2005]): Die Politisierung der Lust: Sexualität in der deutschen Geschichte des 20. Jahrhunderts. München: Siedler Verlag.

Heyn, M. (2022): Sexualpädagogik im Kreuzfeuer: Der Sexualkunde-Atlas 1969 und die Kritik an schulischer Aufklärung. Gießen: Psychosozial-Verlag.

Heyne, K. (2020): Sexualität: Hintergrundwissen, Materialien und Methoden für die schulische Praxis. Hamburg: Persen-Verlag.

Hildebrandt, K. (1959): Platon – Logos und Mythos. Walter de Gruyter & Co, Berlin.

Hirschfeld, M. (1914): Die Homosexualität des Mannes und des Weibes. Berlin: Louis Marcus Verlagsbuchhandlung.

Hirschfeld, M. (1926–1930). Geschlechtskunde. Band I bis V. Stuttgart: Julius Püttmann.

Hirschfeld, M., Bohm, E. (1930). Sexualerziehung. Der Weg durch Natürlichkeit zur neuen Moral. Berlin: Universitas.

HLS (Historisches Lexikon der Schweiz, 2012): Auguste Tissot. Online: https://hls-dhs-dss.ch/de/articles/014666/2012-10-29/ (Zugriff: 3.4.2022).

Holland, M. (1940): Von Not und Würde der Reifejahre: Wegweiser für die weibliche Jugend. Konstanz: Christliche Verlagsanstalt.

Horney, K. (1951 [engl. 1939]): Neue Weg in der Psychoanalyse. Stuttgart: Klipper Verlag.

Hubrig, S. (2014): Sexualerziehung in Kitas: Die Entwicklung einer positiven Sexualität begleiten und fördern. Weinheim: Beltz Verlag.

Hüffel, A. (1978): Schülerbewegung 1967–77: Erfahrungen Porträts Dokumente. Gießen: Focus-Verlag.

Hunger, H. (1942): Jüdische Psychoanalyse und deutsche Seelsorge. In: Grundmann, W. (Hg.): Germanentum, Christentum und Judentum: Studien zur Erforschung ihres gegenseitigen Verhältnisses. Leipzig: Verlag Georg Wigand. S. 307–353.

Hunger, H. (1967): Kinder fragen – Eltern antworten. Ein Ratgeber zur geschlechtlichen Aufklärung. Gütersloh: Gütersloher Verlagshaus Gerd Mohn.

Hunger, H. (1969): Was Jungen wissen wollen. Gütersloh: Gütersloher Verlagshaus Gerd Mohn.

Hunger, H. (1970): Das Sexualwissen der Jugend – Ein Report für Erzieher. Freiburg i. Br.: Herder Verlag.

Hunger, H. (1984): Sexualität und Religion im anthropologisch-kulturgeschichtlichen Prozeß. In: Kluge, N. (Hg.): Handbuch der Sexualpädagogik – Band 1. Düsseldorf: Schwann Verlag. S. 171–187.

İpekçioğlu, İ. (2021): »Ich habe über die türkische Community die Genderreisen schon mitbekommen, als es in Deutschland noch gar kein Thema war.« In: Voß, H.-J. (Hg.): Westberlin – ein sexuelles Porträt. Gießen: Psychosozial-Verlag. S. 45–57.

Jacobi, P. (1969): »Mögliche Fehlinterpretationen in Betracht gezogen.« b:e-Interview (Peter Jacobi) mit Otto Brüggemann über die KMK-Richtlinien zur Sexualerziehung. In: betrifft: erziehung. das aktuelle pädagogische Magazin: Forum für Bildungspolitik und Erziehungswissenschaft Nr. 2, Februar 1969. Weinheim 1969. S. 8–9.

Jacobi, P., Kriedemann, H., Maier, L., Peters, I. (1974 [EA 1972]): Sexfibel. Opladen: Leske Verlag.

Jebautzke, K. (2020): Sexualkunde in der Grundschule: Vielseitiges Übungsmaterial rund um Liebe, Sexualität und Pubertät. Hamburg: Persen-Verlag.

Joseph, G. I. (1993): Das disharmonische Dreiecksverhältnis: Marxismus, Feminismus und Rassismus. In: Joseph, G. I. (Hg.): Schwarzer Feminismus: Theorie und Politik afro-amerikanischer Frauen. Berlin: Orlanda Frauenverlag.

Jung, J. S. (2007): Erfolg und Scheitern der Hegar-Operation: eine wissenschaftsgeschichtliche Untersuchung über die Kastration der Frau im 19. Jahrhundert (Medizingeschichte im Kontext 14). Frankfurt/Main: Peter Lang.

Kattmann, U., McBride, W. (1971): Sexualität des Menschen. Bildmappe für den Sexualkundeunterricht. Wuppertal: Jugenddienst-Verlag.

Katzenberger, L. F. (1984): Sexualerziehung in der Grundschule. In: Kluge, N. (Hg.): Handbuch der Sexualpädagogik – Band 2. Düsseldorf: Schwann Verlag. S. 45–66.

Katzer, M., Voß, H.-J. (Hg., 2016): Geschlechtliche, sexuelle und reproduktive Selbstbestimmung – praxisorientierte Zugänge. Gießen: Psychosozial-Verlag.

Katzer, M., Voß, H.-J. (Hg., 2019): Geschlechtliche und sexuelle Selbstbestimmung durch Kunst und Medien: Neue Zugänge zur Sexuellen Bildung. Gießen: Psychosozial-Verlag.

Kentler, H. (1969 [EA 1967]): Repressive und nichtrepressive Sexualerziehung im Jugendalter. In: Faltermaier, M. (Hg.): Für eine Revision der Sexualpädagogik. München: Juventa Verlag. S. 9–48.

Kentler, H. (1974): Kindersexualität. In: McBride, W., Fleischhauer-Hardt, H. (1974): Zeig Mal! Wuppertal: Jugenddienst-Verlag. S. 4–11.

Kentler, H. (1981 [EA 1975]): Eltern lernen Sexualerziehung. Reinbek bei Hamburg: Rowohlt.

Kerscher, K.-H. I. (1973): Emanzipatorische Sexualpädagogik und Strafrecht: »Unzucht mit Kindern« – ein Beispiel bürgerlicher Zwangsmoral. Neuwied: Hermann Luchterhand Verlag.

Kilomba, G. (2009): Schwarze in der Universität. In: AG gegen Rassismus in den Lebenswissenschaften (Hg.): Gemachte Differenz: Kontinuitäten biologischer ‹Rasse›-Konzepte. Münster: Unrast Verlag. S. 130–137.

Klauda, G. (2008): Die Vertreibung aus dem Serail: Europa und die Heteronormalisierung der islamischen Welt. Hamburg: Männerschwarm Verlag.

Klauda, G. (2000): Vernunft und Libertinage. In: Bubeck, I. (Hg.): Unser Stück vom Kuchen? Zehn Positionen gegen die Homo-Ehe. Berlin: Querverlag. S. 43–56.

Klee, E. (2001): Deutsche Medizin im Dritten Reich. Karrieren vor und nach 1945. Frankfurt/Main: S. Fischer.

Klee, E. (2011 [EA 2003]): Das Personenlexikon zum Dritten Reich. Koblenz: Edition Kramer.

Klein, A., Sager, C. (2010) Wandel der Jugendsexualität in der Bundesrepublik. In: Schetsche M., Schmidt R. B. (Hg.) Sexuelle Verwahrlosung: Empirische Befunde – Gesellschaftliche Diskurse – Sozialethische Reflexionen. Springer VS.

Kleiner, B. (2020): Lebenslagen von lesbischen, schwulen, bisexuellen, trans* und inter*geschlechtlichen sowie genderqueeren (Kindern und) Jugendlichen. In: Böhm, M., Timmermanns, S. (Hg.): Sexuelle und geschlechtliche Vielfalt: Interdisziplinäre Perspektiven aus Wissenschaft und Praxis. Weinheim: Beltz Juventa. S. 40–54.

Koch, P.-F. (1996): Menschenversuche: Die tödlichen Experimente deutscher Ärzte. München: Piper.

Koch, F. (1975): Sexualpädagogik und politische Erziehung. München: List Verlag.

Koch, F. (2013 [EA 2008]): Zur Geschichte der Sexualpädagogik. In: Schmidt, Renate-Berenike, Sielert, Uwe (Hg.): Handbuch Sexualpädagogik und sexuelle Bildung. Weinheim: Beltz Juventa. S. 25–40.

Kogon, E. (1947): Der SS-Staat: Das System der deutschen Konzentrationslager. Berlin: Verlag des Druckhauses Tempelhof.

Krolzik-Matthei, K., Linke, T., Urban, M. (Hg.): Schutz von Kindern und Jugendlichen vor sexueller Traumatisierung: Herausforderungen für die Soziale Arbeit. Gießen: Psychosozial-Verlag.

Kucklick, C. (2008): Das unmoralische Geschlecht: Zur Geburt der Negativen Andrologie. Frankfurt/Main: Suhrkamp Verlag.

Kuczynski, J. (1963): Studien zur Geschichte der Lage der Arbeiterin in Deutschland von 1700 bis zur Gegenwart (Die Geschichte der Lage der Arbeiter unter dem Kapitalismus, Bd. 18). Berlin: Akademie Verlag.

Kugler, T. (2020): Geschlechtervielfalt in der Kita – Theorie und Praxis: Inklusion und Kinderrechte als menschenrechtlich fundierter Zugang einer genderbewussten Pädagogik. In: Böhm, M., Timmermanns, S. (Hg., 2020): Sexuelle und geschlechtliche Vielfalt: Interdisziplinäre Perspektiven aus Wissenschaft und Praxis. Weinheim: Beltz Juventa. S. 122–135.

Lau, T. (2009): »Da erhob sich ein großes Geschrei über Sodom«. Sodomitenverfolgung in Zürich in der zweiten Hälfte des 17. Jahrhunderts. Invertito, 11, 8–21.

Lautmann, R., Grikschat, W., Schmidt, E. (1977): Der rosa Winkel in den nationalsozialistischen Konzentrationslagern. In: Lautmann, R. (Hg.): Seminar: Gesellschaft und Homosexualität. Frankfurt/Main: Suhrkamp. S. 325–365.

Lautmann, R. (2020): Sexualität und Sexualwissenschaft 2050: Eine rationale Vision. In: Voß, H.-J. (Hg.): Die deutschsprachige Sexualwissenschaft: Bestandsaufnahme und Ausblick. Gießen: Psychosozial-Verlag. S. 37–54.

Leporin, D. C. (1977 [EA 1742]): Gründliche Untersuchung der Ursachen, die das weibliche Geschlecht vom Studiren abhalten. Hildesheim etc.: Georg Olms Verlag.

LesMigras (2012): »...nicht so greifbar und doch real«: Eine quantitative und qualitative Studie zu Gewalt- und (Mehrfach-) Diskriminierungserfahrungen von lesbischen, bisexuellen Frauen und Trans* in Deutschland. Berlin.

Linke, T., Hashemi, F., Voß, H.-J. (2018): Sexualisierte Gewalt und sexuelle Traumatisierung im Kontext von Flucht. In: Retkowski, A., Treibel, A., Tuider, E. (Hg.): Handbuch Sexualisierte Gewalt und pädagogische Kontexte. Weinheim: Beltz Juventa. S. 369–377.

Longo, L. D. (1984): The Rise and Fall of Battey's Operation: A Fashion in Surgery. In: Leavitt, J. W. (Hrsg.): Women and Health in America. Historical Readings. The University of Wisconsin Press, Madison, S. 270–284.

Lotz, A. (2020): Vielfalt in Sexualität und Geschlecht: Themenhefte Sekundarstufe Biologie. Berlin: Cornelsen-Verlag.

Lux, H. J. (1935): Heiliges Wissen: Ein Führer zur Reinheit der deutschen Jugend. München: Verlag »Ars Sacra« Josef Müller.

LZG (o. J.): Körpererfahrung und Sexualerziehung im Kindergarten. Handout für pädagogisch Tätige in Kindergarten, Fachberatung, Aus- und Weiterbildung. Landeszentrale für Gesundheitsförderung in Rheinland-Pfalz e. V. Online: https://kinderrechte.rlp.de/fileadmin/kinderrechte/Materialien/En twicklung-und-Gesundheit/Gesundheit/Koerpererfahrung_und_Sexualitaet_im_Kindergarten.pdf (Zugriff: 28.2.2022).

Mamozai, M. (1989 [Erstausgabe 1982]): Schwarze Frau, weiße Herrin: Frauenleben in den deutschen Kolonien. Reinbek bei Hamburg: Rowohlt.

Martin, B., Nitschke, J. (2017): Sexuelle Bildung in der Schule: Themenorientierte Einführung und Methoden. Stuttgart: Kohlhammer-Verlag.

Maschke, S., Stecher, L. (2018): Sexuelle Gewalt: Erfahrungen Jugendlicher heute. Weinheim: Beltz.

Maskus, R. (1984): Höchstrichterliche Urteile zur Sexualerziehung in der Schule. In: Kluge, N. (Hg.): Handbuch der Sexualpädagogik – Band 2. Düsseldorf: Schwann Verlag. S. 263–271.

Maß, R.; Bauer, R. (2016): Lehrbuch Sexualtherapie. Stuttgart: Klett-Cotta Verlag.

Maurer, I. (2021): Sexualerziehung ist (k)ein Kinderspiel: Materialien für den Unterricht in der Grundschule. 13. Auflage. Hamburg: Persen-Verlag.

McBride, W., Fleischhauer-Hardt, H. (1974): Zeig Mal! Wuppertal: Jugenddienst-Verlag.

Méritt, L. (2012): Frauenkörper neu gesehen: Ein illustriertes Handbuch. Berlin: Orlanda.

MEW = Marx-Engels-Werkausgabe des Dietz-Verlages, Berlin/DDR, erschienen zwischen 1956 und 1990, mit Nummer des jeweiligen Bandes.

Mildenberger, F. (2002): ... in der Richtung der Homosexualität verdorben: Psychiater, Kriminalpsychologen und Gerichtsmediziner über männliche Homosexualität 1850–1970. Hamburg: Männerschwarm Verlag.

Mildenberger, F. (2006): Günter Dörner – Metamorphosen eines Wissenschaftlers. In: Setz, W. (Hg.): Homosexualität in der DDR – Materialien und Meinungen. Hamburg: Männerschwarm. S. 237–272.

Möckel, A. O. (2008): Lernwerkstatt: Körper – Liebe – Kinderkriegen. Fächerübergreifende Materialien zur Sexualerziehung. 9. Auflage. Hamburg: Persen-Verlag.

Mosse, G. L. (1985): Nationalismus und Sexualität: Bürgerliche Moral und sexuelle Normen. München: Carl Hanser Verlag.

MS (2013, Ministerium für Arbeit und Soziales des Landes Sachsen-Anhalt): Bildung: elementar – Bildung von Anfang an. Bildungsprogramm für Kindertageseinrichtungen in Sachsen-Anhalt. Online: https://ms.sachsen-anh alt.de/fileadmin/Bibliothek/Politik_und_Verwaltung/MS/MS/Presse_Dialog _Kita/2014/bildungsprogramm_2014.pdf (Zugriff: 12.3.2022).

Müller, K. (1993a): Die unmittelbare Vorgeschichte: Heinrich Hössli. In: Lautmann, R. (Hg.), Homosexualität: Handbuch der Theorie- und Forschungsgeschichte. Frankfurt am Main u. a.: Campus Verlag, S. 13–18.

Müller, K. (1993b): Johann Ludwig Casper. In: Lautmann, R. (Hg.): Homosexualität: Handbuch der Theorie- und Forschungsgeschichte. Frankfurt am Main u. a.: Campus Verlag, S. 29–31

Nentwig, T. (2021): Im Fahrwasser der Emanzipation?: Die Wege und Irrwege des Helmut Kentler. Göttingen: Vandenhoeck & Ruprecht.

Neubert, R. (1955a): Was sag ich meinem Kinde? Rudolstadt: VEB Greifenverlag.

Neubert, R. (1955b): Woher kommen die Kinder? Rudolstadt: VEB Greifenverlag.

Neubert, R. (1956): Die Geschlechterfrage. Rudolstadt: VEB Greifenverlag.

Neubert, R. (1957a): Das neue Ehebuch. Rudolstadt: VEB Greifenverlag.

Neubert, R. (1957b): Gedanken zum Problem der Sexualpädagogik. In: Neubert, R., Weise, R. (Hg.): Das sexuelle Problem in der Jugenderziehung. Rudolstadt: VEB Greifenverlag. S. 5–40.

Neugebauer, F. L. von (1908): Hermaphroditismus beim Menschen. Leipzig: Dr. Werner Klinkhardt.

Ockel, B. (1962): Wie man ein »heißes Eisen« schon in der Grundschule anfassen kann, ohne sich die Finger zu verbrennen: Sexualpädagogische Erfahrungen einer Volksschullehrerin in der 3. Und 4. Grundschulklasse. Frankfurt/Main: Kleinschriften-Verlag.

Oest, J. F. (1787): Nöthige Belehrung und Warnung für Jüngling und solche Knaben. In: Allgemeine Revision des gesammten Schul- und Erziehungswesens: von einer Gesellschaft practischer Erzieher, Bd. 6. Wolfenbüttel, 1787. S. 293–434. Online: Deutsches Textarchiv, https://www.deutschestextarchiv .de/oest_knaben_1787/14 (21.8.2021).

Oestereich, H. (1967): Geschlechtserziehung im Schrifttum: 200 Schriften zur Geschlechtserziehung. Köln: Luthe-Druck.

Oguntoye, K.; Opitz [Ayim], M.; Schultz, D. (1997 [EA 1986]): Farbe bekennen: Afro-deutsche Frauen auf den Spuren ihrer Geschichte. Frankfurt/Main: Fischer Taschenbuch.

Online-Ausstellung »Institut für Sexualwissenschaft« (2007): http://www.hir schfeld.in-berlin.de/institut/de/personen/pers_01.html (Zugriff: 6.3.2022).

Opitz [Ayim], M. (1997 [Erstausgabe 1986]): Rassismus, Sexismus und vorkoloniales Afrikabild in Deutschland. In: Oguntoye, K., Opitz [Ayim], M., Schultz, D. (Hg.): Farbe bekennen: Afro-deutsche Frauen auf den Spuren ihrer Geschichte. Frankfurt/Main: Fischer. S. 17–64.

Oppermann, C., Winter, V., Harder, C., Wolff, M., Schröer, W. (Hg.) (2018): Lehrbuch Schutzkonzepte in pädagogischen Organisationen. Weinheim: Beltz Juventa.

Ortland, B. (2020): Behinderung und Sexualität: Grundlagen einer behinderungsspezifischen Sexualpädagogik. Stuttgart: Kohlhammer-Verlag.

Palzkill, B., Pohl, F. G., Scheffel, H. (2020): Diversität im Klassenzimmer: Geschlechtliche und sexuelle Vielfalt in Schule und Unterricht. Berlin: Cornelsen-Verlag.

Pampel, R. (2019): Wir reden zu wenig! Angebote zur sexuellen Bildung Erwachsener. Gießen: Psychosozial-Verlag.

Peters, K. (2010): Rätselbilder des Geschlechts – Körperwissen und Medialität um 1900. Diaphenes Verlag: Zürich u. a.

Petzen, J. (2011 [EA 2005]): Wer liegt oben? Türkische und deutsche Maskulinitäten in der schwulen Szene. In: Yılmaz-Günay, K. (Hg.): Karriere eines konstruierten Gegensatzes: zehn Jahre »Muslime versus Schwule«. Berlin: Selbstverlag, S. 25–45.

Pizan, C. de (1990 [frz. 1405]): Das Buch von der Stadt der Frauen (mit einer Einleitung von M. Zimmermann). München: dtv.

Platon (1979): Das Gastmahl, oder Von der Liebe (Symposion). Übertragen von Kurt Hildebrandt. Philipp Reclam jun., Stuttgart, 1979.

Plöderl, M. (2020): Suizidrisiko bei LSBTI*. In: Böhm, M., Timmermanns, S. (Hg.) (2020): Sexuelle und geschlechtliche Vielfalt: Interdisziplinäre Perspektiven aus Wissenschaft und Praxis. Weinheim: Beltz Juventa. S. 291–306.

Plümecke, T. (2013): Rasse ln der Ära der Genetik: Die Ordnung des Menschen in den Lebenswissenschaften. Bielefeld: Transcript Verlag.

Pro familia (2013): Eine Welt voller Möglichkeiten durch Selbstbestimmung: Rahmenkonzept für umfassende Sexualaufklärung. Online: https://www.profamilia.de/publikationen.html?tx_pgextendshop_pi1[product]=186&tx_pgextendshop_pi1[action]=show&tx_pgextendshop_pi1[controller]=Item (Zugriff: 2.4.2022).

Pro familia (2020): Sexuelle Bildung. Online: https://www.profamilia.de/ueber-pro-familia/landesverbaende/landesverband-baden-wuerttemberg/sexuelle-bildung.html (Zugriff: 6.1.2020).

Profus, A. (2016): Unsichtbares sichtbarmachen – Asexualität als sexuelle Orientierung. In: Katzer, M., Voß, H.-J. (Hg.): Geschlechtliche, sexuelle und reproduktive Selbstbestimmung – praxisorientierte Zugänge. Gießen: Psychosozial-Verlag. S. 225–242.

Pro Juventute (o. J.): Sexuelle Erziehung. Winterthur: Franz Schubiger.

PZ (Pädagogisches Zentrum, 1968): Bibliographie zur Sexualerziehung – Folge I: 1965–1968. Weinheim: Beltz Verlag.

Quindeau, I., Brumlik, M. (Hg.) (2012): Kindliche Sexualität. Weinheim etc.: Beltz Juventa.

Quindeau, I. (2014): Sexualität. Gießen: Psychosozial-Verlag.

Rauchfleisch, U. (2019a): Transsexualismus – Genderdysphorie – Geschlechtsinkongruenz – Transidentität. Der schwierige Weg der Entpathologisierung. Göttingen: Vandenhoek & Ruprecht.

Rauchfleisch, U. (2019b): Sexuelle Identitäten im therapeutischen Prozess: Zur Bedeutung von Orientierungen und Gender. Stuttgart: Kohlhammer Verlag.

Rauchfleisch, U. (2020): Sexuelle Orientierungen und Geschlechtsentwicklungen im Kindes- und Jugendalter. Stuttgart: Kohlhammer Verlag.

Raue, U. [Canisius-Kolleg] (2010): Bericht der Rechtsanwältin Ursula Raue über Fälle sexuellen Missbrauchs an Schulen und anderen Einrichtungen des Jesuitenordens. Online: https://canisius.de/wp-content/uploads/bericht _27_05_2010_ueber_faelle_sexuellen_missbrauchs_an_jesuiteneinrichtungen. pdf (Zugriff: 30.3.2022).

Reiche, R. (2014): Die Figuration der sexuellen Grenze. In: Merk, A. (Hg.): Cybersex: Psychoanalytische Perspektiven. Gießen: Psychosozial-Verlag. S. 207–228.

Retkowski, A., Treibel, A., Tuider, E. (Hg.) (2018): Handbuch Sexualisierte Gewalt und pädagogische Kontexte. Weinheim: Beltz Juventa.

Ritter, G. R. (1936): Die geschlechtliche Frage in der deutschen Volkserziehung. Berlin: R. Marcus und E. Weber's Verlag.

Rohleder, H. (1925). Grundzüge der Sexualpädagogik für Ärzte, Pädagogen und Eltern. Berlin: Kornfeld.

Rolker, C. (2013): Der Hermaphrodit und seine Frau: Körper, Sexualität und Geschlecht im Spätmittelalter. Historische Zeitschrift, 297 (3), S. 593–620.

Rosen, U. (2018): Sexualerziehung mit Generation Z: Zeitgemäßer Biologieunterricht nach den aktuellen Richtlinien in den Klassen 5-10. Augsburg: Auer-Verlag.

Rosen, U., Rosen, I. (2022): Alles Divers: Sexualkunde und Demokratieerziehung. Lingen: Salmo-Verlag.

Rousseau, J.-J. (1991 [frz. 1762]): Emil oder Über die Erziehung. Schöningh, Paderborn, München, Wien, Zürich.

Ruthe, R. (Hg.) (1970): Sexualerziehung in der Schule: Grundlegung – Richtlinien – Didaktik – Audio-visuelle Hilfsmittel. München: Claudius Verlag.

Saadat-Lendle, S., Çetin, Z. (2014): Forschung und Soziale Arbeit zu Queer mit Rassismuserfahrungen. In: Bundesstiftung Magnus Hirschfeld (Hg.): Forschung im Queerformat. Aktuelle Beiträge der LSBTI*-, Queer- und Geschlechterforschung. Bielefeld: transcript. S. 233–250.

Sachse, C. (1990): Siemens, der Nationalsozialismus und die moderne Familie: Eine Untersuchung zur sozialen Rationalisierung in Deutschland im 20. Jahrhundert. Hamburg: Rasch und Röhring.

Sächsisches Staatsarchiv (2022): 12741: Personennachlass Rudolf Neubert (1857) 1898–1992 (1996). Findbucheinleitung. Dresden.

Sager, C. (2015): Das aufgeklärte Kind: Zur Geschichte der bundesrepublikanischen Sexualaufklärung (1950–2010). Bielefeld: Transcript Verlag.

Said, E. W. (2003 [Erstausgabe 1978]): Orientalism: Western Conceptions of the Orient. London: Penguin Classics.

Salzmann, C. G. (1785): Ueber die heimlichen Sünden der Jugend. Leipzig. Online: Deutsches Textarchiv, https://www.deutschestextarchiv.de/salzmann _suenden_1785/17 (21.8.2021).

Sauerteig, L. (2019): Sünde – Gefahr – Risiko – Management: Konzepte sexueller Gesundheit in der deutschen Sexualerziehung im 20. Jahrhundert. VIRUS – Beiträge zur Sozialgeschichte der Medizin, 18 (2019). Leipzig: Universitätsverlag. S. 213–245.

Scarbath, H. (1978): Sexualität in unserer Gesellschaft – Analyse und pädagogische Problemstellung. In: Furian, M. (Hg.): Sexualerziehung kontrovers: Analysen – Perspektiven – Hilfen. Fellbach: Verlag Adolf Bonz. S. 18–46.

SchKG (2022): Gesetz zur Vermeidung und Bewältigung von Schwangerschaftskonflikten (Schwangerschaftskonfliktgesetz – SchKG). Online: https://www. gesetze-im-internet.de/beratungsg/BJNR113980992.html (Zugriff: 28.2.2022).

Schlag, N. (2016): Asexualität – Eine diskursive Annäherung. In: Katzer, Michaela; Voß, H.-J. (Hg.): Geschlechtliche, sexuelle und reproduktive Selbstbestimmung – praxisorientierte Zugänge. Gießen: Psychosozial-Verlag. S. 209–224.

Schmid, C. (2012): Sexuelle Übergriffe an Kindern und Jugendlichen in der Schweiz. Formen, Verbreitung, Tatumstände. Zürich: UBS Optimus Foundation. Online: https://www.ur.ch/_doc/235274 (Zugriff: 13.3.2022).

Schmidt, G. (Hg.) (1993) Jugendsexualität. Sozialer Wandel, Gruppenunterschiede, Konfliktfelder. Stuttgart: Ferdinand Enke Verlag.

Schmidt, G., Matthiesen, S., Dekker, A., Starke, K. (2006): Spätmoderne Beziehungswelten, Wiesbaden: VS Verlag.

Schmidt, G. (2008): Sexuelle Verwahrlosung oder moralische Panikattacke? ProFamilia Magazin 04/2008, S. 25–26.

Schmidt, G. (2012): Kindersexualität – Konturen eines dunklen Kontinents. In: Quindeau, I., Brumlik, M. (Hg.): Kindliche Sexualität. Weinheim etc.: Beltz Juventa. S. 60–70.

Schmidt, H. I. (2008): Colonial intimacy: the Rechenberg Scandal and homosexuality in German East Africa. In: Journal of the history of sexuality, 17 (1): 25–59.

Schmidt, R.-B., Sielert, U. (Hg.) (2012): Sexualpädagogik in beruflichen Handlungsfeldern. Köln: Bildungsverlag Eins.

Schmitt, C. (2014): Kindliche Sexualität – (k)ein Thema in deutschen Kindertagesstätten. Merseburg: Masterarbeit.

Schmuhl, H.-W. (1992 [zuerst 1987]): Rassenhygiene, Nationalsozialismus, Euthanasie. Von der Verhütung zur Vernichtung »lebensunwerten Lebens«, 1890–1945. Göttingen: Vandenhoeck & Ruprecht.

Schnabl, S. (1969): Mann und Frau intim: Fragen des gesunden und des gestörten Geschlechtslebens. Berlin: VEB Verlag Volk und Gesundheit.

Schoppmann, C. (2002): Zeit der Maskierung: Zur Situation lesbischer Frauen im Nationalsozialismus. In: Jellonek, B., Lautmann, R. (Hrsg.): Nationalsozialistischer Terror gegen Homosexuelle. Paderborn etc.: Ferdinand Schöningh. S. 71–81.

Schröder, J. (2011): Aktionszentrum Unabhängiger und Sozialistischer Schüler (AUSS). In: Kesten, D., Schröder, J.: Materialien zur Analyse von Opposition (MAO). Berlin. Online: http://www.mao-projekt.de/BRD/VDS/AUSS.shtml (Zugriff: 27.2.2022).

Seelmann, K. (1942): Kind, Sexualität und Erziehung: Zum Verständnis der sexuellen Entwicklung und des sexuellen Verhaltens von Kind und Jugendlichen. München: Ernst Reinhardt Verlag.

Seelmann, K. (1961): Woher kommen die kleinen Buben und Mädchen? München: Ernst Reinhardt Verlag.

Seelmann, K. (1973): Kind, Sexualität und Erziehung: Zum Verständnis der geschlechtlichen Entwicklung und Fehlentwicklung von Kind und Jugendlichen. München: Ernst Reinhardt Verlag.

Seelmann, K. (1974 [EA 1971]): Zwischen 14 und 18: Informationen über sexuelle und andere Fragen des Erwachsenwerdens. München: Ernst Reinhardt Verlag.

Sexalog (2022): Sexuelle Bildung in den Schulgesetzen und Rahmen-Richtlinien der Bundesländer. Online: https://www.sexalog.de/rahmenplaene-der-bundeslaender (Zugriff: 24.2.2022).

Sielert, U. (2005): Einführung in die Sexualpädagogik. Weinheim etc.: Beltz Verlag.

Sielert, U. (2015): Einführung in die Sexualpädagogik (2. Aufl.). Weinheim etc.: Beltz Verlag.

Sierck, U., Radtke, N. (1989): Die Wohltätermafia: Vom Erbgesundheitsgericht zur Humangenetischen Beratung. Frankfurt/Main: Mabuse-Verlag.

Sigusch, V. (1984): Vom Trieb und von der Liebe. Frankfurt/Main: Campus Verlag.

Sigusch, V. (2005): Neosexualitäten: Über den kulturellen Wandel von Liebe und Perversion. Frankfurt/Main: Campus Verlag.

Sigusch, V. (2008): Geschichte der Sexualwissenschaft. Frankfurt/Main: Campus Verlag.

Sigusch, V. (2020): Paradoxale Verhältnisse. In: Voß, H.-J. (Hg.): Die deutschsprachige Sexualwissenschaft: Bestandsaufnahme und Ausblick. Gießen: Psychosozial-Verlag. S. 21–36.

Sozialwissenschaftliche Forschung und Praxis für Frauen e. V. (Hg.) (1990): Geteilter Feminismus: Rassismus – Antisemitismus – Fremdenhaß (beiträge zur feministischen theorie und praxis, 27). Köln: Eigenverlag.

Spahn, A., Wedl, J. (Hg.) (2019a): Schule lehrt/lernt Vielfalt: Praxisorientiertes Basiswissen und Tipps für Homo-, Bi-, Trans- und Inter*freundlichkeit in der Schule. Reinhausen/Gleichen: Edition Waldschlösschen Materialien.

Spahn, A., Wedl, J. (Hg.) (2019b): Schule lehrt/lernt Vielfalt Band 2. Materialien und Unterrichtsbausteine für sexuelle und geschlechtliche Vielfalt in der Schule. Reinhausen/Gleichen: Edition Waldschlösschen Materialien.

Sparmann, J. (2015): Körperorientierte Ansätze für die Sexuelle Bildung junger Frauen: Eine interdisziplinäre Einführung. Gießen: Psychosozial-Verlag.

Sparmann, J. (2018): Lustvoll körperwärts: Körperorientierte Methoden für die Sexuelle Bildung von Frauen. Gießen: Psychosozial-Verlag.

Spiegel (1967): Herr heizt. DER SPIEGEL 18/1967, vom 23.4.1967. Online: https://www.spiegel.de/politik/herr-heizt-a-0fe7f91c-0002-0001-0000-00004 5293069 (Zugriff: 23.2.2022).

Staekley, J. D. (2002): Selbstkritische Gedanken zur Mythologisierung der Homosexuellenverfolgung im Dritten Reich. In: Jellonnek, B., Lautmann, R. (Hg.): Nationalsozialistischer Terror gegen Homosexuelle. Paderborn: Schöningh. S. 55–68.

Starke, K. (2013): Sexualität im Erwachsenenalter. In: Schmidt, R.-B., Sielert, U. (Hg.): Handbuch Sexualpädagogik und sexuelle Bildung. Weinheim etc.: Beltz Juventa. S. 392–407.

Starke, K. (2017): Sexualität im mittleren Lebensalter. In: Bardehle, D., Voß, H.-J., Klotz, T., Staudenmeyer, B., Stiftung Männergesundheit (Hg.): Dritter deutscher Männergesundheitsbericht: Sexualität von Männern. Gießen: Psychosozial-Verlag. S. 167–179.

Stefan, V. (1975): Häutungen. München: Frauenoffensive.

Steinbrügge, L. (1987): Das moralische Geschlecht – Theorien und literarische Einwürfe über die Natur der Frau in der französischen Aufklärung. Beltz Verlag, Weinheim, Basel.

Stemple, L. (2009): Male Rape and Human Rights. Hastings Law Journal, 60: S. 605–47.

Stephan, I. (1997): Helene Deutsch (1884–1982). In: Erler, H.,l Ehrlich, E. L., Heid, L. (Hg.):»Meinetwegen ist die Welt erschaffen«: Das intellektuelle Vermächtnis des deutschsprachigen Judentums – 58 Portraits. Frankfurt/ Main: Campus Verlag. S. 185-190.

Stolberg, M. (2000): Self-Pollution, Moral Reform, and the Venereal Trade: Notes on the Sources and Historical Context of Onania (1716). Journal of the History of Sexuality. Vol. 9, No. 1/2 (1/2): 37–61.

Strauss, H. A.; Röder, W. (Hg.) (1983): International Biographical Dictionary of Central European Emigrés 1933–1945. München: K. G. Saur.

Stumpe, H. (2020): Die vergessene DDR-Sexualwissenschaft. In: Voß, H.-J (Hg.): Die deutschsprachige Sexualwissenschaft: Bestandsaufnahme und Ausblick. Gießen: Psychosozial-Verlag. S. 299-318.

Sweetapple, C., Wolter, S, Voß, H.-J. (2020): Intersektionalität: Von der Antidiskriminierung zur befreiten Gesellschaft? Stuttgart: Schmetterling-Verlag.

SZ (Süddeutsche Zeitung, 1997): Wie aber zeig‹ ich's meinem Kind? Von Birgit Weidinger. 21.5./1.6.1997. S. VI.

SZ (Süddeutsche Zeitung, 2006): Zeig mal! Von Martin Zips. 21.3.2006. S. 11.

Sztenc, M. (2020): Embodimentorientierte Sexualtherapie: Grundlagen und Anwendung des Sexocorporel. Stuttgart: Schattauer-Verlag.

Tervooren, A. (2012): Sexualität am Ende der Kindheit. Aufführungen unterschiedlicher Begehrensformen. In: Quindeau, I., Brumlik, M. (Hg.): Kindliche Sexualität. Weinheim etc.: Beltz Juventa. S. 177–194.

Tewaes, E. (2022): Schöne Gefühle: Ein Aufklärungsbuch in leichter Sprache. Neu-Ulm: AG SPAK.

Tilmann, K. (1940): Vor der Reife: Eine geschlechtliche Unterweisung der Jungen für den Gebrauch des Erziehers. Recklinghausen: Paulusverlag.

Tilmann, K. (1948): Vor der Reife: Eine geschlechtliche Unterweisung der Jungen für den Gebrauch des Erziehers. Recklinghausen: Paulusverlag.

Timerding, H. E. (1921): Die sexualpädagogischen Erziehungsmittel der Schule. In: Leitung des Zentralinstituts für Erziehung und Unterricht (Hg.): Einführung in die Sexualpädagogik: Acht Vorträge im Zentralinstitut für Erziehung und Unterricht. Berlin: L. S. Mittler & Sohn.

Timmermanns, S., Graf, N., Merz, S., Stöver, H. (2021): »Wie geht's euch?«: Psychosoziale Gesundheit und Wohlbefinden von LSBTIQ*. Weinheim: Beltz Juventa.

Tissot, A. (1782 [frz. 1760]): Von der Onanie, oder Abhandlung über die Krankheiten, die von der Selbstbefleckung herrühren. Nach der vierten beträchtlich vermehrten Ausgabe, aus dem Französischen übersetzt. Wien: von Trattern.

Topfmeier, C. (1965): Schriften und Lehrmittel zur Geschlechtserziehung. Köln-Merheim: Zentralinstitut für Gesundheitserziehung, Deutsches Gesundheits-Museum e. V.

Torenz, R. (2019): Ja heißt Ja? Feministische Debatten um einvernehmlichen Sex. Stuttgart: Schmetterling-Verlag.

Tuider, E., Müller, M., Timmermanns, S., Bruns-Bachmann, P., Koppermann, C. (2012 [EA 2008]): Sexualpädagogik der Vielfalt: Praxismethoden zu Identitäten, Beziehungen, Körper und Prävention für Schule und Jugendarbeit. Weinheim: Beltz Juventa.

Urban, M. (2019): Sexuelle Bildung und sexualisierte Gewalt in Schulen: Zwischen Anspruch und Wirklichkeit. Gießen: Psychosozial-Verlag.

Urban, M., Wienholz, S., Khamis, C. (Hg., 2022): Sexuelle Bildung für das Lehramt. Zur Notwendigkeit der Professionalisierung. Gießen: Psychosozial-Verlag.

Valtl, K. (2013 [EA 2008]): Sexuelle Bildung: Neues Paradigma einer Sexualpädagogik für alle Lebensalter. In: Schmidt, R.-B., Sielert, U. (Hg.): Handbuch Sexualpädagogik und sexuelle Bildung. Weinheim: Beltz Juventa. S. 125–140.

Veyne, P. (1984 [frz. 1982]): Homosexualität im antiken Rom. In: Ariès, P., Béjin, A. (Hrsg.): Die Masken des Begehrens und die Metamorphosen der Sinnlichkeit – zur Geschichte der Sexualität im Abendland. S. Fischer Verlag, Frankfurt/Main, S. 40–50.

Voß, H.-J. (2008): Feministische Wissenschaftskritik am Beispiel der Naturwissenschaft Biologie. In: Freikamp, U., Leanza, M., Mende, J., Müller, S., Ullrich, P., Voß, H.-J. (Hg.): Kritik mit Methode? Forschungsmethoden und Gesellschaftskritik (Texte 42). Berlin: Karl Dietz Verlag. S. 233–252.

Voß, H.-J. (2010): Making Sex Revisited: Dekonstruktion des Geschlechts aus biologisch-medizinischer Perspektive. Transcript Verlag, Bielefeld.

Voß, H.-J. (2011a): Geschlecht: Wider die Natürlichkeit. Stuttgart: Schmetterling Verlag.

Voß, H.-J. (2011b): »Weiblichmännlich«, »männlichweiblich« – bisexuelle Konstitution als Basis »moderner« biologisch-medizinischer Geschlechtertheorien. In: Schneider, M., Diehl, M. (Hg.): Gender, Queer und Fetisch: Konstruktion von Identität und Begehren. Männerschwarm, Hamburg, S. 11–29.

Voß, H.-J. (2011c): 10 Jahre Eingetragene Lebenspartnerschaft – und kein Ende in Sicht. Verschlechterung der Bedingungen für binationale Partnerschaften. http://schwule-seite.de/10-jahre-eingetragene-lebenspartnerschaft-und-kein-ende-in-sicht-verschlechterung-der-bedingungen-fur-binationale-part nerschaften/ (Zugriff: 28.3.2022).

Voß, H.-J. (2013): Biologie & Homosexualität: Theorie und Anwendung im gesellschaftlichen Kontext. Münster: Unrast Verlag.

Voß, H.-J., Wolter, S. (2013): Queer und (Anti-)Kapitalismus. Schmetterling Verlag, Stuttgart.

Voß, H.-J. (2014a): Intergeschlechtlichkeit. Kreuzungen: Medizin – politische Praxis – generierter Text. In: Baier, A., Hochreiter, S. (Hg.): Inter*geschlechtliche Körperlichkeiten: Diskurs/Begegnungen im Erzähltext. Wien: Zaglossus-Verlag, S. 69–93.

Voß, H.-J. (2014b): Intergeschlechtlichkeit – Aktivismus und Forschung, ihre Verzahnung und intersektionale Fortentwicklung. In: Bundesstiftung Magnus Hirschfeld (Hg.): Forschung im Queerformat – Aktuelle Beiträge der LSBTI*-, Queer und Geschlechterforschung. Bielefeld: Transcript, S. 117–131.

Voß, H.-J. (2020): Rassismus überwinden: Ein Umdenken in sexualwissenschaftlicher Forschung ist erforderlich. In: Heitzmann, D., Houda, K. (Hg.): Rassismus an Hochschulen: Analyse – Kritik – Intervention. Weinheim: Beltz Juventa. S. 241–258.

Voß, H.-J. (2022, in Druck): Zur längst überfälligen Diskussion über Begriffe der Sexualpädagogik. Zeitschrift für Sexualforschung, 2022, 35(03).

Voß, H.-J., Krolzik-Matthei, K., Linke, T., Magdon, G., Tanger, I., Urban, M. (2020): Umgang mit Sexualität und sexualisierter Gewalt in den ambulanten Erziehungshilfen: Eine Handreichung für Fachkräfte. Online: https://www.ifas-home.de/spfh/ (Zugriff: 2.4.2022).

Wallace, L. (2007 [engl. 2006]): Zur Entdeckung der Homosexualität: Interkulturelle Vergleiche und die Geschichte der Sexualität. In: Aldrich, R. (Hg.): Gleich und anders: Eine globale Geschichte der Homosexualität. Hamburg: Murmann Verlag, S. 249–270.

Walther, D. J. (2008): Racializing sex: same-sex relations, German colonial authority, and «Deutschtum». In: Journal of the history of sexuality, 17 (1), S. 11–24.

Wanzeck-5ielert, C. (2004): Kursbuch Sexualerziehung. So lernen Kinder sich und ihren Körper spielerisch kennen. München: Don Bosco.

Wanzeck-Sielert, C. (2009): Sexuelle Bildung und Sexualerziehung in der Grundschule. In: BZgA Forum 3/2009. Online: https://forum.sexualaufklae rung.de/archiv/2009/ausgabe-3/sexuelle-bildung-und-sexualerziehung-in-der-grundschule/ (Zugriff: 27.3.2022).

Watzlawik, M. (2020): Sexuelle Orientierungen und Geschlechtsidentitäten: Thinking outside the box(es)? Überlegungen aus entwicklungspsychologischer Perspektive. In: Böhm, M., Timmermanns, S. (Hg.) (2020): Sexuelle und geschlechtliche Vielfalt: Interdisziplinäre Perspektiven aus Wissenschaft und Praxis. Weinheim: Beltz Juventa. S. 22–39.

Wazlawik, M., Voß, H.-J., Retkowski, A., Henningsen, A., Dekker, A. (Hg.) (2019): Sexuelle Gewalt in pädagogischen Kontexten: Aktuelle Forschungen und Reflexionen. Wiesbaden: Springer VS.

WDR, Baumhauer, O. (1968): Sexualaufklärung Sexualerziehung. Eine Diskussion mit Isa Vermehren, Gerd Huber, Heinz Hunger, Gunter Schmidt. Kevelear: Verlag Butzon & Bercker.

WDR (1970): Zur Sexualerziehung – Westdeutscher Rundfunk – Schulfunk. 1/1970. Köln.

Weber, M. (2007 [Erstveröffentlicht 1905]): Die protestantische Ethik und der Geist des Kapitalismus. area Verlag, Erftstadt.

Weingart, P., Kroll, J., Bayertz, K. (2006 [zuerst 1988]): Rasse, Blut und Gene. Geschichte der Eugenik und Rassenhygiene in Deutschland. Frankfurt/Main: Suhrkamp Verlag.

Weise, R. (1957): Die Bedeutung des Kollektiven für die sexuelle Erziehung. In: Neubert, R., Weise, R.: Das sexuelle Problem in der Jugenderziehung. Rudolstadt: Greifenverlag. S. 41–63.

Weller, K. (2013): Partner 4 – Sexualität & Partnerschaft ostdeutscher Jugendlicher im historischen Vergleich (Handout zum Symposium an der HS Merseburg am 23. Mai 2013). Merseburg: Institut für Angewandte Sexualwissenschaft.

Weller, K. (2020): Von Sexualwissenschaft und Sexualpädagogik. In: Voß, H.-J. (Hg.): Die deutschsprachige Sexualwissenschaft: Bestandsaufnahme und Ausblick. Gießen: Psychosozial-Verlag. S. 449–472.

WHO (1946): Preamble to the Constitution oft he World Health Organisation as adopted by the International Health Conference, New York, 19-22.6. 1946. Online: http://www.who.int/healthsystems/hss-glossary/en/index5.html (Zugriff: 30.3.2022).

WHO (1975): Education and treatment in human sexuality: The training of health professionals. World Health Organization, Technical Report Series, No. 572, Geneva. Online: http://apps.who.int/iris/bitstream/10665/38247/1/WHO_TRS_572_eng.pdf (Zugriff: 30.3.2022).

WHO (2001): Regional strategy on sexual and reproductive health. World Health Organization, Copenhagen. Online: http://www.euro.who.int/__data/assets/pdf_file/0004/69529/e74558.pdf (Zugriff: 30.3.2022).

WHO (2006): Definition »Sexuelle Gesundheit«. Online: www.euro.who.int/de/
health-topics/Life-stages/sexual-and-reproductive-health/news/news/2011
/06/sexual-health-throughout-life/definition (Zugriff: 20.3.2022).

Wichterich, C. (2015): Sexuelle und reproduktive Rechte. Ein Essay. Band 11
der Schriften des Gunda-Werner-Instituts. Berlin: Heinrich-Böll-Stiftung.

Winker, G., Degele, N. (2009): Intersektionalität: Zur Analyse sozialer Un-
gleichheiten. Bielefeld: Transcript-Verlag.

Winter, S. (2013): Geschlechter- und Sexualitätsentwürfe in der SS-Zeitung
Das Schwarze Korps: Eine psychoanalytisch-sozialpsychologische Studie.
Gießen: Psychosozial-Verlag.

Wolff, C. (1981 [engl. 1977]): Bisexualität. Frankfurt/Main: Fischer Taschenbuch Verlag.

Wolfradt, U., Billmann-Mahecha, E., Stock, A. (2017): Deutschsprachige Psy-
chologinnen und Psychologen 1933–1945. Ein Personenlexikon, ergänzt um
einen Text von Erich Stern. Wiesbaden: Springer.

Wolter, S. (2011): Ist Krieg oder was? Queer Nation Building in Berlin-Schöne-
berg. In: Yılmaz-Günay, K. (Hrsg.): Karriere eines konstruierten Gegensatzes: zehn Jahre »Muslime versus Schwule«. Berlin: Selbstverlag, S. 15–24.

Yılmaz-Günay, K., Wolter, S. (2010): Wer darf Deutscher sein? In: Ossietzky.
Zweiwochenschrift für Politik / Kultur / Wirtschaft, 23.

Yogyakarta Principles (2007): Yogyakarta Principles on the Application of International Human Rights Law in relation to Sexual Orientation and Gender Identity. Online: http://www.yogyakartaprinciples.org/ (Zugriff: 30.3.
2022).

Zartbitter Münster; Ärztliche Kinderschutzambulanz Münster (2007): Informa-
tionsschrift für Fachkräfte von Kindertages-Einrichtungen. Arbeits- und
Orientierungshilfe zum Thema »Kindliche Sexualität, sexuelle Entwicklung
und auffälliges Verhalten«. Online: https://www.drk-muenster.de/angebot
/kinderschutzambulanz/downloads/arbeitshilfe_kindliche_sexualitaet_und
_uebergriffe.pdf (Zugriff: 13.3.2022).

ZEIT (1967a): Intime Fragen an junge Mädchen: Viel Wirbel um Schüler-Sex –
Wie macht man die »bienenkorb-gazette« attraktiver? Von Gerbard Ziegler, 3.3.1967. Online: https://www.zeit.de/1967/09/intime-fragen-an-junge-
maedchen?utm_referrer=https%3A%2F%2Fwww.google.com%2F (Zugriff: 27.
2.2022).

ZEIT (1967b): Was machen die Eltern, wenn die Störche ausgestorben sind?
Liebe und Sex mit 16 – Die neueste Ausgabe der Schülerzeitung »Bienenkorb-Gazette«. Von Gerbard Ziegler, 31.3.1967. Online: https://www.zeit.
de/1967/13/was-machen-die-eltern-wenn-die-stoerche-ausgestorben-sind?
utm_referrer=https%3A%2F%2Fwww.google.com%2F (Zugriff: 27.2.2022).